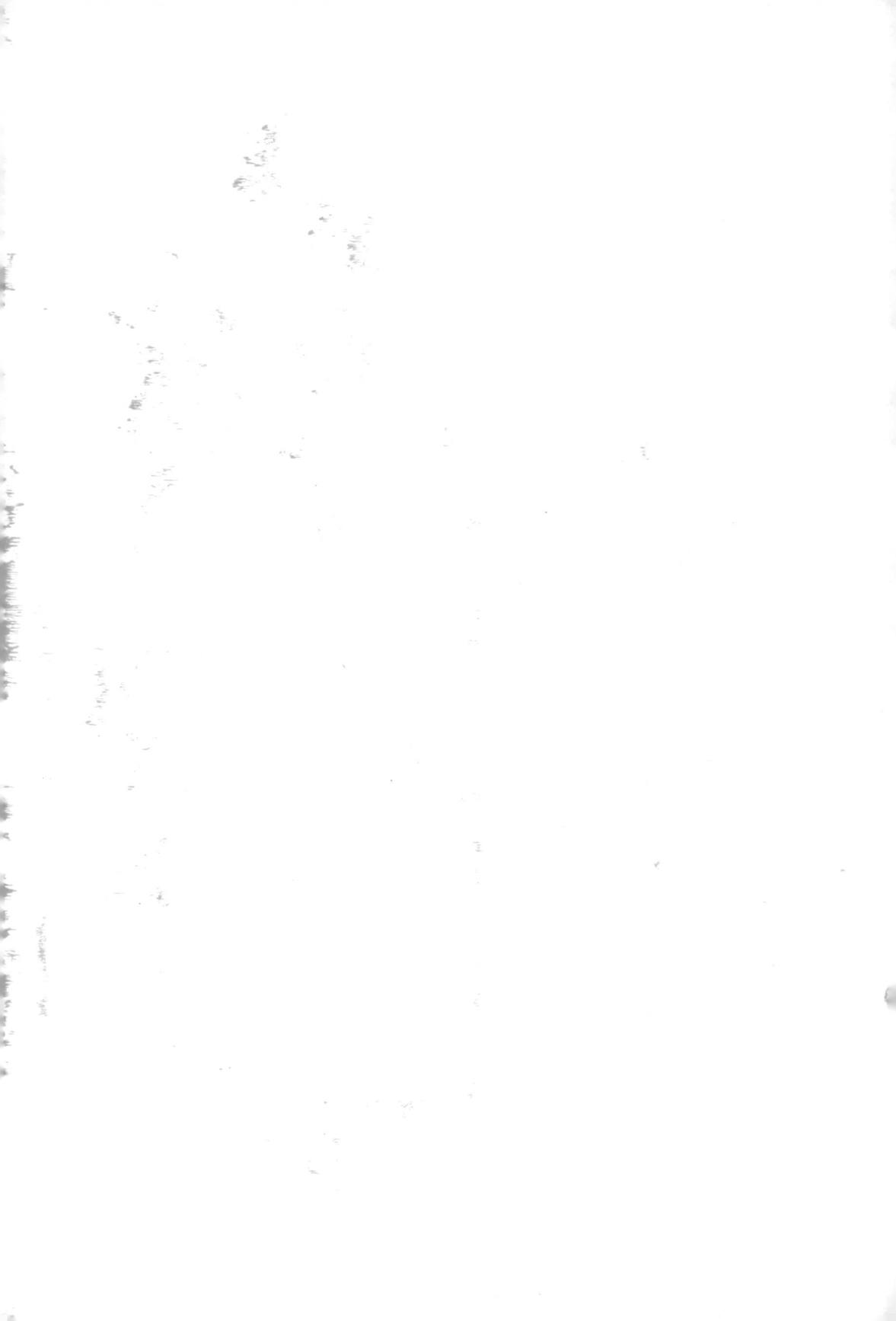

中信改革发展研究基金会·中国道路丛书·译丛

State-Owned
Enterprises in
the Development Process

国家发展进程中的国企角色

经济合作与发展组织（OECD）◎编著

贾涛◎译

))) OECD

中信出版集团 · 北京

图书在版编目（CIP）数据

国家发展进程中的国企角色 / 经济合作与发展组织

（OECD）编著；贾涛译 . -- 北京：中信出版社，

2016.12

（中国道路丛书）

书名原文：State-Owned Enterprises in the

Development Process

ISBN 978-7-5086-6980-9

I. ① 国… II. ① 经… ② 贾… Ⅲ . ① 国有企业 - 研

究 - 世界 Ⅳ . ① F279.1

中国版本图书馆 CIP 数据核字（2016）第 270350 号

国家发展进程中的国企角色

编　　著：经济合作与发展组织（OECD）

译　　者：贾　涛

出版发行：中信出版集团股份有限公司

　　　　　（北京市朝阳区惠新东街甲 4 号富盛大厦 2 座　邮编　100029）

承 印 者：北京诚信伟业印刷有限公司

开　　本：787mm×1092mm　1/16　　　　印　　张：19.5　　　　字　　数：260 千字

版　　次：2016 年 12 月第 1 版　　　　　印　　次：2016 年 12 月第 1 次印刷

京权图字：01-2016-9504　　　　　　　　广告经营许可证：京朝工商广字第 8087 号

书　　号：ISBN 978-7-5086-6980-9

定　　价：59.00 元

《中国道路丛书》 总序言

新中国成立 60 多年以来，中国一直在探索自己的发展道路。特别是在改革开放 30 多年的实践中，努力寻求既发挥市场活力，又充分发挥社会主义优势的发展道路。

改革开放推动了中国的崛起。怎样将中国的发展经验进行系统梳理，构建中国特色的社会主义发展理论体系，让世界理解中国的发展模式？怎样正确总结改革与转型中的经验和教训？怎样正确判断和应对当代世界的诸多问题和未来的挑战，实现中华民族的伟大复兴？这都是对中国理论界的重大挑战。

为此，我们关注并支持有关中国发展道路的学术中一些有价值的前瞻性研究，并邀集各领域的专家学者，深入研究中国发展与改革中的重大问题。我们将组织编辑和出版反映与中国道路研究有关的成果，用中国理论阐释中国实践的系列丛书。

《中国道路丛书》的定位是：致力于推动中国特色社会主义道路、制度、模式的研究和理论创新，以此凝聚社会共识，弘扬社会主义核心价值观，促进立足中国实践、通达历史与现实、具有全球视野的中国学派的形成；鼓励和支持跨学科的研究和交流，加大对中国学者原创性理论的推动和传播。

本《丛书》的宗旨是：坚持实事求是，践行中国道路，发展中国学派。

　　始终如一地坚持实事求是的认识论和方法论。总结中国经验、探讨中国模式，应注重从中国现实而不是从教条出发。正确认识中国的国情，正确认识中国的发展方向，都离不开实事求是的认识论和方法论。一切从实际出发，以实践作为检验真理的标准，通过实践推动认识的发展，这是中国共产党的世纪奋斗历程中反复证明了的正确认识路线。违背它就会挫折失败，遵循它就能攻坚克难。

　　毛泽东、邓小平是中国道路的探索者和中国学派的开创者，他们的理论创新始终立足于中国的实际，同时因应世界的变化。理论是行动的指南，他们从来不生搬硬套经典理论，而是在中国建设和改革的实践中丰富和发展社会主义理论。我们要继承和发扬这种精神，摒弃无所作为的思想，拒绝照抄照搬的教条主义，只有实践才是真知的源头。本《丛书》将更加注重理论的实践性品格，体现理论与实际紧密结合的鲜明特点。

　　坚定不移地践行中国道路，也就是在中国共产党领导下的中国特色社会主义道路。我们在经济高速增长的同时，也遇到了来自各方面的理论挑战，例如将新中国改革开放前后两个历史时期彼此割裂和截然对立的评价；例如极力推行西方所谓"普世价值"和新自由主义经济理论等错误思潮。道路问题是大是大非问题，我们的改革目标和道路是高度一致的，因而，要始终坚持正确的改革方向。历史和现实都告诉我们，只有社会主义才能救中国，只有社会主义才能发展中国。在百年兴衰、大国博弈的历史背景下，中国从积贫积弱的状态中奋然崛起，成为世界上举足轻重的大国，成就斐然，道路独特。既不走封闭僵化的老路，也不走改旗易帜的邪路，一定要走中国特色的社会主义正路，这是我们唯一正确的选择。

推动社会科学各领域中国学派的建立，应该成为致力于中国道路探讨的有识之士的宏大追求。正确认识历史，正确认识现实，积极促进中国学者原创性理论的研究，那些对西方理论和价值观原教旨式的顶礼膜拜的学风，应当受到鄙夷。古今中外的所有优秀文明成果，我们都应该兼收并蓄，但绝不可泥古不化、泥洋不化，而要在中国道路的实践中融会贯通。以实践创新推动理论创新，以理论创新引导实践创新，从内容到形式，从理论架构到话语体系，一以贯之地奉行这种学术新风。我们相信，通过艰苦探索、努力创新得来的丰硕成果，将会在世界话语体系的竞争中造就立足本土的中国学派。

本《丛书》具有跨学科及综合性强的特点，内容覆盖面较宽，开放性、系统性、包容性较强。分为学术、智库、纪实专访、实务、译丛等类型，每种类型又涵盖不同类别，例如在学术类中就涵盖文学、历史学、哲学、经济学、政治学、社会学、法学、战略学、传播学等领域。

这是一项需要进行长期努力的理论基础建设工作，这又是一项极其艰巨的系统工程。基础理论建设严重滞后，学术界理论创新观念不足等现状是制约因素之一。然而，当下中国的舆论场，存在思想乱象、理论乱象、舆论乱象，流行着种种不利于社会主义现代化事业和安定团结的错误思潮，迫切需要正面发声。

经过 60 多年的社会主义道路奠基和 30 多年改革开放，我们积累了丰富的实践经验，迫切需要形成中国本土的理论创新和中国话语体系创新，这是树立道路自信、制度自信、理论自信，在国际上争取话语权所必须面对的挑战。我们将与了解中国国情,认同中国改革开放发展道路,有担当精神的中国学派,共同推动这项富有战略意义的出版工程。

中信集团在中国改革开放和现代化建设中曾经发挥了独特的作用,它不仅勇于承担大型国有企业经济责任和社会责任,同时也勇于承担政治责任。它不仅是改革开放的先行者,同时也是中国道路的践行者。中信将以历史担当的使命感,来持续推动中国道路出版工程。

2014年8月,中信集团成立了中信改革发展研究基金会,构建平台,凝聚力量,致力于推动中国改革发展问题的研究,并携手中信出版社共同进行《中国道路丛书》的顶层设计。

本《丛书》的学术委员会和编辑委员会,由多学科多领域的专家组成。我们将进行长期的、系统性的工作,努力使《丛书》成为中国理论创新的孵化器,中国学派的探讨与交流平台,研究问题、建言献策的智库,传播思想、凝聚人心的讲坛。

孔丹

2015年10月25日

State-Owned
Enterprises in
the Development Process

目录

第三部分

国际市场中的国有企业

序言

经济合作与发展组织（OECD）的使命是推动改善世界经济与社会民生的政策。我们称之为通过我们的工作"推行更好的政策，以实现更好的生活（Better Policies for Better Lives）"。我们与各国政府合作鉴定能支撑经济增长、创造就业、凝聚社会和保护环境的好政策。对于所有的政策制定者而言，这些都是显而易见的优先目标，但是对于新兴经济体而言，找到促进经济社会发展的途径更为重要。

在这样的背景下，我们中的很多人注意到对于企业部门的政策已再度引起广泛关注。在较为发达的经济体，2008 年爆发的国际经济危机导致人们对产业竞争和结构优先级政策的再思考；而在新兴经济体，对于企业部门政策的讨论从来就没有真正停止过。在新兴经济体的一些国家，政策行动往往由范围广泛的优先改革目标所引导，并在国家发展战略和政策中得以落实。OECD 长期以来的立场是，遵循市场原则的政策比支持必要的结构性改革的政策更有效果。然而，我们不能忽视这样的事实，很多国家，如一些亚洲国家依靠更多的国家干预获得了增长和发展，取得了明显的成功。

那些决定依靠特定发展战略的政府需要问自己几个问题，包括它们想成为怎样的干预主义者（Interventionist）。经济学教科书告诉我们，在市场有缺陷时需要政府干预——如果政府有能力修复的话。但是一些政府所做的远不止于此，例如，在发展进程的早期培育"幼稚产业"（Infant Industries）。经典的经济学思维认为，应用这种方式的国家需要选择那些从一开始就具有竞争力的产业。然而，根据另一批近年来日益引起重视的不同学派的看法，比较优势并不是因有先天特性而被开发出来的天赋，而是通过政府有目标的政策和战略发展出来的。

在我看来，这引起了其他一些问题。一旦一个政府已经决定了总体战略，它就需要考虑如何去实施。在这一点上，各国有所不同。一些国家政府主要通过法律、规章和给予私营部门相应激励来干预市场；另一些国家的政府则采取一种更加亲力亲为的方式，由国家控制大部分的产业经济。本报告的一个关键问题是，政府在多大程度上依靠国有企业（SOE）实现发展政策和产业政策的目标。OECD对这一主题有着独特兴趣，这对于政府所有权和企业的公司治理标准设定以及知识的分享而言，是一个前沿话题。

把国家发展进程中的国有企业放在国际政策环境中进行讨论也是必要的。各国政府也许决定采用完全超于国内环境的趋于完美的手段去干预市场，然而，如果考虑到企业竞争的国际化，外国的竞争者们也许会面临不公平竞争。它们的政府也许会代表它们进行干预，这将引发贸易保护主义的抬头。在当前新兴经济体的国有企业与发达经济体的私营企业日益竞争的世界格局中，这一考虑显得非常重要。因此，关键的问题是，一个国家如何在将国有企业作为发展工具的同时，确保不损害现有的全球竞争格局。

我们希望，无论是 OECD 成员国还是合作国家的政府，都能继续就国有企业和私营企业如何共同携手为全社会谋福利交流经验，加深国际对话。

OECD 副秘书长　玉木林太郎（Rintaro Tamaki）

前言

　　国有企业在作为 OECD 伙伴国家的大多数新兴经济体中成为它们政治经济领域一个重要部分，这并不是无可争议的。这个问题在决策者们的议程上处于重要地位，因为在全球经济中来自新兴经济体的国有企业越来越多地与私营企业并存，所以需要考虑如何保持公平竞争环境〔即在 OECD 以前出版物中所讨论的"竞争中立"（Competitive Neutrality）〕。

　　本报告是 OECD 对国有企业作为国家发展战略的一部分究竟扮演了或者能扮演什么角色的首次回应。本报告来自一项正在进行中的关注于国有企业和包容性增长（Inclusive Growth）的研究项目，主要由公司治理委员会的"国家所有权与民营化实践工作小组"研究完成。此外，本报告还得益于投资委员会和贸易委员会的合作与投入。OECD 秘书处的初稿由马茨·伊萨克森（Mats Isaksson）领导的公司事务研究部的汉斯·克里蒂森（Hans Christiansen）和金胜友（Yunhee Kim）准备，投资研究部的麦克·盖斯瑾（Mike Gestrin）以及贸易与农业司的普热米斯拉夫·科瓦尔斯基（Przemyslaw Kowalski）也贡献良多。

　　本报告还受益于 2014 年 4 月 4 日在法国巴黎召开的"国家发展进

程中的国有企业"研讨会上的讨论与发言。外界专家的贡献在报告中都有所体现，整个报告应该看作是前述团队的集体结晶。在后来报告的完善过程中，我们还得益于商业和工业咨询委员会（Business and Industry Advisory Committee，BIAC）、劳工咨询委员会（Trade Union Advisory Committee，TUAC）、其他一些咨询伙伴以及非 OECD 成员经济体的意见。

State-Owned
Enterprises in
the Development Process

摘要

　　一场政府发展战略的复兴? 近年来，对于企业部门的政策再次成为焦点，尤其是在发展中国家。与此同时，中央集权的方式，即最重大的经济项目应该列入国家计划，已经被放弃，取而代之的是市场化的战略选择。形成这一现象的根本原因是，很多国家对自由市场经济模式和过去的计划经济模式的效果都很失望。一些国家政府越来越注意到，许多亚洲国家的治理卓有成效，它们通过国家干预，但仍基本上以市场为基础的战略取得了经济增长。干预的工具多种多样，包括对私营部门活动的监管，控制金融中介及在某些情况下直接控制金融机构，以及直接通过国有企业运营来落实产业政策等。本报告提出的一个关键问题是，政府选择让国有企业发挥什么样的作用、扮演什么样的角色。

　　国别差异。 通过调查我们发现，国有企业在各个国家发展战略中的作用有着显著的不同。本报告总结了 5 个国家的经验：新加坡（包括与其他几个东盟国家的比较）、巴西、印度、中国和南非。这些不同类型的选择和比较主要反映了两类国别差异：

- 经济发展水平。最初的发展水平是非常重要的。从一个相对较低发展水平起步的国家更倾向于采用追赶型工业化政策，在其中大型国有企业（包括"国家的冠军企业"）的角色相对比较容易确定。而更成熟一些的国家则需要慎重考虑赋予私营部门和公共部门的角色。

- 经济和政治历史。赋予国有企业的角色很显然是存在路径依赖关系的。在国家社会主义和其他中央计划经济中诞生的企业，优秀国有企业的角色越来越被淡化了；大多数国家争论的是，是否要尽可能减少这种角色。其他发展中国家则恰恰相反，它们实施更加积极主动的发展战略，向国有企业下达发展指令，或者以发展为目的来创办国有企业。

成功的条件。本报告总结的经验表明，以国有企业为基础的战略要取得成功，一般需要具备一些关键条件。首先，国家应该有一支能力较强的管理队伍，他们被授权去有效地执行所有权的功能，并赏罚分明。其次，期望国有企业去运营的领域，最好是商业、金融以及市场竞争力不那么集中的其他领域。一些成功的例子之所以发生，是因为一些国家从相对比较平等的环境中起步；而另一些国家在尝试制定产业和发展政策时，很快就被现存的利益集团所俘获。最后，需要清晰阐明发展目标，尤其是不要夹杂社会政策目标。新兴经济体中很多有潜在创新能力的国有企业之所以消亡，是因为政府政策与企业发展目标不匹配，它们在为一些与它们自身制定的目标毫不相干的社会政策目标做出贡献。

国有企业的国际化。新兴经济体的国有企业逐步通过开展国际投资和国际贸易进入国际市场。与此相关的是，当外国私营企业进入新兴经济体市场时，新兴经济体的国有企业也会发现它们与外国私营企业出现

竞争。在某种程度上，这是经济增长的一种必然结果，但是也许有其他
因素也在起作用。一些在特定领域培育了国有企业的政府，也许会将国
有企业推向国际竞争中的表现作为其业绩是否优异的最终测试。如果那
些国有企业在它们实现国际化时仍然享受着政府补贴或者其他物质利益，
这或许是一个令人担忧的因素。根据本报告提出的问题，可以得出以下
两个方面的结论：

- 国际投资。一些国家国有企业的国际投资在全球金融危机期间显
  著增加，而且未来国有企业似乎仍将是国际投资的一个重要来
  源。国有企业增加的国际投资大部分来自新兴经济体的对外投
  资。此举造成的部分后果是，各国政府将更加积极致力于制定相
  关政策，以应对国有企业的国际投资。在新近签署的一些国际投
  资协议中，针对国有企业的条款日益增多。这些举措大多数表面
  上是为了明确对于国家控制的投资的待遇，几乎没有保护主义回
  潮的迹象。然而，一个普遍的观念仍然存在：与私人投资相比，
  国有企业投资呈现出特定的风险和挑战，因此需要更密切的
  监控。

- 对外贸易。国有企业，常常是新兴经济体经济中的一个重要组成
  部分，传统上，它们直接对其国内市场出售商品和服务。然而，
  在过去十年中，这一状况已经在改变。正如本报告所展示的那
  样，现在国有企业在一些具有国际竞争性和垂直整合的产业领域
  越来越举足轻重。这一状况引发了国际上一些额外的担忧，但是
  这些担忧似乎并非是不可克服的。与国际投资环境相比，国际贸
  易环境有着更为明确的规则，限制政府对国有企业的支持。例

如，世界贸易组织（WTO）协议中包含一些特定条款，可以并实际上已发挥这样的功效。除了 WTO 协议中的这些条款，与国有企业相关的规章也被包含在一些区域贸易协定中，而且在《跨太平洋伙伴关系协定》（TPP）和《跨大西洋贸易与投资伙伴关系协定》（TTIP）的谈判中，国有企业也是一个主题。

第一部分

导言和主要发现

OECD

更好的政策，更美好的生活

第一章

国有企业与发展一瞥

第一节　国家在发展中所起作用的相关理论与发现

对于企业部门的政策再度受到青睐。在高度发达的国家，最近的经济危机至少已迫使人们对产业竞争政策和产业结构政策产生再思考。在发展中国家，这一思考持续的时间很长，其范围广泛的重点结构性改革历来主导着政策行动，并体现在国家的发展战略和政策中。问题在于，除了这些重点结构政策之外，是否还存在专门且目标明确的"产业政策"着眼于培育产业的发展；通常是，还存在进一步考虑特定的优先发展领域的政策，以及（或者）优先发展个别"国家冠军企业"的政策。这种情况在过去的十年中越来越多了。

产业政策明显增强的背景是对过去尝试的两种相互竞争的政策路线的普遍失望。首先，一个普遍的观点是，在大多数发展中国家尤其是那些最穷的国家，商品市场、服务市场和劳动力市场非常低效，因此自由放任的发展方式不是一个可行的选项。在殖民主义结束后的几十年里，这一看法使很多国家，尤其是拉丁美洲、非洲和南亚的一些国家认为，应该通过政府而不是市场来发展经济。这导致了政府拥有并控制了众多商业实体的所有权（包括通过国有化浪潮），国民经济与国际市场互相隔绝，同时产生了普遍的官僚计划体系。这些方法在经济学文献中通常被称为"国家主义"（Statism）或"发展主义"（Developmentalism）；例如，文献（Bresser-Pereira，2009）和文献（Trubek，2010）。

然而，国家主义制的方法大多并未能带来预期的生活水平的改善。于是在20世纪80年代，第二种替代的方式开始出现，可以将其概括为"如果发展中国家的市场不起作用，那么我们必须修复它"。相信市场机制，并配以结构性改革，这就是著名的"华盛顿共识"（Washington Consensus，该短语由威廉姆森在1990年提出）。由于其信赖市场力量，因此鼓励大批发展中国家的政府在布雷顿森林体系的贷款帮助和种种限制下实施大规模的私有化项目。然而，一些通常归因于"华盛顿共识"的结构性改革实际上与另一项国际化发展相关性更强。WTO的出现及它的一些具体协议，包括《服务贸易总协定》（GATS）、《与贸易有关的知识产权协议》（TRIPS），极大地限制了某些传统的国家主义制方法的应用。

有关"华盛顿共识"的是非成败超出了本报告的讨论范围。无论如何，在很多发展中国家，"华盛顿共识"已经被批评。尤其是它们注意到了一些亚洲经济体的发展成功（目前的中国，此前的日本、韩国、新加坡和中国台湾地区），它们在发展阶段的早期并没有遵循市场原教旨主义。所有这些经济体严重依赖政府干预推动经济发展，在某些国家和地区（尤其在中国和新加坡）还普遍存在国有企业。

除了上述提及的"国家主义"和"华盛顿共识"之外，另外一种发展方式已经在经济文献中被广泛提及和研究，并被称为一种新的模式，即"新发展主义"（Neo-developmentalism）或者"新结构主义"（Neo-structuralism）。这方面研究不仅得到了研究拉丁美洲发展的经济学家的支持〔例如，文献（Ban，2012）〕，而且此前也得到了前任世界银行首席经济学家约瑟夫·斯蒂格利茨（Joseph Stiglitz）和前任世界银行副行长、首席经济学家林毅夫的支持〔文献（Cimoli 主编，2009a），以及文献（Lin、Monga，2010）〕。这类研究表明，亚洲许多经济体的成功依赖的是前两种方法（"国家主义"与"华盛顿共识"）的混合，认为国家在经济发展过程中应该是一股驱动力，同时国家还应该在市场上运作，并关注市场信号。〔第一批较为详细记录这种新发展主义的文献包括安士敦（Amsden）2001 年的文章。〕

新发展主义有两个基本的假设：第一，它否定了传统的概念即国家应该专注于那些自己有比较优势的行业，反而认为比较优势并不是给定的（可获得的自然资源除外），比较优势是被创造出来的，并且认为创造比较优势应该成为发展政策的一个核心目标。第二，新发展主义认为经济发展的一个关键因素是学习过程，它是资本积累的一部分。换言之，即使有最好的培训项目和充裕的资金，一个经济体并不能立刻利用外国资本品并且期望能够以世界市场的价格参与竞争。这需要一个循序渐进掌握新技术和生产流程的过程，这也意味着无论是阻止竞争的保护主义还是补贴政策，政府采取这样的过渡措施都是必要的。

即使是强烈的市场派经济学家们也承认规模经济存在于特定的一些行业中（因为在这些行业中缺乏一定的规模，确实是一种市场失灵），而且能够证明政府干预是合理的。但是新发展主义超越了市场失灵的论点，认为政府不仅应当只是清除障碍，它们更应该发挥积极作用，例如，确定可行的发展道路。有一点应该明确，大多数发展中国家，旨在沿着其他国家已经走过的路线来发展本国的经济，因此可行的发展路径并不是一团漆黑。在东盟国家，这种赶超方法被称为"雁行模式"（Flying Geese）。

最全面阐述新发展主义的尝试是文献（Trubek，2010）。此文献认为已演化出一种"新的发展政治经济学"，提议对政府在经济中的角色进行重新评价。其主要要素归纳在专栏 1.1 中。

专栏 1.1　新的发展政治经济学之要素

- 不发达的市场。发展中国家存在着显著的市场缺陷。特别是，存在着相对较高的信息不对称、较低的风险容忍度、脆弱的制度架构及其他一些体制和机制障碍使分配机制不完善。这些市场需要予以完善，但这是一个复杂的过程，不容易也不会很快实现。

- 市场失灵。在发展中国家，不仅市场不发达，市场的最佳运作或多或少也总是受到限制。特别是，所有的市场都不提供对某些投资的激励，这些投资能产生社会外部性，如技术诀窍（know-how）和技能的发展。而且相关投资之间无法协调，因此市场价格不能反映投资支出的社会最佳水平。

- 战略贸易理论。比较优势是一种事实，但是在现代经济中比较优势是创造出来的，而不是给定的。国家可以通过规划和有目标的投资积极地在世界经济中寻求优势。

- 网络。随着全球供应链的扩展，对于发展中国家的生产者，在全球网络中安全无疑是很重要的。国家可以在这个过程中给予帮助。

- 技术能力。在保持全球竞争力和打入发达国家市场的任何战略中，技术能力的提升是一个关键要素。因为技术诀窍和能力在某种程度上是公共产品，国家可以在扩散技术知识和能力方面发挥作用。

• 创新。它反映了发展的新内涵，这个概念强调产品创新和流程创新以提高并保持竞争力。根据这一世界性的观点，国家应该采取行动来培育、支持和奖励创新。

虽然新发展主义的观点看起来很吸引人，而且一些亚洲的成功案例也是不可否认的，但这种方法的政策效果在实践中也许会遇到一些较大的障碍。例如，在一些发展水平很低的国家，阻碍经济增长的一个主要因素就是存在低效能的或者腐败的公共部门。依靠这样的政府去干预经济以提升私营部门肯定是很成问题的［文献（Pack、Saggi，2006；Rodrik，2008；Altenburg，2011）对政府纠正市场失灵的能力进行了评述］。因此，新发展主义的方法需要有配套措施，这也许是前文提到的学习过程的一部分，即需要持续努力去提高公共部门和国有企业的治理水平。

此外，还存在一个风险：产业政策可能被某些利益集团和那些树大根深的企业所劫持或者淡化。专注于拉丁美洲研究的经济学家们已经确认，这就是亚洲的一些成功方法在西半球收效甚微的主要原因之一［如文献（di Maio，2008；Shafaeddin、Gallaher，2008）］。值得注意的是，从另一个角度也能说明这一点。文献（Amsden，2001）发现，在欧洲各经济体中，在完成工业化的同时又推行完全自由贸易政策的其实只有瑞士，并将之归因于处在瑞士经济发展过程的初期没有根深蒂固的利益集团（因为瑞士没有经历像其他欧洲国家那么长的封建历史阶段，因此资本没有集中于少数家族之手，此外还有公民投票的威胁）。

新发展主义方法的另一个问题是，它意味着在全球市场中给本国产业予以补贴或者保护。理论上，政府可以将这些措施限制于国内经济领域，但在实践中只有那些最大的国家才有能力做到，这也就是早期国家主义的贸易保护被广泛视为一个错误的原因之一。此外，正如下文将要讨论的那样，一些最为成功的亚洲国家积极把其所支持产业（或者个别企业）的出口表现作为成功的指标，并涉及是否值得继续支持的指标。从本国政府当局的角度看，这能使经济表现更加完美，但是在国际环境中，这样的做法将极可能引发国外的贸易保护主义反弹。除非新进入的是已经在其他国家被视为"夕阳产业"的那些领域（如前述的"雁行模式"），国外的贸易保护主义才不会抬头。

第二节　产业发展政策和国企的角色

在经济类学术文献中，"产业政策"（Industrial Policy）的范围很广，它可能意味着从极为宽泛的针对知识创造和结构改革的国家战略，到非常具体的针对个别行业或活动的政策。沃里克（Warwick）于 2013 年注意到了这一明显的含糊不清，他指出，在很多情况下产业政策（无论怎样定义的）是"防御性"的，旨在保护现有的结构或既得利益，并不属于发展导向型的。本报告并不是要探讨确定产业政策的精确定义，在本报告中，产业政策这个词主要指的是旨在提升国家产业或行业的绩效和竞争力的那些政策。各国长期以来大量作为工具使用的产业政策包括：

● 补贴。它可能包括直接补贴、税收优惠、优惠利率，或者（对于国有企业）降低对某些部门、产业或企业的回报率要求；还可能包括激励某些行业的企业去承担特定任务的那些措施（比如收益再投资的退税，研发补贴）。

- **基础设施**。这应该从更广泛的意义上来理解，包括选择性地提供交通和公用设施网络，以及更大范围地为企业提供更广泛的支撑服务如工业园区、技术研究院等。

- **对外贸易和投资**。对进入国际市场进行管制可能是最强有力的产业政策工具，尤其是在规模较小且开放的经济体。以往已有过这类措施，例如针对国外竞争的保护、出口补贴及为了国内产业发展的需要而吸引外商直接投资。

- **政府所有权**。特别是在那些处于较低发展水平的国家，政府依靠直接创办企业的方式来开拓国内市场。在成熟的经济体，这些企业大多数已经被私有化了，但在某些情况下，它们仍然充当政府施加影响力的管道（后文将进一步讨论）。

- **直接干预**。这可能涉及国家和公司之间的直接互动，包括通过公共采购及有时更具争议的为国内特定群体谋利益的监管措施。

正如上文所述，以发展为目标的产业政策通常与"追赶"邻国或者已经取得重大进步的其他可比国家的愿望有关。莱纳特（Reinert）于2009年发展了这一观点，他认为在整个经济史中，模仿（别国做法）是一股推动工业化的力量。一名"后发者"有兴趣去模仿其他国家的发展路径虽然无可厚非，但实践中如何做到就不那么容易了。即便有现成的外国例子可以遵循，政府也不可能同时追求实现数十个经济部门的发展目标，国与国之间在资源禀赋、能力、文化等方面都有所不同，因此模仿最终能够取得多大效果存在着限制。此外，在一个不断变化的世界中，可能出现很多新机遇和新障碍，这些是早期的发展者不需要考虑的。具体而言，目前有三个主要的思想流派：

- 水平方式（Horizontal Approaches，意为"一碗水端平"的方式）。一些国家选择保持其产业政策尽可能不发生扭曲，从这个意义上说，它们支持企业发展的措施对各行各业都同等有利。对于那些期望最大限度地依赖市场机制的政策制定者及对于处于较低发展水平而又不确定哪些经济活动可能盈利的国家而言，这种方法是有吸引力的。总而言之，可以认为国家应该扮演大规模企业家的角色。在经济不确定性很大的情况下，创办新企业的失败风险是巨大的。与此同时，国家作为积极企业家角色所带来的社会效益无疑是巨大的，通常也被认为是超过私人收益的。理论上，国家可以通过自己承担企业家作用中的重要部分来克服风险。当然，在大多数情况下，一旦有适当的商业基础设施存在，国家积极补贴私营企业比继续留在市场中更有意义。如果国家按照这种方法实施了范围广泛的产业政策，就一定可以在很多地区找到其痕迹。例如，美国对于个人破产处理相对宽松是需要对冒险和企业家精神给予相应支持的。

- 强化比较优势（Augmented Comparative Advantages）。研究发展经济学者们一直在争论，有目标的产业政策应该以国家的强项为起点，还是应该尝试跨越式发展？有人［如罗德里克（Rodrik, 2006）］认为，选择性产业政策的尝试已经有许多失败，因为政府对它们所关注的产业的野心过大。根据这一思路，政府应该提供资源（包括通过必要的物质、知识和金融基础设施）去支持那些有明显竞争力的产业，以促使它们通过产业集群进一步发展。

而且，政府应该对于由本国的自然优势、地理优势或历史优势给国民经济带来的发展机遇保持清醒，并支持产业部门以市场化方式开发这些优势。这方面一个常被引用的例子是，智利政府在发展其鲑鱼产业上的努力。显然，从一开始，智利在水产业方面就有潜力，政府通过一家准公共机构进行了必要的研发工作，然后将这些技术扩散至小的私营企业。这一项目最终卖给了一家日本的私营投资机构［文献（UNCTAD，2006）］。显然，这样的产业政策是沿着上述政策思路提出的：国家一开始可以选择有广泛基础的发展战略，随后在那些能够证明自己已取得显著成功的领域继续贯彻之。

- "挑选优胜者"（"Picking Winners"）。严格地说，很少有政府声称能够有远见地挑选出未来的优胜者，来自 OECD 的例子表明，当政府成功地以市场创新者角色出现（频繁引用的一个例子是欧洲宇航防务集团/空客）时，通常都涉及大量的试错过程（Trial-and-error）。然而，在发展中国家，景象可能略有不同。如前所述，挑战通常是在于跟随别人已经走过的发展道路；一些发展经济学家认为［例如文献（Lin、Monga，2010）］，可以建议，那些在某些领域以前没有什么经验的国家在其工业化的早期去资助低技术产业（如纺织、皮革服装、玩具）的发展。随着这些产业的成熟，就到了该向中等技术生产制造产业如装备制造和重化工业转移的时候了。通过这一过程，那些目标产业中将出现一个反向连接中小企业的网络；在理想状况下，这个网络将有足够的适应性和创新性在经济成熟时繁衍出产业集群，从而促使出现产业部门继续增长至超越中等收入水平这样一个动态过程。可以说，日本以及大多数成功的亚洲经济体，都是沿着这样的战略和过程发展的，如今又在中国上演［如文献（Huang，2012）］。

"幼稚产业"的论点是为了保护国内企业免于竞争，这是最被普遍接受的一个理由，同时，作为一个推论，有时还用它来证明赤裸裸的贸易保护主义的合法性。根据这一思想，对于新建立的国内产业，其初期的生产成本比成熟的外国竞争对手要高。经过一段时间，国内生产者通过"干中学"往往能够降低成本，最终能达到和外国竞争者同样水平的效率。相反，如果国内幼稚产业在初期面对国外竞争时不对其进行保护，它就不太可能发展起来。主流经济学家们都支持这个观点，前提条件是所关注的这个行业已形成规模经济。新发展主义学者通常也支持这个观点，他们认为学习过程是资本积累的一部分，并且随着时间的推移自动导致回报率上升。换言之，"掌握新技术是需要时间的"。

然而值得注意的是，即便接受这一思路，培育一个成功的产业对于该国政府和社会的代价也许很高昂。为证明政府干预的合理性，需要额外的假设，即学习的能力（用经济学家的语言来说是"动态规模经济"）要强大到足以证明成本的合理性［文献（Pack、Saggi，2006）］。

不同国家在最近和过去的产业政策实践中提出了一些重要问题：在什么情况下产业政策有效？在什么情况下无效？原因是什么？发展经济学的文献似乎已经得出结论［例如文献（Rodrik，2006；Khan、Blankenburg，2009）］，认为成功的本质是"胡萝卜"加"大棒"。正如熊彼特所言，所有的创新都需要租金，但是如果这些租金是开放式的，那么资源就会与一些无效的活动捆绑在一起。也就是说，作为产业政策的一部分，政府对企业所提供的激励是有时限的，并与具体的绩效要求挂钩，如果达不到这些要求，政府应予以调整。

在这方面，东亚和拉丁美洲的经历形成了鲜明的对比。在产业政策干预的鼎盛时期，东南亚国家不仅有激励措施，也有监管政策。一些国家在税收优惠和信贷补贴方面是很慷慨的，但这些是根据绩效表现来决定的，尤其是根据出口表现。表现不佳的公司将被收回补贴或以其他方式被惩罚。一方面，这产生了新的经济活动；另一方面，它也允许失败。相反，在 20 世纪 50 ~ 80 年代传统的进口替代政策下，拉丁美洲国家以贸易保护和便宜信贷的方式提供了可观的激励，但是大多数受益者未能严格执行纪律。文献（Rodrik，2006）认为，这一政策的确产生了一些成功的案例（下文会介绍一些），但是也使得很多低效率企业留存下来。

东亚国家的历史经验似乎也表明，使用贸易保护政策本质上并不会对经济增长产生损害。有的学者（如 Amsden，1989）甚至认为选择性地开放市场是东亚国家成功的关键因素之一（即面对国际竞争开放部分市场，但同时也保留其他市场不开放）。文献（Di Maio，2009）认为，各国发展的历史表明，进口替代政策只是在下列情况下才收效甚微：

（1）它们没有辅以促进出口的政策；（2）没有外部或内部竞争。这一点又是亚洲和拉丁美洲之间的一个关键区别。在拉丁美洲，进口替代政策往往是孤立的政策，它确实使小部分实业家受益，但不能使整个经济受益。

拉丁美洲一些国家的政府在推行其产业政策上并不成功，它们的政府辩解说，"它们为民主政体付出了代价"；而亚洲经济体主要是在其专制政治体制时期推行了追赶式的工业化，这样就能够较容易地对那些从政府支持中获益的企业实施必要的管束。然而，从政治经济学视角来看产业政策问题的研究者们认为，在发展过程开始时的社会和经济结构也是一个重要因素。例如，"二战"后东亚经济体的收入和财富分配相对平均，而拉丁美洲的新兴工业化则发生在一个已经有了根深蒂固的利益集团和资本集中的环境之中［文献（Di Maio, 2008；Cimoli et al., 2009b）］。

即使有一些人认为政府事实上可以也应该在发展产业中发挥作用是一个不争的事实（原因如上所述，尽管并不明显），但以此作为政府之手而扩展到企业所有权的理由却十分欠缺。正如前面的章节所述，很多政府实施的产业政策，在很大程度上是激励已存在的产业或补贴新创建的产业。至于是否要依靠直接所有权将取决于许多因素，可能包括：

（1）发展水平。经济发展水平很低的国家较倾向于依赖国有企业。在这些国家，现有的商业基础设施（如金融机构）不是薄弱便是缺失，政府会认为培养特定产业的最简单方式就是建立国家所有的企业。

（2）行业考虑。在某些行业，期望企业承担的公共政策责任是如此复杂或者不断随着时间而调整，使这些要求不可能被实际地写入合同或者通过对私营企业的激励而实现。在这些情况下，政府可能认为有必要充当公司的所有者。

（3）历史或文化因素。国家所有权涉及一个因素，即经济学家们所知的"路径依赖"。例如，那些在工业化过程中强烈依靠国有企业的国家，在其达到中等收入的发展阶段时仍然倾向于赋予国有企业更重要的地位。

一般来说，大多数发展中国家的大部分企业（至少是大部分工业企业）是由家族企业和国有企业组成的企业部门。这意味着政府实施其产业政策通常较少依赖于正式的法律与监管规则，而更多依赖于直接的所有权以及政策制定者与一小群知名企业家之间的联系。这就使得审视很多发展中国家和后发展国家中国有经济作用的演变尤为重要。（下文讨论）

第三节　国家控制的更有目的性的干预工具

如前文所述，政府可能希望优先开展某些经济活动，但并不是通过直接拥有所有权的方式来涉足其中。在理想的情况下，政府应该通过一般的法律和法规介入这些经济活动；但在实践中，这样做有时并不可行。前面的章节已经说明了许多政府的许多实际运作方式，通过建立技术学院、专门的教育和研发机构来有效补贴一部分企业部门的培训和研发的部分成本。本节将聚焦于政府干预的另外一些方法，通过选择和补贴来获得外部融资。外部融资的两个主要来源是借债和权益融资。许多政府已经建立了金融机构在合适条件下发放贷款的机制（在股权方面也有了越来越多的案例）。此外，权益资本也可以吸引来自国外企业的外商直接投资（FDI）。原则上，这并不需要政府直接涉足，但由于很多国家试图对 FDI 投向某些经济领域有所限制，而在其他一些领域允许吸收对其有利的外商投资，因此通常的做法就是建立由国家直接投资控制的企业实体——在某些情况下包括国有企业——来引导整个过程。

一、 开发银行和其他金融机构

在过去，由于资金短缺而不得不创办国有企业（在某些情况下也有民营的"国家冠军"企业或得到政府支持的综合性大企业）。这导致经济权力集中于少数经济主体，由它们打开国际资本市场，尤其是处于早期的投资阶段的那些国家还导致国家政府作为"最终的投资者"。如果经济中已经存在充分的创业环境，但是仍然依靠国有的金融机构来为投资者提供足够的资金，这将提供一个有效率且低侵入性的方式来克服市场失灵。实现这一目的的传统方式是建立国家所有的"开发银行"（Development Banks）。此外，近年来还出现了政府控制的投资工具，如主权财富基金（Sovereign Wealth Funds）。

即使是在产业结构和资本获取都相对发达的国家，对政府偏好的经济活动予以金融支持的工具仍然可能发挥关键作用。如文献（Hikino，1997）所指出的那样，在第一次工业革命的浪潮中，对企业生存最大的挑战是与同行业的其他企业（在多数情况下有很多）进行竞争的能力。在近现代竞争中，竞争的核心已经更多转移到资本密集型的企业与寡头垄断企业之间的竞争，谁能存活取决于资本市场的评价，也包括来自敌意收购的终极威胁。

尽管在过去的几十年中曾经一度出现过私有化浪潮，但国有金融机构（State-owned Financial Institutions，SFIs）仍然是金融体系中的一个重要组成部分。例如在欧盟，国有金融机构广义的定义包括商业银行、开发银行、邮政储蓄银行、保险公司、信贷担保基金公司、租赁公司和类似的机构，国有金融机构估计在整个金融体系中占比接近30%［文献（Schmit 编著，2011）］。而在新兴经济体中，我们有理由相信，国有金融机构的占比将大大高出这一比例。

二、 投资激励与经济特区

在那些推行相对市场化发展战略的国家中，外商投资长期以来被视为获取国外技术和技术诀窍的一个主要来源。我们可以从两个方面来看外商投资的价值：第一，如果政府足够强势，并且其国内市场无论有何不足之处，对外国公司都有足够的吸引力，则需要外国公司以一定程度的技术共享来回报其的市场准入机会。第二，外资企业一直倾向于提高在当地投资企业使用的原材料来自本地的比例，因而产生内向联系，使得当地企业更多地学习与升级成为可能。外商直接投资的这一好处在文献（OECD，2001）中已有广泛的讨论。在最有效率的情况下，国外企业的进入还能够孵化出专门从事高附加值活动的整个产业集群。

发展中国家已经试行通过鼓励吸引外资的主要方式之一是建立相对封闭的经济特区（Special Economic Zones，SEZs）。这些经济特区是典型的国家所有，它们替代了早期的出口加工区，当年的出口加工区享有优惠的进出口关税政策，但现在很多方面已经被一些陆续施行的国际协议所禁止。目前，投资鼓励政策、经济特区中低价的基础设施、对培训和研发的补贴以及亲商的管理制度，都已成为吸引外国投资者来经济特区的主要优势。文献（Pack、Saggi，2006）指出，在中国大陆、台湾地区和韩国发展的早期，经济特区发挥了巨大的作用（也许还可以加上波斯湾/阿拉伯海湾地区的一些例子），但是当其他很多国家也试图模仿这一战略时，浪费了大笔资金却收效甚微。

经济特区和外商直接投资二者兼用的一个有趣例子是毛里求斯。作为非洲最为成功的经济体之一，毛里求斯通过定位于劳动密集型产业如服装和其他纺织品，使其经济于 20 世纪 70 年代开始起飞。这些产业在中国香港地区已经变得"成熟"，于是毛里求斯选择中国香港地区作为合作伙伴和"导师"。赞成"强化比较优势"观点的文献（Lin，2011）指出，中国香港地区和毛里求斯有着大致相同的要素禀赋，两者的主要差异在于毛里求斯的人均 GDP（国内生产总值）只有中国香港地区的一半。为了专门从中国香港地区吸引直接投资，毛里求斯成立了产业发展部及一个监督和建立出口加工区的部门。其愿景是参照外国模式，将毛里求斯定位于世界级的出口中心。尽管这一雄心壮志是否已经完全实现或许还有争议，但是必须承认，毛里求斯已经成为区域经济成功的一个典型例子。

第四节　本书余下章节的小结与主要发现

本书其余章节分为两个部分。一部分评估 5 个国家（新加坡、巴西、印度、中国和南非）借助国企及其他政府控制的实体作为其发展战略工具的经验。另一部分评估新兴经济体（但不限于新兴经济体）的国有企业通过对外贸易和投资而越来越国际化的过程。

一、　国有企业作为发展政策的工具

在本书所描述的 5 个国家中，各国政府采取的发展战略以及国企的

作用都相差悬殊。新加坡，还有它的一些东盟经济体伙伴，是最被广泛引用的例子，它们主动利用国有企业促进发展（我们将看到，实际应用的方法比通常认为的要复杂得多）。自从独立以后，这些国家就控制了网络型产业中的关键企业，并赋予其促进发展的角色。其他亚洲国家，如中国和印度，仍然保留巨大的国有企业部门，在某种程度上是因为它们过去的社会主义或共产主义发展模式。中国政府和印度政府，近些年来不再把国有企业视为专门为政府实现公共政策目标的执行机构，而让国有企业在市场中担任特定角色。在（国有企业）几十年的私有化历程之后，在巴西出现一个有趣的矛盾现象，一方面，巴西最大和最成功的一些企业在私有化之前并没有充分发挥其市场经营潜力；而另一方面，这些企业在早期发展中如果没有政府的干预，这些企业今天是否还会存在？南非则处于一个明显的转型期，它正在调整早前的市场导向战略和私有化导向战略，同时讨论如何重建其国有企业部门，并使国有企业更加聚焦于自身的发展。

新加坡。自从 1959 年独立以来，新加坡就处于将国企作为发展工具的最活跃的国家之列。尽管新加坡是一个被广泛引用的成功例子，但是正如本书中所展示的，新加坡的成功并不完全基于国有企业。早期的新加坡政府曾经试图仿效比之略早但又几乎同时发展的日本和韩国的经验，如大量吸引国外直接投资以融入国际市场、获取先进知识和急需的就业岗位。然而，与日、韩相比，新加坡政府并不确定其国内产业能否迅速发展，使其足以成为与国外公司平等的合作伙伴，因为新加坡是一个城市国家，其以前国内产业的功能更多是作为一个转口贸易的基地。因此，新加坡政府决定应该由国家来填补这一缺口，政府作为新加坡商业企业的最大所有者。

后文讨论新加坡的章节会提到，新加坡模式如此成功的一个主要原因是，新加坡并没有让国有企业担负多重目标。在发展特定产业时，国有企业的角色是被清晰界定的，而工业化早期阶段的其他重要角色如提供卫生保健服务和保障性住房则由政府独立承担。后一点尤为重要：由于产业工人可负担得起的住房长期短缺，导致新加坡持续的工业化进程似乎不时受到威胁。新加坡政府则始终通过提供住房补贴的方式来解决这个问题。此外，良好的公司治理也起了一定作用。新加坡建立和发展了淡马锡（Temasek），将其作为一家产业控股公司。淡马锡强调专业化管理和董事会的治理原则，给予国有企业董事会足够的自治来履职，并确保国有企业的监管和所有权清晰地分开，从而有助于帮助国有企业聚焦于发展。

东盟的其他经济体。东盟其他的经济体曾试图在不同程度上仿效新加坡的发展模式。由于该地区的异质程度远比想象的要高，因此各个国家的成功程度有所差异。考虑到路径依赖，本章得出了一个强劲的结论：在发展阶段的早期，如果对于国有企业部门及相关立法、监管和政策环境的设计有缺陷，在日后的发展过程中几乎不可能被纠正过来。

在控股公司方面，马来西亚可以说是最接近新加坡的模仿者，其控股公司马来西亚国库控股公司（Khazanah Nasional）创建于1993年，以淡马锡为明确模仿对象。但是与新加坡不同，马来西亚把保障原住民的权益放在公司发展战略的核心位置。在国有企业依靠的马来西亚国家投资政策方面，政策明确规定，在员工构成和采购这两方面都偏向于马来族，这一做法或许有社会价值，但至少在短期内不会对宏观经济表现做出什么贡献。此外，马来西亚国库控股公司通常比淡马锡更多地干预旗下的国有企业。

在泰国，国有企业被用来部分地作为抗衡外资影响的工具，以及似乎是作为对禁止外资持有国内企业多数股份的补偿。"二战"以后，泰国开始了东南亚地区持续时间最长的进口替代工业化计划，在该计划中，国有企业被赋予了重要角色。但由于缺乏国际竞争的磨炼，泰国制造商生产的产品没有国际竞争力，这种状态在1997年亚洲金融危机之后才得以真正好转。

菲律宾的早期发展史为我们提供了一幅错误干预而导致的惨淡画面。由于政治权力高度集中在那些有着自己投资利益的人手中，菲律宾的国有企业并非为了广泛的国家利益而运营（银行更差劲）。在军事政变之后，菲律宾国有企业的数量迅速增长，目前显然已成为政府行政权力的延伸。直到最近，这些国有企业还是根据政治变化的重点需要在运营，而不是根据任何长期的总体经济目标或者服从于透明的国企监督架构。

巴西。巴西早期的发展和工业化进程是由国家主导，并通过完全控制的国有企业来实现——在本书中我们称之为"国家企业家模式"（the State Entrepreneur Model）。在某种程度上，由于非常缺乏甘愿冒巨大风险的私人资本及需要全面协调许多个基础设施投资，这一模式应运而生。大型现代化的巴西企业集团，例如飞机制造商巴西航空工业公司（Embraer）、矿业公司淡水河谷公司（Vale），原本都是国有企业；可以说，如果没有国家干预，这些公司不会存在。与此同时，早期的巴西政府对私营企业实施价格控制和严格管制，因此在与国有企业完全不同的运营环境中，私营企业不可能实现国家设定的很多企业家角色。近几十年来，巴西政府出于对国有企业效率的担忧，国有企业部门开始了公司化和公开上市的转型。在这一过程中，巴西有效地开创了一种模式（至少在新兴经济体中），即国家宣布放弃在许多国有企业中的控股地位，但仍然保留作为一个重要的参股股东。这一模式的主要载体是巴西国家开发银行（BNDES），它通过旗下的投资银行来操作。在国家只是一个参股股东的情况下，巴西的经验表明，股东权益将在特定条件下起作用：国家应该进行投向的指导，如投资发展稀缺资源。然而，巴西的这一模式并非没有风险。近年来的经验表明，为了政治的意图而不是企业或发展目的而行使国家股份投票权的诱惑有时会非常强烈。因此，考虑到企业的经营自主权和股东以各种目的行使其所有权，这种国家作为少数股权持有者的模式需要强有力的保障措施与之配套。

印度。在印度独立后的几十年里，其经济政策受到了国家社会主义（State Socialism）的强烈启发——包括常规的五年计划——伴随着种种社会目标如缩小阶级差异和解决农村贫困。在这样的环境中，国有企业被赋予了占领经济制高点的角色，既充当经济增长引擎、统领基础设施行业，又纠正社会和经济的种种不平等。私营企业在数量上很大，但多数在规模上很小，相对较少的私营大企业集团还被不利的许可证制度所抑制。在经历早期发展阶段之后，历届印度政府逐渐开始了谨慎和渐进的自由化过程。在那些被视为非战略性的行业，国有企业逐渐退出，从而使国有企业在整个经济中的地位被削弱（目前已降到不足 GDP 的 20%）。假如印度在自由化进程中能够更早解决以下两个问题，印度模式本来也许能够产生更大的发展和增长。首先，印度国有企业的所有权结构高度分散，同时大多数管理国有企业的政府部门采用的是直线式管理，它们决定着企业的重要发展事宜，这就导致很多国有企业被作为行政权力的一部分来运营的局面。其次，国有企业被赋予了多重角色。很多国

有企业被期望在国家经济增长方面做出贡献，同时又希望它们实现许多
社会政策目标，但是这些社会政策目标在其他一些国家是联邦政府的任
务。印度的经验表明，在发展进程的一开始就有必要建立合适的机构来
规划和推动产业政策，并承担相应的广泛的社会目标。如果没有这些，
就存在一个风险，即国有企业将会被企业内部人员、企业所在地区的政
府及行政权力的代表所俘获。

中国。中国的经验与本书中的其他国家有着性质上的不同；当中国
在 1978 年提出经济改革时，其国有企业占了整个经济总量的 80%。这些
"企业"基本都是企业化形态薄弱，被当作政府权力的分支部门来运
营。① 在中国推行改革开放后的几十年里，有一项政策是"抓大放小"，
即把那些规模小或者所在行业不关乎经济命脉的国有企业私有化。剩下
的国有企业（目前估计约占 GDP 的 30% ~ 40%）在性质上有其存在的
合理性，需要用来弥补诸多领域中的市场失灵，包括提供公共服务、承
担外部性、进行自然垄断及承担也许更有争议的巨大沉没成本与弥补市
场的内在弱点。与此同时，国有企业在中国被普遍认为效率低下、难以
治理，因此在国有企业发挥克服市场失灵的重要作用的同时必须努力加
强国有企业的公司治理。这些努力包括在 2003 年设立一个中央级所有权
实体——国务院国有资产监督管理委员会（SASAC）——以及在每个行
业都要有足够数量的国有企业以确保竞争的政策明确。此外，中国政府
也日益警醒有必要认真考虑经济活动在私营部门和公共部门之间的最佳
分配。最近的经验表明，有必要在产业政策和监管的大背景下对国家所

---

① 事实上，直到今天，一些最大国有企业的 CEO（首席执行官）们仍然是部长级别。

有权（State Ownership）的成本与收益做一个可比较的评估。国家所有权，如果执行得好，可以是一种灵活的产业政策工具。它可以被政府用来解决市场失灵问题，并实现特定的社会目标。同时，国家所有权应该作为市场机制和监管的补充。尤其当某个国家缺乏实施更加灵活的产业政策、市场机制和监管的能力时，国家所有权有时能够为政府提供一种灵活的工具。其结果是，国家所有权和私人所有权之间的平衡应该取决于市场失灵的程度以及可选用的各种政策工具。

南非。南非的经验至少在两个方面不那么典型。首先，直到最近，南非政府的一连串政策（包括种族隔离时期）都是以市场经济为导向和倾向于进一步私有化。其次，南非经济的发展绝大多数靠矿业和原始的或轻微加工的资源产品的出口。在某种程度上，南非20世纪工业化进程的开始是由大型矿业公司的投资驱动的，市场也是由大型矿业公司开拓的。然而，这一模式已经显示出一些弱点。南非未来的增长与发展可以说是依赖于更大程度的经济多元化，采矿业集群已经在很大程度上依赖于可获得廉价的移民劳动力，在21世纪，这似乎并不是一条特别有前途的发展道路。此外，一些领域的私有化过程令人失望。行业监管的明显不足导致政府垄断实际上转化为私有垄断，其对价格和供应的影响是有据可查的。南非正在做的一件事是重新调整国有企业的目标以促进发展。目前，剩下的国有企业几乎都聚集于网络型产业；南非有一个明显的需要，就是确保这些国有企业能够支持，从最近的经历来看，至少是不阻碍——经济中其他对这些国有企业有所依赖的行业的发展。与此同时，重新调整国有企业目标的这一过程也有风险。如果把国有企业的目标从财务绩效调整到对发展的推进并取得成功，那么就有必要调整南非的所有权模式以更清楚地为国有企业指明所需实现的非财务目标。国家必须设定包括盈利能力和资本结构在内的现实目标，并且建立一套用来评估国有企业是否实现目标的恰当方法。如果缺少这些要素，而对国有企业设定多元目标，就可能导致管理问责制的弱化和国有企业部门过度的政治化。

小结。从这组国家案例研究可以看出，国有企业在促进经济（以及其他方面）发展的有效性取决于很多因素，尤其取决于经济发展的初始水平。如果一个低收入国家的政府采用追赶型工业化战略，而此时很有可能没有国内企业可以填补这一空白，而且这个国家很大，对外国投资者的参与也有限制。在这种情况下，当然可以建立国有企业来发挥关键作用。此外，如果政府的目标是沿着许多类似国家已经走过的发展道路前行，那就相对容易敲定战略，并明确国有企业各自的目标来实现这一战略。然而，经验也表明，以国有企业为导向的发展战略若要成功，通常需要满足一些关键条件：

（1）国家需要得到一个能够胜任的官僚机构的支持，授权其有效地发挥所有权的功能，奖励成功和惩罚失败。很多不成功的例子要么是由于国有企业管理者们不受惩罚，要么是因为他们得到了政治保护，或者是因为国家没有能力做一名有效且消息灵通的企业所有者。

（2）国有企业的发展目标需要明确阐述，尤其是不要掺杂一些社会政策目标。在新兴经济体，一些潜在的创新型国有企业消亡的根源是政治（和公众）期望，因为这些企业的国有身份，它们就被期望在住房、教育和公众健康领域做出贡献。进一步说，战略性国有企业效率相对低下的主要原因之一是政治上的要求，要求它们作为"最后的雇主"，特别是在周期性经济疲软时期不得裁员。

（3）期望国有企业运营的领域应该远离商业力量、金融力量和其他市场力量集中的领域。拉丁美洲和亚洲经验的主要差别之一是，在亚洲使用国有企业是可行的，因为亚洲国家的发展始于贫穷和相对平等的状态；而拉丁美洲工业化政策和发展政策的努力很快就被既有的权势家族、产业公司和劳工运动所挟持。

（4）当一个国家进入更高发展阶段后，国有企业的重要性会发生变化，通常会减小。一般而言，国有企业的效率低于可比的私营企业。在发展的早期阶段，效率因素通常不是那么重要，因为除了国有企业的经营之外没有其他商业活动，而且，在任何情况下，一个贫穷国家在其商业活动发端之时，对利益的考量在短期内通常都会大于对效率的考量。但是，当一个国家发展到中等收入水平阶段后，就会有许多问题涌现出来，要求它们考虑哪些活动更适合于放在私营部门。

二、 国际市场中的国有企业

新兴经济体的国有企业通过对外贸易和对外投资正日益在国际市场上崭露头角。因此，它们也更有可能在外国私营公司进入自己国家时与其展开竞争。从某种程度上说，这是那些仍然拥有庞大国有企业部门的经济体经过几十年快速增长后的合理结果。OECD 近期所做的研究表明，2013 年世界最大 100 家企业中，有 22 家是由政府作为其主要股东的。[①]

但是，其他因素可能也在起作用。东盟的经验表明，一些亚洲国家的政府对其在某些领域所培育的国有企业（或者在有些情况下政府支持

---

① 资料来源：文献（Christiansen、Kim，2014）

的私营企业）绩效达标的最终测试就是让它们参与国际竞争。在这一点上，国家的发展目标与更广泛地分享维持健康的国际竞争环境的共同利益之间，存在一个潜在的冲突。如果所涉及的国有企业在其国际化进程中仍然享受着政府补贴或其他实质性便利，这可能会引起外国资本的关注。新兴经济体可能会反驳说，它们支持本国国有企业仅仅是对国有企业所承担非商业目标进行的补偿，或是帮助其克服自身的市场缺陷。然而，这一说法可能存在两个问题。首先，除极少数情况下国有企业为其非商业目标从国库中得到了补偿外，国有企业在国内本土所享受到的利益可能会在其海外运营时转化为竞争优势。[①]其次，在市场有缺陷如规模经济的情况下，在国内市场范围内存在一个令人信服的经济观念，即对缺乏规模的企业进行补偿。然而，从国外竞争者的视角来看，这也许相当于对不这样做就不能独立生存的竞争者给予了不受欢迎的补贴。本报告的最后两章将阐述国有企业在国际贸易与国际投资中的角色变化。

　　国际投资。在 2008 年全球金融危机期间，国有企业的国际投资迅猛增加，尽管这是一个相对较新的现象，但国有企业似乎将继续成为国际投资的一个重要来源。大部分的投资增长来自新兴经济体的对外投资。然而，如果因此断定国有企业在国际投资中占主导地位就错了。一项独立研究表明，国有企业占据较多的行业（如石油和基础设施建设），目前占了对外投资总额的 10% ~ 15%。[②]中国在这样的数据中扮演着重要的角色。目前中国是世界上最大的 5 个外商直接投资来源国之一，而中国

---

① 典型的例子是人为的低回报率要求，这会有效地创造人为的规模经济，从而鼓励扩张。

② 资料来源：文献（Christiansen、Kim，2014）

对外直接投资的大部分都来自国有企业。这一状况在某种程度上是推行一项经深思熟虑的政策形成的结果，这一政策在中国被称为"走出去"战略。根据这一战略，中国政府鼓励其最大的国有企业（不像前文提到的东盟的例子）走出去检测它们的竞争力和学习国外的最佳实践。

有趣的是，有越来越多的证据表明，来自新兴经济体的国有企业所开展的对外绿地投资对接受国有着积极的发展影响。例如，近年来，中国对非洲资源产业的投资迅速增长。这一状况引起了关于中国投资带来副作用的担忧，但是它无疑加强了一些非洲国家的基础设施建设，因此会导致更为广泛的经济和发展。

部分由于这些发展，相关政府已经变得越来越积极地制定应对国有企业国际投资的政策。关于国有企业的条款在新近缔结的国际投资协定中日益增多。这些举措的大多数似乎旨在厘清如何对待国家控制的投资，很少有迹象表明这是保护主义的抬头。然而，一种被广泛接受的看法是，与私人投资者相比，国有企业投资者带来了特殊的风险和挑战，因此需要更为紧密的监管。

国际贸易。国有企业一直是经济的重要组成部分，特别是在那些低收入国家，而且国有企业传统上被定位于服务国内市场。但是，在过去的几十年中这一状况发生了变化。现在，国有企业在国际竞争性行业和垂直分工的行业中表现突出。这一章讨论了国际经济中的5个国家，它们的国有企业占了企业版图的三分之一强。与国际投资环境相比，贸易环境有着更完善的规则，以遏制政府对其国有企业（和其他企业）的支持。世界贸易组织的规则含有一些特定条款，包括那些涉及补贴和反补贴的措施、知识产权保护等，能够而且事实上已经在发挥作用。

第二部分

将国有企业作为发展工具的经验

OECD

更好的政策，更美好的生活

第二章

新加坡和其他东盟国家的案例①

第一节　导言

发展目标可以通过包括国有资产在内的不同政策措施组合来实现，这听起来容易做起来难。发展目标也许意义不大，只是构成政治话语和公共关系的基础。因此，政治学家和经济学家经常"泄露天机"：要看权力人物实际怎么做，而不是看他们说什么。这就涉及透彻的分析工作和广泛的事实调查。

发展既需要苦心经营，也需要与许多不同机构之间的互动，两者相辅相成。对于我们要讨论的国家，其发展问题实质上是要实现良好的平衡。国家直接控制的实体企业行为是一个重要方面，但是其只能用于极其有限的政治和经济目标，尽管其宏观经济影响也许很大。本章聚焦于一个城市国家——新加坡。作为一个城市国家，新加坡并没有农业政策方面的问题，而这往往是发展所面临的挑战中的一个关键部分。因此，对东南亚其他国家的分析就更为广泛一些。

---

① 本章是由 OECD 秘书处准备的，基于格兰特·柯克帕特里克（Grant Kirkpatrick）于法国巴黎的原著。

本章的第二节讨论自 1963 年独立以来的新加坡。[①] 该部分概述了新加坡的经济史及更为重要的该国的政治经济状况，尤其是它的社会平等理念。新加坡的国有资产在发展过程中，发挥了关键作用，尤其是从 1974 年成立了国家控股公司淡马锡之后，这个公司已经引起了很多国家的关注。下文将讨论淡马锡的运作与发展情况。然而，这些讨论需要置于一个广泛的政策框架中，尤其是要考虑到货币政策和财政政策。

本章的第三节简要讨论了其他东南亚国家的情况，包括：它们的发展战略是如何随时间而变化的，一些政策工具是如何相互作用的，以及发展战略是如何影响国有资产使用的。本书所指的东南亚国家包括印度尼西亚、马来西亚、新加坡、菲律宾和泰国，对越南及其近年的政策也会略有涉及。

第二节　新加坡

为了理解国有资产的作用，有必要首先了解新加坡的发展政策。第一小节详述新加坡独立以来的主要发展政策。国有企业发挥了特殊作用，但这只有在整个背景下才能理解。因此，第二小节概述新加坡的政治经济，包括政府关联公司（Government-linked Corporations, GLCs）的政治背景。淡马锡这个国家控股公司一直与新加坡的成功，但不总是正确地，紧紧地联系在一起，所以，第三小节从控股公司及

---

① 本章应用了一种关于"独立"概念的特定变化：新加坡在 1963 年从英国独立出来成为马来西亚的一部分，随后在 1965 年独立建国。

其投资组合公司两者安排公司治理的视角概述控股公司的结构、运作及程序。文中还进一步探讨了董事会的结构和运作以及高管的管理。最后一小节审视了控股公司及其投资的绩效，从发展的大背景看，这是有必要更多思考和讨论的。

一、 新加坡经济概览

从 1960 年以来，新加坡的实际人均 GDP 已经上升了约 12 倍，目前已等于或超过许多 OECD 成员国。新加坡有关生活质量的一些指标，如健康水平，令人印象深刻，而且这个城市国家在教育成就方面历年一直得分较高。此外，新加坡的收入分配相对公平，而且有广泛的社会福利，尽管政府一直不愿在民众心中建立一种趋利的利益价值取向。然而，新加坡似乎已经成功地实现了其发展目标。东南亚区域内外的其他国家自然都密切关注新加坡的经验。

像其他亚洲国家一样 [文献（世界银行，1993）]，新加坡在上一个十年的增长一直是由高储蓄率和投资率驱动的：储蓄约占 GDP 的 35%，投资率更高。自 1960 年起的很长一段时期内，新加坡的全要素生产率（TFP）的增长并没有超出常规，但是现在新加坡正转向一个新的阶段，更强调 TFP 的提高，并更关注私营初创公司。

与一些看法相反，新加坡的国家作用一直是非常重要的。一项研究 [文献（Hopf，2009）] 表明，政府一直能"控制"高水平的储蓄和投资（约为 60%）。至于国家是否并如何实际控制（例如控制了哪些机构）如此多的储蓄和投资，以及实际投向，将在下文中置于国家所有权的背景下加以讨论。

对于私人储蓄，政策工具是强制性地纳入中央公积金（CPF），这导致一些人宣称新加坡有时过度储蓄。国有企业部门（在新加坡被称为政府关联公司）向中央公积金上缴利润。除了可用于健康和退休福利之外，在中央公积金的存款可以用于房屋的购买和销售，这是发展政策的一个主要要素（将在下文讨论）。反过来，中央公积金资产在很大程度上被投向一个重要的方面，即主权财富基金——政府投资公司（Government Investment Corporation，GIC），从一项研究可知，GIC 投资于海外基金和股权［文献（Hopf, 2009）］。私人储蓄也流向邮政储蓄银行（一家政府关联公司）。

在分配形成的资本方面，国家的重要性体现在以下四个方面。第一，有几位政府部长在内的住房发展局（Housing Development Board，HDV）在决定新加坡的住房支出方面发挥了重要作用；在新加坡独立后的第一个 10 年里，政府购买了大量土地兴建住房（见下文）。[①]第二，政府在建立国际金融中心的过程中至关重要，因为大量资本来自外商直接投资。1971 年成立了一个新的国家机构——新加坡金融管理局（the Monetary Authority of Singapore，MAS），它负责监管金融行业，取代了原先由财政部执行的职能。第三，由一些资深的部长及其他人士组成的经济发展局（Economic Development Board，EDB）负责产业政策，既包括税收减免政策，也提供工业园区的相关政策。在经济发展局的早期，它曾获得许多企业的股份，后来转给了淡马锡。第四，政府关联公司的运作方式变化

---

① 土地的购买和出售在国家账户上登记为金融交易，并不是像其他 OECD 成员国那样记为正的或负的投资。

也将影响投资。如下文所述，运作的方式也一直在变化。

将新加坡建成金融中心对政府的政策选择有着重要意义。这意味着货币当局致力于"硬新加坡元"的政策，国家则致力于成为一个开放的经济体。与东南亚地区的其他国家不同，新加坡从来没有爆发过一次全面的金融危机，这并非偶然。新加坡的金融监管政策一直是保守的，而且是用税收政策而不是用控制进口来鼓励外商直接投资。

新加坡经济增长的一个重要元素是不仅重视外商直接投资，而且重视政府关联公司。其原因本质上是务实的。正如第一任总理李光耀在其自传中所写："我们并没有一个现成的企业家群体，像中国香港那样，在共产党接管中国内地时从上海、广州和其他城市流入一批实业家和银行家。如果我们等待我们的贸易商学习成长为实业家，我们可能会饿死。有人提出，如果在 20 世纪 90 年代我们培养出一批我们自己的企业家，就可以少受无根基的跨国公司的支配，这些批评是荒谬的。即使中国香港从中国内地接收了很多经验丰富的人才，中国香港目前的制造业技术水平也与新加坡的跨国公司不在同一层次上。"

最后，尽管政府对于储蓄和资本的使用有着严格的控制，它也遵循着成功的发展范例，如强调市场价格、出口以最终提高竞争力。与此前此后的许多国家不同，新加坡避免了进口替代和国家定价的陷阱。这为政府关联公司搭建了一个重要的经营框架。

然而，其他国家要学习新加坡的经验却不那么简单。一方面，新加坡是一个城市国家，所以它不需要解决复杂的农业问题，也不存在该地区其他国家如印度尼西亚和菲律宾，经常受制于大量人口挑战的问题[文献（Studwell，2013）]。另一方面，新加坡不得不面对由于从一开始就是一个多种族和多文化的国家而带来的公民缺乏强烈的国家认同感的问题。在 20 世纪 60 年代早期,新加坡与很多国家一样有大量非熟练的年轻劳动力,面临提供就业机会的巨大压力 [文献(S. Yap、R. Lim、L. W. Kam,2009,第 627 页)]。为了应对这些挑战,新加坡发展了独特的政治架构并成功地避免了商业腐败。新加坡如何演进、变化或调整其政策设置,这对其他国家是有借鉴意义的,尽管其他国家必须仔细研究这些经验教训。

二、 新加坡的政治经济发展演变

制定政府关联公司的发展目标和框架,过去和现在都是占主导地位的政治力量——人民行动党(People's Action Party)的工作,而人民行动党与李光耀交往密切。该党在 1959 年取得英联邦内部自治之前有着费边社会主义的背景,因此特别强调社会公平,但又非常务实。该党并不重视在新加坡的中国人企业,把它们视为仅从事转口贸易的载体,但转口贸易并不创造就业——而在新加坡独立初期及其以后许多年里,就业是关键因素。①

相反,新加坡政府认为经济增长的关键是外国投资;为此,政府对税收和其他监管领域进行了改革,并取得了相当大的成功。不过,政府认为有必要以政府关联公司的形式平衡外商直接投资,政府关联公司能够作为缺乏私营企业家的替代品。②除了一些例外,政府关联公司在中期

---

① 一个重要的例外涉及私营的中资银行,这成了监管行动的一个焦点,例如货币当局有权任命董事会和管理层。更一般地,为保证金融稳定,货币当局采取了保守的监管政策。

② 费边社会主义来源于人民行动党的很多创始人,无疑也发挥了作用。

是以追求盈利为导向的，但是政府关联公司理所当然也要追求实现种族和宗教平等的更为广泛的发展目标。

为了获得外商直接投资，同时近年来为了在经济计划中鼓励生物技术等领域的创业，新加坡政府成立了经济发展局（Economic Development Board，EDB）。该局不得不在议会之外制定税收减免政策。社会公平并不是通过控制政府关联公司的低效方式来实现的，而是通过以未开发的成本价获取土地并建立社会住房，从而确保大家有可负担得起的住房来实现的，各个收入群体比邻而居，这样就不存在种族隔离，也不会在各收入群体间形成隔离。①因此，像韩国和中国台北那样，新加坡进行了土地改革，国有土地从 1965 年的 10% 上升至 2004 年的 90% 左右［文献（Yap 等人，第 620 页）］。有一家名为吉宝置业（Keppel Land）的政府关联公司接受政府住房政策的指导，而其他政府关联公司必须追求商业化目标。

尽管新加坡政府渴望远离种族、语言和宗教运动，但它很注重传承亚洲文化，并将其定义为儒家学说的一个方面。通过儒家文化，国家有意将家庭作为一个社会单元来关注，并按照等级组织起来。等级制要求户主承担责任，即户主有为了未来几代人而保留并增加家族财富的管家职责。政府将管家的这一理念扩展到了自身的运作和政府关联公司的运作中［文献（Tsui-Auch、Y-J Lee，2003）］。

由于政府最初支持本地中国裔商业精英时没有涉及利益，使得新加

---

① 获得住房是中央公积金的部分功能，所有的公民都被强制要求参加并缴纳中央公积金。购买和出售房产也是通过这些账户［文献（Yap 等，2009）］。

坡整体而言没有腐败，尤其是在商业生活中没有腐败。世界清廉指数（The World Corruption Perception Index）将新加坡列为世界清廉国家第5名——非常清廉，而与新加坡邻近的国家则排在第50名左右甚至150名之外。政府关联公司是否相互支持（可以说是腐败的一种形式）将在后文讨论。从2004年起，促进竞争的政府部门就在小而开放但所有权集中的经济领域努力促进竞争。新加坡在2007～2012年开展的119项强制行动就涉及违反竞争的协议（51件）、阻止并购（36件）及滥用市场支配地位（32件）［文献（Waller, 2014）］。

虽然对于政府关联公司设定的一般目标早已明确，并且得到了管理层和董事会的广泛支持（见下），但是其特定目标却一直在变化。最初，政府关联公司的特定目标强调就业，并将其视为实现社会公平的最佳方式。正如一个文献所说的那样，"这能解释为什么那段时期会有服装厂出现，因为服装厂能够吸收大量工人，成排的女性踩着缝纫机的图片在官方出版物中被自豪地展示出来，当时还有生产火柴、塑料牙刷、棉絮、拉链以及口香糖的工厂"［文献（Yap等，2009，第627页）］。

到了20世纪80年代中期，政策变为鼓励区域化，这意味着把一些非技术活动外包给东南亚地区的一些国家。这一政策伴随着具体的措施，例如（通过另一个政府影响的实体）大幅抬高劳动力成本，这也许是十分有效的。政府关联公司也是政策变化的一部分。在1997年亚洲金融危机之后，政策目标扩大到全球化而不仅仅是区域化。这对于政府关联公司意义重大，下文将进行讨论。同时，政策重点也转到鼓励本地初创企业，尤其是那些高科技初创企业。目标的演变又导致许多政策的变化，如投资协议的谈判。

　　尽管区域化和全球化对于小规模经济体有意义，但对于政府关联公司而言却不是一个容易达到的目标，而且接受国也不总是持欢迎态度（参见专栏 2.1）。国家所有或者国家控制的公司到另一个国家投资经营，总是被指控说它们是作为该国政府的代理人在运作。因此，国有企业在印度、泰国、印度尼西亚和澳大利亚的投资都出现过问题〔文献（Goldstein、Pananond，2008）〕。这些事件导致新加坡主要的国家控股公司淡马锡的变化，包括改善信息披露和增加透明度〔文献（Goldstein、Pananond，2008）〕。①

专栏 2.1 　应对变化的目标总是困难的

　　新加坡区域化战略的一个组成部分是创建工业园区的计划，特别是在印度尼西亚、印度、越南、中国和马来西亚的一些跨境工业园区。这些工业园区由胜科园区管理公司（SembCorp Park Management）运营，该公司是一家政府关联公司，淡马锡持有 50.58% 的股份，其余股份由当地合作伙伴持有。然而，由于当地合作伙伴的问题，项目的回报是令人失望的。例如，淡马锡在其中国工业园区投资中遇到问题。正如文献（Goldstein、Pananond，2008，第 428 页）所述，"新加坡有契约商业文化，它详细说明交付的成果、时间、风险分担机制，但这在中国新兴的商业社会中过于形式主义了"。

　　在全球化方面，到底淡马锡是投资者，还是（它旗下的）政府关

---

　　①　时任总理（李光耀）质疑由其拥有的泰国控股公司充满争议的收购是一桩纯粹的商业交易时，案例就被进一步削弱了。

联公司是投资者，就不那么清楚了。在电信业和银行业都是如此。在电信业中，淡马锡2006年收购泰国企业臣那越集团（Shin Corp）时饱受争议，还导致新加坡与泰国之间较大的政治问题。政治问题的引发是因为淡马锡使用市场手段，用受托代管公司的名义来规避泰国本地的股权规则。相应的政府关联公司——新加坡电信有限公司（Singtel），在很多国家也有投资，例如，在澳大利亚的澳都斯（Optus），而且正在将这些投资整合入公司。该公司的董事会也已经扩大，包含了一位澳大利亚董事。新加坡星展银行集团（DBS）也已经整合了许多涉外并购，其董事会也相应扩大，包括加入外国董事。

与所有企业相同的是，新加坡的政府关联公司和淡马锡都曾经历过失败。例如，新加坡航空公司（SIA）曾经通过投资新西兰航空公司而间接买入澳大利亚航空公司，因为当时新西兰航空公司控股澳大利亚航空公司。但是后来澳大利亚航空公司破产，迫使新加坡航空公司减少了对其的投资。

然而，新加坡航空公司继续以参股的形式投资世界各地的航空公司。星展银行集团继续收购外国金融机构。淡马锡究竟在多大程度上间接涉足这些并购并不为人知晓，因为这些都是淡马锡投资组合中的下属公司做出的操作决策（参看正文中的进一步讨论）。

有一个案例涉及所有的国有实体。新加坡东方海皇航运公司（Neptune Orient Lines，简写为NOL，是一家政府关联公司）1997年购买美国总统航运公司（US President Lines），但是当时新加坡财政部和主权财富基金即新加坡政府投资公司都需要为该笔交易注入现金。目前，NOL的董事会非常国际化。

总而言之，新加坡对政府关联公司的期望十分明确，而且随着经济的发展，对政府关联公司的期望也在变化。起初，政府关联公司在产业政策中发挥重要作用，新加坡航空公司和东方海皇航运公司两者的目标都是将新加坡建设成为一个交通枢纽。新加坡政府也非常清楚，更普遍的问题，如社会公平，并不是政府关联公司的主要目标，而是特定政策，如征地、社会公屋和公众健康等。如果要明白政府关联公司的政策是如何实施的，就必须考查国家控股公司淡马锡的运作。

三、 新加坡政府干预的早期实例及政府关联公司的角色

（一）出口导向型工业化

正如前文所提到的，新加坡早期的工业化是伴随着经济开放一起发展的。其中的一个要素是如上所述的努力吸引外商直接投资。同样很明显的是，新加坡国内经济的规模有限，于是政府着手制定以发展出口导向型制造业为主的工业化战略。

在某种程度上，新加坡由于实施这一战略，到 20 世纪 60 年代后期，对于工业化的制度化支持开始以提升专业化程度为特征。这对经济发展局的影响尤其大，最初经济发展局有许多综合职能，在这一政策导向下经济发展局就逐渐将一些职能转给了更为专业的机构。最突出的例子之一是 1968 年新加坡开发银行（后改名为星展银行）的建立，该银行是一家上市的有限公司，国家持有近一半的股份。成立这家银行所体现的意图是，解除经济发展局对工业发展进行金融支持的责任。自成立起，新加坡开发银行就非常活跃。在成立一年后，新加

坡开发银行就投资于近 100 家企业，总计为它们发放了 1.6 亿新加坡元的贷款。①

与此同时，1968 年 11 月，新加坡政府成立了国际贸易公司（International Trading Company，缩简写为 Intraco），代替以前经济发展局的出口促进部。国际贸易公司有两个目标：一是为新加坡产品开拓海外市场，二是通过集中采购为新加坡本地工业采购到更加便宜的原材料。尤为重要的是，作为一家大型的政府控制企业，国际贸易公司有意与那些中央计划经济企业开展贸易。此外，如同新加坡开发银行那样，政府作为实际受益人，仅持有国际贸易公司不到一半的股份。

经济发展局的另一个衍生品是裕廊集团（Jurong Town Corporation，JTC），一家于 1968 年由财政部成立的法人公司。裕廊集团从经济发展局的工业设施部门手中接过了涉及工业地产的所有职责。裕廊集团的成立是由土地开发推动的，当时工业用地的需求开始超过供应，危及新加坡的工业化进程。于是，裕廊集团迅速提高土地供应。据文献（Rodan，1989）估计，在裕廊集团成立后的第一年，可用工业地产增加了 25%。

作为增强新加坡参与国际贸易能力的战略的一部分，1968 年新加坡成立了一家由国家控股的公司——胜宝旺船厂（Sembawang Shipyard），接管英国的皇家海军船坞厂。接着，吉宝船厂（Keppel Shipyard）从新加坡港务局分离出来，成为一家全资国有企业。同年，新加坡政府还以重要的参股股东身份投资于新加坡船舶建造工程公司和裕廊造船厂，并且在第二年入股石油平台建设和钻井公司——伯利恒有限公司（Bethle-

---

① 有关新加坡开发银行贷款进一步的细节由文献（Rodan，1989）提供。

hem Ltd.）。为进一步推动出口制造业的发展，1969 年 1 月，新加坡政府成立了一家全资的国有企业——东方海皇航运公司。成立该公司是为了减少新加坡对外国航运的依赖（那时，外国航运公司因对发展中经济体实行歧视性的过高运费而备受指责），同时也是为了促进与中央计划经济体的贸易。

前英国皇家海军造船厂也在造船业之外催生了一些国有企业。新加坡电子工程公司接管了英国军队的武器和无线电组织。这是一个经常被援引的例子，政府认识到了其商业可行性，就主动采取措施确保企业存活下来。在 1968 年和 1969 年，新加坡政府的其他重要投资集中于石油化工产业（烃类产业）。它与美国石油公司和日本海洋石油公司的合资导致了新加坡石油公司的成立，新加坡政府在其中拥有近 1/3 的股份。

（二）向高附加值生产的转移

到 1969 年底，新加坡的失业率降到了 6.5%，在此情况下，政府决定在产业促进方面更有选择性。劳动力市场的逐渐紧缺促使新加坡劳动力从低附加值、劳动密集型产业中转移出来。外商在新加坡投资于更加高端的产业，政府出台了鼓励政策。[①]

除了允许工资上涨，新加坡政府采取了多种措施以吸引和发展高附加值产业。政府与私营企业合作建立了一些高端培训中心。1973 年初，为了促进先进制造业的发展，新加坡政府公布了"十大重点计划"，包

---

① 一个更深层次的原因是亚洲的其他生产布局侵蚀了新加坡先前的工资优势，并且在 1970 年之后的一些年里发生了一连串的产业动荡。

43

括对于达到预期技术水平的新公司给予免税期等优惠措施，技术水平由一些指标来测度，如资本劳动比、人均附加值以及技术员工和熟练工人占公司员工的比例等。

一个有政府参股并有充足资金支持的资本密集型产业计划也被进一步公布出来。政府介入越来越复杂和多样化的生产活动成为大趋势的一部分。据文献（Chan，1975）估计，到1973年，新加坡财政部已直接拥有26家公司，并且部分持股其他33家公司。政府还进一步通过国有公司持有的大量附加股份成为实际受益者（Beneficial Owner），如通过新加坡开发银行持有约50家公司的股份，通过国际贸易公司持有20家公司的股份。法定公司的数量也快速增长，1970~1974年又成立了12家。

在这种情况下，新加坡政府决定通过成立两家控股公司来简化其持有的股份。一家是国防部旗下的胜利控股公司（Sheng-Li Holding Company），另一家就是现在大名鼎鼎的淡马锡控股公司（Temasek Holdings）。

四、淡马锡的特殊角色：结构、运作及其对投资企业的控制

淡马锡成立于1974年，是新加坡财政部全资控股的企业。淡马锡取得了很多公司的所有权，这些公司的所有权曾属于一些国家实体，如某个法定机构①或某个部委。这使得政府能够将监管机构从国家所有权中分离出来，这是政策的一大进步。尽管淡马锡公司的股份由新加坡财政

---

① 法定机构作为一种代行政府职能的半官方机构，在新加坡经济社会发展和提供公共服务方面起到了至关重要的作用。——译者注

部100%持有，但是它对政府的征用有着防范措施。当政府有变动时，
淡马锡公司此前的储备被冻结以待重新分配，因此只能在总统的授权下
转入预算，而且只能转移分红得来的当前收益。另外，淡马锡公司董事
会的提名名单须由总统批准，而且财政部不能成为董事会成员。

淡马锡在资本市场上筹集资金，并被标准普尔评为"AAA"级信
用。它还获得了透明度指数（Linaburg-Maduell）的完美季度成绩，该
指数被用来衡量政府拥有的投资基金的开放度。此外，虽然淡马锡不
是一只主权财富基金（新加坡政府投资公司是主权财富基金），但是它
自愿遵循《圣地亚哥原则》。

淡马锡拥有很多公司的股份，总额占新加坡经济的比例较高（见表
2.1）。根据一项研究的偏低估计，这一比例达到20%［文献（Tsui-Auch
等，2011）］。这些企业分别是航空运输、银行、电信、房地产开发等领

表2.1　淡马锡持有的一些最大企业集团的基本信息（2006年）

企业集团名称	总资产 （百万新加坡元）	子公司 数量	联营公司 数量
星展银行（DBS）	197 372	88	17
新加坡电信（Singtel）	33 606	139	36
新加坡航空（SIA）	23 369	24	32
吉宝公司（Keppel Corporation）	13 816	144	39
东方海皇航运（Neptune Orient Lines）	6 550	123	45
吉宝置业（Keppel Land）	5 261	102	30
胜科海事（Semb Marine）	3 429	33	12
新加坡石油公司（SPC）	3 140	123	10

资料来源：文献（Lai Si Tsui-Auch 等，2011）

域的市场龙头企业。其中，每一家企业自身也有自己的企业集团。此外，淡马锡在其资产负债表上直接持有大量投资，最大一笔是持有渣打银行（Standard Chartered Bank）18% 的股份。在淡马锡的投资组合中，对中国建设银行的投资占了 8%，大致与渣打银行相当。淡马锡还间接持有两家新的电信公司的股份，这两家电信公司与淡马锡拥有的占市场主导地位的新加坡电信进行竞争。

成立淡马锡时，新加坡政府以账面价值将其他公司的政府股份转给了淡马锡。这些公司在新加坡政府借鉴韩国财阀思路的打造下，已经形成了企业集团［文献（Tsui-Auch、Yoshikawa，2010）］。这种本地龙头企业的形成过程已经被其他很多国家学习，但背景与新加坡不尽相同。

自 2004 年以来，尤其是 2002 年的政府审查（经济审查委员会下属的企业家精神与国际化小组委员会的报告）之后，淡马锡开始遵循一份宪章（见专栏 2.2），并且通过发布年度合并报表来提升其透明度。

专栏 2.2 淡马锡宪章

淡马锡是积极活跃的投资者与股东：我们长期提供可持续的价值。

- 淡马锡是一家投资公司，按商业原则持有和管理我们的资产。

- 作为积极的投资者，我们通过增持、维持或减持投资来打造投资组合。这些投资以商业原则为驱动，致力于创造和最大化经风险调整后的长期回报。

- 作为一名积极的股东，我们在投资组合公司中倡导健全的公司治理，支持建立由具备丰富商业经验的高水准、多元化人才所组成的董事会。

● 我们的投资组合公司由各自的董事会和管理层指导和管理，淡马锡并不参与其业务决策与运营。

● 淡马锡的投资、脱售及其他商业决策同样由自身董事会和管理层执行。新加坡总统或我们的股东新加坡政府均不参与淡马锡的商业决策。

淡马锡是着眼未来的机构；我们行事讲求诚信，致力追求卓越。

● 无论机构还是个体，我们以诚信行事，并遵守淡马锡价值观的指引。

● 我们培养具有归属感的文化，将机构利益置于个人利益之上，强调长期利益高于短期利益，并将员工利益与股东利益挂钩。

● 作为一家机构，我们追求卓越，持续培养员工、强化能力并完善流程。

● 我们不断挑战并重塑自我，追求与时俱进。我们立足当下，着眼未来。

淡马锡是备受信赖的资产管护者，我们力求为世代民众谋福利。

● 淡马锡是负责任的企业公民。在可持续和健全治理的基础上，我们与新加坡及全世界社群建立密切联系。

● 我们在新加坡和其他地区重点支持人才培育、社群建设、能力增强以及生活重建的各类公益项目。

● 我们和利益相关群体共同发展健全治理的各类实践。

● 根据《新加坡宪法》，淡马锡有责任保护我们过去所累积的储备金。

因此，无论是在投资组合的某个公司中持股达100%，还是将大部分投资投向某个国家或产业，淡马锡都有充分的灵活性来承担集中风险。

五、 淡马锡是如何履行其宪章的

淡马锡的一个重要特点是其董事会，它在2013年3月31日有10名成员，其中大部分是非执行董事或独立的私营企业领袖，还包括两名外国人。而且，其中一名董事会成员还列身于淡马锡主要投资之一的新加坡航空公司的董事会中。淡马锡董事会中的每个委员会均由非执行董事出任主席，他独立于管理层。淡马锡董事会中没有政府部长的代表。股东（即财政部）任命、替换或者解除董事会成员的权力需要得到总统的批准。淡马锡董事会任命或者解除CEO（首席执行官）也需要得到总统的同意。

在过去，淡马锡及其投资组合中各公司的董事会有较高比例的公务员和前军方人士出任董事，但是这一点正在慢慢改变。与其他国家不同，这些人员显得很起作用，很少流露出像在其他国家那样规避风险。这很有趣，让我们来推测其原因（见专栏2.3）。

专栏2.3　关于规避风险

为什么公务员和前军方人士在运营政府关联公司中显得比较成功？

应该看到，在新加坡独立之前，其人力资源非常匮乏。因此，独立后的新政府推出了涵盖各个社会阶层的奖学金计划。学生们在完成学业后，会在政府工作一段时间，这样可以使公共部门的精英对于商业非常在行。

在某种程度上，这与"二战"后法国由戴高乐总统在国立高级行政学院设立的计划很相似，那里培养了大批人才，使国家和经济得以运行。学员的选取则覆盖了社会的各个阶层。相比之下，英国继续沿用过去的招募政策，公务员主要来源于范围较小的大学和其他背景领域，因而其在商业上的成功也不具有明显优势。

然而，值得强调的是，无论董事会成员还是公务员，都是由新加坡的统治阶层来任命。自新加坡独立以来，人民行动党（People's Action Party）一直执政，因此政商两界对于政府的发展目标有着广泛的认同。正如前文所提到的，新加坡在独立初期就形成了"廉洁的传统"。

目前，淡马锡已经发展成为由来自23个国家的450名员工，包括分析师及其他职位，监督其大型投资组合中众多的公司。但是，淡马锡是如何监督和运作这些公司的？

确立目标和监督投资组合中的公司。

关于投资组合中公司的特定目标，没有（或很少有）与广泛的分权一致的正式文件交给这些企业的董事会。淡马锡及其主要公司的董事会都是来自同一个"政治家族"，因此对于作为终极所有者的政府的目标，都非常了解。当政策发生变化时，例如淡马锡自2004年以后更加强调全球化（不仅是区域化，见专栏2.4），这个政策被充分理解，并伴随着采取其他一些政策措施如投资、重复征税协定以及建立一个主管竞争的机构。①公司的董事会也变得更加国际化。

---

① 东方海皇航运公司是个例外，它接受了财政部和主权财富基金的资金收购美国总统航运公司（US President Lines）[文献（Tsui-Auch、Yoshikawa，2010）]。

将新加坡建立成一个没有种族冲突的国家这一长期政策一直被各界理解和接受。

专栏2.4 淡马锡的全球化

自2004年以来，淡马锡在增加其投资组合的同时也使其投资组合实现了全球化。2004年，新加坡在淡马锡的投资组合中占比为52%，但是在2013年底，这一比例已经降到了30%。与此同时，中国的份额从6%上升至23%。

在淡马锡投资组合的再平衡中，电信、媒体和科技的份额从36%下降到24%；金融服务的份额也从35%下降到31%。交通运输的份额则从14%上升到24%，这在某种程度上是因为增加了对东方海皇航运公司的投资。

与澳大利亚和加拿大（以及马来西亚）不同，新加坡没有对每个公司设定具体的目标或者关键绩效指标（Key Performance Indicators，KPI），但是目前有一个风险调整后的回报率指标作为基准。淡马锡对于投资组合中的公司进行监测，对于这些公司的主要投资则以定期及非正式的方式与它们的董事会面谈。淡马锡强调的重点是投资组合公司董事会的作用以及其提名委员会的效率。因此，这些公司的董事会趋向于变得更正式、独立，这些公司的管理也越来越专业，而且与新加坡的公司治理标准的演进一致。这在表2.2和表2.3中有所显示。不过，存在向私营企业模式转化的一些途径，因此维持对公务员的高标准仍然非常重要。

表 2.2　1997 年、2006 年、2012 年政府关联公司董事会主席/董事长、CEO/董事总经理的身份

核心企业	董事会主席/董事长			CEO/董事总经理		
	1997	2006	2012	1997	2006	2012
星展银行（DBS）	G	G	P	G	P	P
新加坡电信（Singtel）	G	P	P	G	G	P
新加坡航空（SIA）	G	G	P	G	G	P
东方海皇航运（NOL）	G	G	G	G	P	G
新加坡石油公司（SPC）	—	G		—	G	
吉宝公司（Keppel Corporation）	G	G	P	G	G	P
吉宝置业（Keppel Land）	G	G	—	G	G	—
胜科海事（Semb Marine）	G	G	—	G	G	P

注：G 指政府关联（在政府关联公司、法定机构/公务员、军队中服务，或者是议员和部长）。P 指私营部门。——译者注

资料来源：1997 年和 2006 年的数据来自文献（Lai-Si Tsui-Aiuch, 2011）。2012 年数据基于各公司的年度报告

表 2.3　1997 年、2006 年、2012 年淡马锡企业集团中核心企业的外部董事占董事会成员的比例（%）

核心企业	1997	2006	2012
星展银行（DBS）	10	8	80
新加坡电信（Singtel）	0	45	70
新加坡航空（SIA）	10	30	80
东方海皇航运（NOL）	38	54	90
新加坡石油公司（SPC）	13	33	—
吉宝公司（Keppel Corporation）	0	27	70
吉宝置业（Keppel Land）	20	8	75
胜科海事（Semb Marine）	—	44	70

注：在东方海皇航运的案例中，10 名董事中有 2 名的背景信息没有充分表述，因此只有 8 名董事纳入考虑。同样，在新加坡石油的案例中，徐丽斯（Lai-Si Tsui-Aiuch）只能将 11 名董事中的 8 名纳入考虑范围。目前，新加坡石油公司已经退市，并被中国石油天然气股份有限公司并购。

资料来源：1997 年和 2006 年的数据来自文献（Lai-Si Tsui-Aiuch, 2011）。2012 年数据是作者整理而得出

对于那些持股份额低于25%的其他投资，淡马锡采用同样的方式来管理，只是没有与其董事会的定期会议。淡马锡会谨慎地把其担心的事告知该公司的董事会。例如，对渣打银行而言，淡马锡是持股18%的大股东，它会告诉渣打银行董事会，它认为在董事会中高管的数量过多。然后，淡马锡在投票时弃权，相信这就会发出一个强烈的市场信号。

淡马锡会定期调整其投资，这是一个很重要的收入来源。在过去的10年左右，淡马锡进行了约4 000亿新加坡元的新投资，但处理掉了约3 500亿新加坡元的资产。正因如此，淡马锡对于指控其内幕交易非常敏感。因此，作为一般规则，淡马锡不希望其员工成为其所持股公司的董事会成员。

淡马锡已经表示，它鼓励旗下的公司相互竞争并且更常态化。一个例子是新加坡机场（归政府所有），该机场是新加坡航空公司的基地。然而，澳洲航空公司（Qantas）也使用新加坡机场作为其廉价航空的枢纽与新加坡航空公司展开竞争。淡马锡还间接持有两家小型电信公司的股份，它们之间相互竞争，并且也与淡马锡拥有的主流运营商竞争。过去，经常有的一种做法是在同一个行业中建立两家企业，作为针对激进的工会行为的潜在对手［文献（Yap等，2009）］。然而，有报告（企业家精神的报告，2002）不时指出，这些公司偏袒淡马锡下属的其他公司。应该注意到，主管竞争的机关（竞争管理局）到2004年才建立。

六、 新加坡政府关联公司的绩效

环顾全球，讨论政府关联公司总是会引发疑问，它们的绩效与私营企业或外资企业相比会如何？关于此探讨会存在很多方法和实证方面的

问题［文献（Doamekpor，1998）］。其中一个问题是很难确定外部效应
（无论是负面的还是正面的，甚至可能是随时间而变化），也很难确定发
展目标是否实现。另一个问题是反事实（Counterfactual）的不明显：新
加坡最终可能像缅甸或古巴那样吗？　［文献（Yap 等，2009，第 625
页）］。

　　回报率经常被用作效益指标之一，它可以是基于股东资金的回报率，
也可以是基于资产的回报率。淡马锡使用股东总回报率（Total Sharehold-
er Return，TSR）计量其给予财政部（股东）的年度复合回报。它包括
了淡马锡支付给财政部的股利分红，但扣除了财政部注入的资金。

　　如图 2.1 所示，2013 年淡马锡的 TSR 约为 9%，而此时风险调整后
的最低预期回报率（Risk-adjusted Hurdle Rate）平均约为 8%，通货膨胀
率是 2%。在过去的 10 年中，淡马锡的 TSR 为 13%，风险调整后的最低

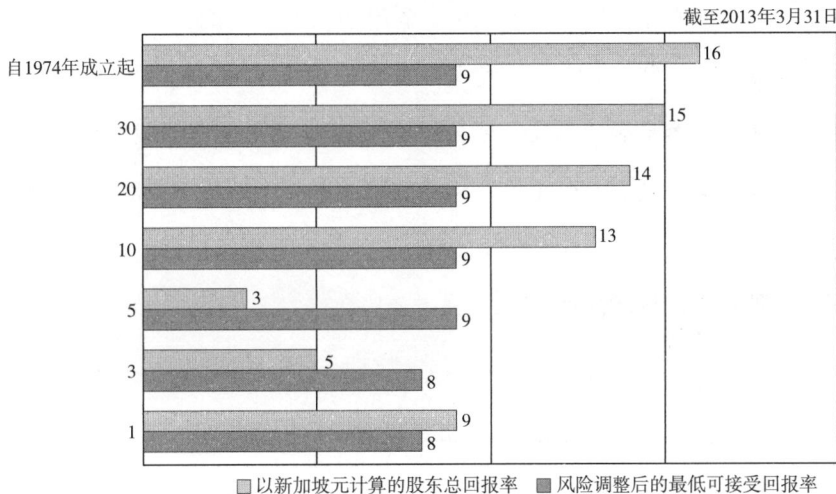

图 2.1　以新加坡元计算的股东总回报率和风险调整后的最低预期回报率（%）
资料来源：淡马锡评论 2013，第 19 页

预期回报率为9%，考虑到其组合中有银行、航空等其他周期性股票，这一成绩还是相当优秀的。

然而，值得注意的是，有些人质疑淡马锡声称的回报率，尤其是从长期来看［文献（Balding，2011）］。这项研究称，与新加坡股票平均低于8%的回报相比，淡马锡的回报显得高了一些。"如果淡马锡的回报能够被证实的话，它将是人类历史上最伟大和最长期的投资伟业"［文献（Balding，2011，第3页）］。

有一个争议也许会涉及财政部转移给淡马锡的股份的估值，它是以名义成本估值还是以历史成本估值，这里不做检验。此外，还有投资如何减计的问题，例如对新西兰航空公司的处理，以及其他按市价进行的估值［文献（Goldstein、Panamond，2008）］。

世界各地的研究表明，国有企业经常能优先获得资金，从而导致私营部门对资金的饥渴。国际货币基金组织（IMF）的一项研究［文献（Ramirez、Hui Tan，2004）］发现，没有证据表明新加坡的政府关联公司曾经可以更容易获得信贷。然而，这些政府关联公司的股票价格相对于非政府关联公司有一个溢价，因此政府关联公司的资本成本要低一些，这也许是因为投资者在定价时相信有一个隐含的政府担保。因此，就出现了一种资本市场的扭曲。

第三节　亚洲其他国家的经验

在发展形成具有国际竞争力的大型综合企业集团（"国家冠军"，National Champions）方面，新加坡与其他亚洲国家相似，都学习了日本和韩国的经验。但是相似性到此为止，新加坡将重点放在政府关联公司与外商投资上，而韩国或日本对这些外资并不那么重视。然而，新加坡的案例在东南亚地区引发了对政府关联公司的新思考。

在东南亚地区，马来西亚（以及菲律宾）已经在某种程度上复制了淡马锡模式，而且印度尼西亚和越南也可能紧随其后。中国则有一套完全不同的模式，成立了国务院国有资产监督管理委员会，但可能包含了淡马锡元素的改革正在被研究中［文献（海峡时报，2014）］。然而，上面的讨论表明，在研究其他国家时，重要的是要理解影响政府关联公司及其运作的宏观经济政策框架和政治经济学。

因此，下面每一个小节均首先概述各国经济历史的一般特征，包括在金融危机后形成的一种关注发展和使用政府关联公司的趋势，指出发展的多种目标，然后概述政府关联公司的运作方法。

一、 马来西亚

新加坡的政治经济学倾向于不强调其华人根基，但在马来西亚恰恰相反：马来西亚从独立起就强调其马来族的根基，并且给予马来原住民以优惠。马来原住民政策包括强制银行给予马来人的贷款必须达到一个最低贷款配额。

和新加坡一样，马来西亚政府保留了对私人储蓄的严格控制，通过强制性的中央公积金制度（Central Provident Fund，CPF）控制了约30%的存款。实际上，到1980年，马来西亚政府控制的金融资产达到一个巅峰，占到全部金融资产的64%。除控制金融行业外，马来西亚政府还利用国有的石油公司，马来西亚石油公司（Petronas），支持一些巨大的工业化项目，如宝腾汽车（Proton）。这样国家资金的分配是高度扭曲的，而且它没有韩国和中国台北那样的出口测试。结果，一家国有的投资银行，马来人银行（Bank Bumiputra），自 20 世纪 60 年代创立以来就需要不断救助。

从 20 世纪 80 年代早期开始，随着国有的老企业的私有化，国有的新生产业项目就逐步增加。与此同时，金融行业也实现自由化了，这导致房地产行业的膨胀，因而也奠定了 1997 年亚洲金融危机的国内基础。

马来原住民政策在很大程度上是针对国家投资项目，这也有助于创办政府关联公司。为支持马来原住民政策，政府关联公司不仅优先雇用马来人，而且在采购上也优先考虑马来人的私营企业。这样的安排非常容易滋生腐败，而且最终可能演变成为支持某些个人而不是企业。果不出所料，在世界清廉指数排名中，马来西亚排名第 53 位。

除了滋生腐败之外，还有其他的一些指标显示出原先的马来原住民政策是失败的。2005 年，马来西亚国库控股公司的 CEO 宣称，一项研究发现，政府关联公司的负债高于马来西亚股票市场中上市公司的平均水平，而且人均利润和净资产收益率低。在该 CEO 任命之前的 5 年中，股东们从政府关联公司拿到的回报是 3.6%，但是从马来西亚股市中其他公司拿到的回报是 7.5%。《经济学人》还举了一个例子，在旧制度下，一笔交易要负担 1 亿马来西亚元（约合 2 700 万美元）的成本，而同样的交易在后来引入的竞争性投标制度下成本只要 1 200 万马来西亚元。直到 2012 年，马来西亚才有《竞争法》。

1993 年，马来西亚成立了一家政府关联公司的控股公司——国库控股公司，委托它管理政府持有的商业资产，并承担对新产业及一些国家项目的战略性投资任务。它还负责在马来西亚塑造选定的战略性产业，而且为了追求国家的长远经济利益而支持这些企业的发展。目前，国库控股公司在其投资组合中有 60 家大公司，与淡马锡有类似的目标。

1997 年亚洲金融危机爆发，一些特权企业如马来西亚航空公司倒闭，导致马来西亚国库控股公司和政府关联公司进行重大改革。2004 年国库控股公司任命了一名新的 CEO，年轻的受过国外教育的专业人才被引进来运营一些政府关联公司。高管们签署了固定期限的合同，是否延期续聘以及薪酬多少都与绩效挂钩。扮演监管角色的政府官员被政府关联公司的董事会清除出去。但另一方面，国库控股公司的董事会仍然保留了高度政治性，这反映了马来原住民政策的重要性：8 名董事中包括总理和财政部长。在国库控股公司，强调产业政策尤其是对高科技公司的支持政策仍然被保留。

与淡马锡相比，一方面，马来西亚的国库控股公司对其投资组合公司而言是一名高度的干涉主义者，并对这些公司实行着广泛的监控。另一方面，可能存在更多的问题需要处理，包括放松对公司目标的限定，例如对国家石油公司的监管，该公司过去被当作融资工具使用。将监管权从所有权的行使中分离出来，并建立互补性机构，如竞争管理局，实施这些措施不够及时，但正在实施。

二、 印度尼西亚

与马来西亚相比，在重要的政治变动驱使下，印度尼西亚的状况更为复杂。印度尼西亚的政治经济极其复杂，它有着地区、种族和宗教的显著差异，而且不时还有地区动乱。1997年以来，印度尼西亚的政党结构既复杂又充满竞争性。此外，印度尼西亚还有非常庞大的农村经济。因此，它与新加坡和马来西亚完全不同。

印度尼西亚的经济史可以从1965年和1997年的两场金融危机来了解。政策目标也发生过显著变化。从1949年独立到1965年，苏加诺总统领导的政府对于产业发展或促进出口没有出台切实可行的政策，只是通过给予进口许可证，并在一些贸易如香料贸易中给予垄断性的支持来鼓励本地贸易商。中央银行也给他们充足的信贷支持。在20世纪60年代早期，用斯塔威尔（Studwell）的话来说，印度尼西亚陷入了一个零财政纪律的环境中："中央银行无条件地喂养着吞噬信贷的野兽，印刷了如此多的钞票导致经济经历了恶性通货膨胀"［文献（Studwell，第171页）］。政府突发奇想，依靠私营部门的政策就这样制定出来了。

1965年之后，印度尼西亚经历了持续的经济高增长，仿佛发现了一种新的发展模式。在第一轮雄心勃勃的投资中，公共部门投资于钢铁、化工、化肥、铝业、机床和飞机制造等行业。这些项目由中央银行大幅增加的优惠信贷予以支持。就在这时，"裙带资本主义"（Crony Capitalism）一词出现了，因为资金被定向流向了那些与苏哈托总统交往甚密的家族中。与新加坡、韩国和中国台北不同，印度尼西亚没有以出口来检测企业竞争力的规则。金融自由化使情况更加糟糕，因为信贷资金流向了营造投机。在1997年亚洲金融危机之前的几年里，银行倒闭的情况也有所增加。金融危机造成的痛苦是巨大的，而且成为集体记忆的一部分，一直到2005年，印度尼西亚的人均GDP才回到1996年的水平。在金融危机时，有 50 家金融机构倒闭，有 26 家金融机构被印度尼西亚银行重建局（Indonesian Bank Restructuring Agency）接管，12 家金融机构被国有化，7 家国有银行中的 4 家已经进行了合并。

金融危机之后，政府关联公司的主要目标发生了变化，首先是要帮助政府偿还外债（部分通过私有化的方式），其次是使红利最大化以资助政府预算。那么第一步，是将所有的政府关联公司置于一个新的国有企业部（Ministry of State-Owned Enterprises）之下。第一任部长倾向于成立一家国家控股公司，但是，正如威查梭诺（Wicaksono）指出的，"……印度尼西亚缺乏监管控股公司的法律，这个法律障碍迫使它选择次优方案，随着时间的流逝，这个次优方案在管理国有企业方面成为问题的一部分"［文献（Wicaksono，2007，第 172 页）］。

在上述情况下，政府关联公司已经成了一个重要的政治靶子，而且也面临着要求其产生正的财务回报的压力。

截至 2010 年，印度尼西亚有 141 家政府关联公司。这些公司中有 8 家亏损，与 2006 年的 36 家相比明显下降。国家计划呼吁在一些行业如种植业和制药业成立行业性的控股公司。一些观察人士认为，将国有企业与政治和政府干预相隔离。但是，控股公司本身不会产生更好的专业性、透明度和公司治理，控股公司的架构将作为一个屏蔽层，而这是明显的动机。实际上，控股公司的架构没有法律依据，而且还会产生其他问题。正如 OECD 在 2012 年所指出的那样，双层董事会系统的法律架构和公司治理的其他方面仍然不健全。

行业控股公司还有可能加剧竞争不足的问题。然而，自 1999 年以来，印度尼西亚有了一部《竞争法》和一个竞争管理局，虽然最初发挥的作用微不足道，但是，在 2000～2010 年间，竞争管理局对串通围标采取了行动，这在由竞争管理局发起的 237 起打击违犯《竞争法》的行动中占了 85%。

为了确定哪种控股公司模式可能是合适的，把如何分配稀缺资源，即高级管理和治理专家，纳入考虑是很重要的。奉行干预主义的马来西亚国库控股公司模式，对这些状况可能更为合适。新加坡也有完善的竞争政策，并且切实鼓励政府关联公司去竞争，而这却是印度尼西亚成立行业控股公司计划要避免的。（此外，新加坡政府不需要处理地区冲突和农业问题。）

三、 泰国

在东南亚国家中，泰国相对独特，泰国从未经历过殖民统治，甚至仍然对东南亚地区内的殖民势力抱有不信任。这种对外国人的历史性不信任也许就是禁止外国人控股泰国国内企业的基础。

第二次世界大战之后，泰国政府开始了东南亚地区内持续时间最长的进口替代工业化战略，许多行业发展运动一直持续到 20 世纪 80 年代。泰国没有韩国和中国台北那样的出口奖励制度（也没有新加坡那样的金融纪律），制造商也没有制造出具有全球竞争力的产品。和马来西亚一样，泰国只有中央银行有权发放适度的、不引起通货膨胀的再贴现银行贷款，其中的大部分流向了出口农作物领域，主要是大米。在 20 世纪 80 年代，金融自由化了，但是屈从于企业家的利益。20 世纪 80 年代中期，泰国曾需要进行一系列的金融救助，影响到的机构共计持有整个金融系统 1/4 的资产。

从 20 世纪 80 年代晚期开始，泰国经历了房地产市场和股市的双重繁荣，导致 1997 年底泰国的经常账户赤字约占 GDP 的 8%。因此，91 家非银行金融机构在 1997 年倒闭了 56 家。

1997 年金融危机之后，健全的宏观经济政策、进口自由化和外商直接投资促使泰国经济快速增长。外商直接投资加剧了经济竞争，但 1999 年生效的《竞争法》并没有被有效执行，而且事实上还将经济中如国有企业这部分排除在外［文献（Kohaiboon 等，2010）］。公共采购也是一个问题。通常，国有企业像政府一样，保留了在任何时候接受或拒绝部分或全部投标的权利，而且根据规章如果怀疑有腐败，还可以在投标过程中修改技术要求。这个可以修改技术要求的条款给予国有企业在管理采购上相当大的回旋余地，同时否定了投标人对程序的挑战。经常出现的指责是，采购中的更改在本质上是保护主义［文献（美国国务院，2012）］。

国有企业在泰国一直扮演着重要角色。目前，国家拥有 58 家企业，其定义是国家在这些企业中持有 50% 或更多的股份；此外，国家还在几十家企业中持有少数股份。在 58 家国有企业中，包括政府持有多数股份的 5 家上市公司，以及其他 12 家政府是大股东的公司。这 58 家国有企业约有 25 万名雇员，合计资产达 6 万亿泰铢，年收入 2.7 万亿泰铢。它们占据了关键行业（包括能源生产和分销，交通和供水），并且在其他领域也很活跃。这些国有企业还包括许多大型金融机构，约占银行资产的 30%［文献（世界银行，2013）］。

5 家上市的国有企业中，包括泰国市值最大的上市公司，该公司的 2 个子公司也位列上市公司前 10 名，还位列银行前 3 名；还有国家航空和机场管理局。据估计，政府直接持有的这些公司股份占到了泰国整体市值的 15% 左右。

但是，许多国有企业是亏损的。政府定期分配其年度预算支出的 3%～4% 来资助国有企业。国有企业的董事会席位通常分配给政府高级官员或其他相关的政治人物。

2008 年开始的公司治理改革聚焦于董事会成员的独立性和非政治身份。有一个由董事学会（Institute of Directors）建立的董事池，国有企业 1/3 的董事会成员应该来自该董事池。那些被选入董事池的人员拥有非政治身份，且拥有独立思考和良好信誉的记录。尽管如此，在国有企业的董事会中仍然有代表财政部和监管部门的高级公务员。其他政府官员也经常在董事会中任职。此外，国有企业的重要子公司也倾向于在其董事会中安排至少几位公务员或其他政府雇员。

泰国银行（Bank of Thailand）监管着银行和其他贷款机构的公司治理。它积极地使用这些权力审查董事和高管人员，并且阻挡银行股东和审计师决策。虽然国有企业也与商业银行有竞争，但它们并不以同样的方式被监管，包括不遵循《竞争法》。它们执行政府的政策，帮助支持农村增收、小企业、住房以及其他政策。

世界银行进行了国有金融机构的专门审查，将之作为世界银行 2013 年《关于遵守标准和规范的报告》（*Reports on the Observance of Standards and Codes*）的一部分。它的结论是，改革应该寻求改善对国有金融机构的商业目标和非商业目标的理解。特别是，国有金融机构的高层决策制定应该透明，而且监管、审计、董事会和信息披露机制应该与其他银行一致。

泰国财政部国有企业政策办公室（State Enterprise Policy Office,

SEPO）负责监管国有企业，包括那些无论政府持有多数股份还是少数股份的上市公司。在国家拥有控股权的那些企业中，该办公室与相关部门分担所有权责任。例如，对于油气领域的主角泰国国家石油公司（PTT），它也是最大的上市公司，国有企业政策办公室就与能源部分担所有权责任。国有企业政策办公室发布了针对国有企业公司治理及相关领域的指南，国有企业也与该办公室就自身绩效指标和目标签订协议。关键绩效指标是向公众披露的。国有企业政策办公室还是国有企业政策委员会（State Enterprise Policy Committee）的秘书处，该委员会是一个由总理出任主席的内阁级别的组织，因此国有企业政策办公室有权帮助制定国有企业方面的政策。此外，国有企业政策办公室还监控企业绩效。

虽然近年来有所改善，但泰国的腐败问题仍然较严重，它在 2013 年的世界清廉指数排名中，位居 177 个国家和地区中的第 102 位。这一结果并不奇怪，因为泰国在竞争政策中给予众多行业补贴，并且存在监管层和所有权拥有者之间关系密切的情况，特别是在国有企业。

四、 菲律宾

菲律宾和印度尼西亚有很多共同之处，即都有复杂的区域政治和有限的中央行政能力。"二战"后，菲律宾的经济与政治史是由有着自身投资利益的国家精英推动的。按照斯塔威尔的说法，金融业成为"企业家家族的私人存钱罐"。在费迪南德·马科斯于 1965 年当选总统时，菲律宾有 33 家私营银行，几乎每一个主要的企业家家族都控制着其中至少一家。在那一年，银行倒闭潮开始。为了偿还外债，国际货币基金组织要求该国银行私有化，但实际上只出售了两家银行。许多银行被收归国有，因此加强了政府关联公司部门。总的来说，民族情绪使得被外国人私有化是不可接受的。

马科斯的当选导致了一项有关发展目标的声明：他发誓他将致力于土地改革和工业发展，并且要抑制他所谓的老寡头企业。但是，在马科斯于 1972 年发布戒严令后，国有企业开始激增。1970 年，国有企业总计 65 家，而到了 1985 年增长到至少 303 家［文献（De Ocampo Bantug，2011）］。接着，在 2010 年 8 月增长至 604 家。

和其他亚洲国家一样，在 20 世纪 80 年代菲律宾也遭受了一场金融危机，导致 1983 年出现了一次延期偿付，同时出现银行和其他非银行金融机构的倒闭。此时经常涉及那些贷给主导掌权家族们的贷款。1985 年，中央银行摆脱了多重的、低于市场的再贴现率，这种再贴现率"曾鼓励了优先贷款的狂欢，其中主要的优先事项是掠夺"［文献（Studwell，2013）］。两家大的国家金融机构在遵命为马科斯的同伙发放贷款后，各自减记了贷款组合的 67% 和 86%。

在这样的经济和政治背景下，管理国有企业及其目标的方法就聚焦在政治获取上，而很少体现在国家发展目标上。这些国有企业要么按特别法律建立，要么作为公司工具建立；它们在明面上至少要将其年度净收益的一半上缴给国家政府。通常情况下，国家有预算补贴国有企业。例如，创建于 1981 年的国家食品局（National Food Authority）获得最多的补贴来满足其双重目标：既要以便宜的价格保障食品供应，又要保障农民的收益。通过设置最低价格从农民手中收购大米，就已经产生了实质性的收益损失。

　　许多政府关联公司，如国家石油公司，也有监管的权力，这就创造了利益冲突。负责监管企业董事会的部长们也创造了类似的冲突。

　　政府的金融机构和其他私营银行经常发布规则，指定国有企业作为其优先选择。这些国有企业能够获取资金是因为有政府信用，有时还没有债务上限。

　　国有企业的公司治理通常很糟糕。在国有企业董事会做决策时存在着政治干扰，因为内阁大臣们（即部长们）要么是董事会的当然成员，要么是董事会的当然主席。内阁大臣们由总统任命，他们只向总统负责。部长们经常有多个董事会职务。例如，国家电力公司在其9个董事会席位中就有8位内阁大臣［文献（De Ocampo Bantug, 2011）］。内阁大臣们对董事会的其他成员施加影响并有精神上的优势。由于是总统任命，这些内阁大臣被希望对其任命的权威即总统保持忠诚并执行命令。内阁大臣也经常是行业的监管者。

　　此外，国有企业的财务报告一直很差，而且据报道，国家审计委员会也是腐败的，还接受贿赂，或者与政府关联公司的官员们勾结以隐瞒腐败行为［文献（De Ocampo Bantug, 2011）］。

　　2011年一项改革法案生效，阐明了政府的权力是制定绩效标准、补偿并处理有关政府关联公司事务的其他事项。该法案是在几桩引人注目的丑闻之后出台的。随后，一个中央级别的咨询、监测和监督机构建立，即治理委员会（Commission on Governance, GCG）成立，由部长级人士出任主席，主持该委员会。它负责制定、实施和协调政策，为政府关联公司制定公司治理的标准，对绩效进行定期评估；而且，最重要的是评估政府关联公司收到的冲突性指令，以及向总统提出解决冲突的方案。治理委员会到底是一个监管机构还是介入到受其监管的活动中呢？

虽然治理有所进步，但在目前的情况下，在法律层面仍然缺乏严格的公司治理架构来帮助那些政府关联公司减小政治压力。特别是，当政府关联公司仍然处于政府的监控之下时，透明度会很差［文献（De Ocampo Bantug，2011）］，而且在董事会中仍然会是部长们占主导地位。

菲律宾的政治经济是极其复杂的。当地的诉求很强且充满了变化，所以国家发展目标的概念不可能清晰。在这种情况下，政府关联公司常被用来作为带着具体干预措施的工具以应付这些状况。

第四节 结论

在一个高度异质性的地区，很难通过细致观察得出什么结论。然而，还是能够归纳出几点。首先，所有这些国家都有路径依赖的特点。它们或多或少都打上了自身历史的烙印。在发展进程的早期，建立一个利益集团一步之错，就可能阻挠未来的改革。其次，有些国家腐败盛行，但仍然可以通过一系列艰难的改革来控制腐败。一项这样的改革常常需要利用政府关联公司，并使其成为通过政治控制为特定集团谋利的对象。然而，这不仅仅是政府关联公司的治理问题，也是竞争和贸易政策的问题。对于许多国家来说，目前最重要的是把监管政策从对国有资产的控制中分离出来。在许多国家，这需要政府内阁大臣远离政府关联公司的管理。

一个更普遍的结论是，发展目标往往没有明确界定。显然，其中一个目标是国家独立，这有可能阻挠私有化在某天到来。因此，有必要改革政府关联公司的运作并采取更广泛的措施来控制腐败。惊人的是，发展目标似乎对于区域或集团已变得具体了，而且政府关联公司已经提供了种种方式来实现这些具体的目标，尽管会让国家中的其他人付出代价。一项总的发展目标需要更广泛的政策和机构来帮助实现。

当更加详细地考察新加坡时，很多更为一般性的结论就变得明显了。根据大多数指标，新加坡的发展目标已经实现：人均 GDP 强劲上升，健康和教育指标已跻身于世界最高水平之列。一方面，新加坡社会住房的开发令人印象深刻，世界清廉指数之低也令人印象深刻。另一方面，新加坡政府不时显出威权主义，但不是极权主义。然而，考虑到新加坡独立时面临的状况，禁止基于种族或宗教的政党无疑是必要的。

新加坡的成功很重要的一个因素是对其发展目标的界定，把社会公平作为头等目标，首先是就业和社会住房，然后是教育。与其他国家真正不同的是，新加坡将这些目标指定给特定的机构承担，并使制定的政策适合国家目标。因此，土地改革就成了住房政策的必要组成部分，并且消除了大量潜在的腐败基础。所有这些意味着产业政策及对企业的期望是很有限的，先是聚焦于就业，然后聚焦于技术，最后是增长，它们使预算从中受益。

新加坡的初始战略或者说产业政策重点是吸引外商直接投资，正如日本和韩国那样，这样做有利于促进出口，尤其是能够提供迫切需要的就业岗位。它涉及一些特定的政策如税收优惠、行政效率以及获得土地。

新加坡对于国内企业集团的发展并没有寄予厚望，尽管 1985 年以后在这方面给予了更多的关注，尤其是给予淡马锡关注，以鼓励国内初创企业的发展。对于外商直接投资的期望是现实的（即在一个相当大的程度上不受监管），因此，政府关联公司充当的角色是技术与管理转让的接受者。

政府关联公司为新加坡发展目标的实现做出了重要贡献，主要是因为它们没有被其他目标，如提供住房和医疗保健而分心。它们有一个清晰的经济目标，并且通过强调竞争来推动管理层与董事会做出成绩。新加坡控股公司——淡马锡，通过强调专业化的管理和良好的公司治理强化了这一框架。公司监管和公司运营已明确分开，而且公司的董事会被授权做他们能做得到的最好的事：那就是运营一个企业。

随着经济的发展，淡马锡的政策也一直在改变。公司建立之初，公务员和军队人士担任了许多董事会和管理层的岗位，但是随着发展，淡马锡已经演化到更强调独立、来自私营部门的董事会成员和专业化的管理。一个值得关注的问题是，为什么公务员和军队人士在新加坡能获得成功，而他们在其他国家的记录就不那么好。差异可能在于新加坡是一个很少有腐败的"干净社会"，而且选拔任命也是充满竞争的。

随着淡马锡和新加坡的政策不断发展，更加强调全球化而不仅仅是区域化，这是非常正确的。这里充满了挑战，因为很多国家认为这些新加坡的企业是新加坡政府的代理人，而且会质疑新加坡的企业之间并不相互竞争，即没有公平竞争的环境。这就需要淡马锡有更大的透明度，并且或许还需要一些制度化的即兴发挥，如保护和促进公平竞争。

最后，新加坡的案例在某种程度上是独一无二的，别的国家是很难复制照搬的。产业政策的支持性机制和一些政府关联公司在其他国家也许很难建立起来。新加坡的经验并不支持这样一个理念，即产业政策和国家所有权就是一切。相反，为避免明显的负面成本和问题，需要努力去建立支持机制，即保持政策的一致性。

第三章

巴西： 历史与经验教训①

第一节　导言

出于种种原因，巴西是一个从发展的维度来研究国有企业很好的"实验室"。国家资本主义在巴西的兴起与其他国家有着类似的路径；在20世纪的后半叶，这些国家的政府创建并管理了无数的国有企业。例如，"二战"后欧洲大陆的许多政府拥有并运营了城市供水、石油、天然气、电力、电信、船运和其他公司 [文献（Millward，2005）]。这种模式，即国有企业完全由国家控制和运营，可以贴上"国家企业家模式"（State Entrepreneur Model）的标签 [文献（Musacchio、Lazzarini，2014），称之为"利维坦作为企业家"]。在巴西，政府对大型企业所有权的控制主要是在第一次世界大战之后才出现，当时政府救助了这个国家的铁路公司。随后，在20世纪40年代，总统热图利奥·瓦加斯（Getulio Vargas）在那些被认为是经济发展的基础行业创办了许多国家控

① 本章由 OECD 秘书长准备，原始工作基于巴西教育与研究高等学院 （Insper Institute of Education and Research，Brazil） 的塞尔吉奥·拉扎里尼 （Sergio Lazzarini） 教授和美国哈佛商学院的阿尔多·穆萨基奥 （Aldo Musacchio）。

制的国有企业，例如采矿、钢铁、化工和电力。然而，巴西国家资本主义的鼎盛时期发生在 20 世纪 70 年代早期的军事独裁统治期间（1964～1985 年）。到 1976～1977 年，公共部门代表了该国资本形成总额的 43%，其中约 25% 的投资来自大型国有企业［文献（Trebat，1983）］。

然而，随着国有企业重要性的提高，这一模式的缺陷越来越明显。政府经常在经济危机时期利用国有企业人为地维持就业（例如在 20 世纪 70 年代后期的石油危机冲击之后），甚至一度控制消费价格［文献（Shirley、Nellis，1991）］。无法与社会及政治目标脱钩使国有企业的管理者不得不应付盈利能力之外的多重目标。更进一步地，国有企业缺乏在私营企业中随处可见的治理实践，例如由独立的董事会成员执行的密切监督、透明度和对于管理者的强力激励（如按绩效领取工资的方案）。面对不断上升的债务，同时意识到把国家资本拨给亏损的国有企业将导致高昂的机会成本，巴西和其他国家的政府在 20 世纪 70 年代末和 21 世纪初尝试在公共部门进行改革［文献（Gómez-Ibañez，2007；Shirley，1999）］，最终开始了大规模的私有化计划［文献（Megginson，2005）］。尽管这些国家努力使大量的国有资产私有化，出于政治原因各国政府还是减缓了这一进程，并保留了政府对一些战略资产的控制。

可以说，国家作为企业家（State-as-entrepreneur）的模式崩溃于 20 世纪 80 年代，因为许多国有企业未能适应改革和调整。正如下文所讨论的那样，在 1979 年的第二次石油危机和 1982 年的债务危机之后，巴西国有企业提供了大量就业岗位，而类似的私有企业却进行了裁员。面对巨大的外汇损失和巨额外汇债务，国有企业使得政府不得不面对巨额预算赤字和不断上升的债务总额。在这种情况下，尤其是在 1997～1999 年之间，巴西政府被迫开始将一些国有企业私有化。总体上看，私有化计划产生的总收入大约为 870 亿美元，其中 54% 来自外国投资者和外国公司［文献（BNDES，2002b）］。在巴西私有化过程中，一个有趣的特征是，大约 50% 的私有化拍卖涉及由国内私人团体和外国投资者控制的"混合财团"，而资金却往往来自政府背景的机构如巴西国家开发银行（Brazilian National Development Bank，BNDES）和国有企业的养老基金［文献（De Paula、Ferraz、Iootty，2002；Lazzarini，2011）］。一些人认为，混合财团有助于"稀释那些常常因私有化的资产转移到国外实体而招来的政治批评"［文献（De Paula 等，2002，第 482 页）］。因此，这些混合财团的形成被视为一种方式，通过这种方式政府能够较容易地实施私有化计划，同时对于被（部分地）私有化的公司保留某种程度的影响力。因此，这种私有化的过程导致了一种在巴西扩展开来的"国家占少数股模式"（State-minority Model）。

随着国家作为少数股份投资者的情况增加，私有化降低了国家控股的国有企业的相对重要性：国有企业在巴西固定资本形成中的份额从 1976 年的 25% 降低到 2002 年的 8.9%。然而，在世界各地，许多私营企业和国有企业通过上市、创建独立的董事会以及提高透明度，改善了国有企业的公司治理。这些改革减少了代理机构的冲突，并且吸引了私人投资者的参股［文献（Gupta，2005；Pargendler、Musacchio、Lazzarini，2013）］，产生了本书所谓的"国家占少数股模式"。巴西就是这样跟着做的。到 2009 年，在由联邦政府和州政府控股的国有企业中分别约有 5% 和 30% 已经上市，而其余非上市国有企业必须向国有企业部（Department of SOEs，DEST）报告其财务细节，并接受不同部门的密切监督。尽管有这些改进，但正如下面所讨论的，在政府占主要控制地位的一些国有企业中，政府的干预仍然很普遍；特别是 2012 年之后，政府利用大型国有企业如巴西国家石油公司、巴西电力公司和联邦储备银行来控制价格。

因此，巴西允许学者们详细考察 21 世纪国家资本主义本质的变化，以及仍然存在的那些对新模式效率的威胁。本章的安排如下：第二节将介绍国有企业在巴西是如何被传统地用于支撑发展目标的，重点关注那些国家将其作为大股东控制的国有企业。然后，将详细介绍新模式的兴起，即国家逐渐减弱其控制，成为一个占少数股份的投资者，在这特别强调巴西国家开发银行的作用，它是世界上最大的开发银行之一。到 2013 年，巴西国家开发银行提供了私营部门全部信贷额的大约 21% 和几乎全部的长期信贷。此外，巴西国家开发银行大幅增加了其在国民经济中的比重，成为许多私营企业的小股东。第三节将依据现存的实证资料回顾巴西国家开发银行在巴西经济中大规模存在的绩效影响。本章以概括政府的一些经验教训而结尾，着眼于提高国有企业的效率——无论是以多数股份控制还是以少数股份控制——及提高它们对国家发展目标的影响。

第二节　巴西的国有企业和发展目标

本节讨论在实施与巴西政府发展目标一致的项目时，国有企业的角色。该讨论由一系列互补的关于国家所有权的经济学理论作为指导［文献（Yeyati、Micco、Panizza，2004）］。按照有关产业政策的观点，在一定条件下，国家干预对促进企业和产业的发展有积极的影响。从这个观点看，国家资本和国有企业能够被用来作为解决市场失灵和促进产业升级的重要工具［文献（OECD，2013）］。也就是说，国家资本能够通过为新知识和可盈利项目提供资金以帮助企业挖掘潜在的能力，否则那些项目缺乏资金。在各国工业化发展的早期或者金融市场尚脆弱时，对金融创新的约束加强［文献（Cameron，1961；Gerschenkron，1962；Yeyati等，2004）］。文献（Rodrik，2004）特别指出，在对成本和可能的需求并不确定时，发展开拓新的产业十分困难。这就是所谓的"发现成本"（Discovery Costs）。如果发现成本太高昂，它将阻碍新产品或新技术的开发。例如，企业家在决定一种产品是否可行之前需要进行试验，无论成功与否，这一过程都要花费金钱和时间。但是如果它成功了，这个国家的其他企业家就能够复制这个企业家的成功模式［文献（Rodrik，2007，第105～106页）］。

国家资本，尤其是国有企业，还能够有助于协调本地互补性资源的配置，并且支持那些有着高度外部性和行业关联性的活动［文献（Amsden，2001；Evans，1995；Hirschman，1958；Rodrik，2007）］。文献（Hirschman，1958）提出了著名的建议，即有必要在生产链上创造后向关联和前向关联，以刺激本地经济发展。换言之，政府的大力推动也许对于促进协同性、互补性的投资是必要的［文献（Murphy、Shleifer、Vishny，1989；Rosenstein-Rodan，1943）］。韩国政府创办了国家钢铁公司——例如，浦项钢铁公司（POSCO），就是为了支持韩国汽车工业和造船工业的发展［文献（Amsden，1986）］。

从相关的角度看，国有企业的社会性体现于政府将利用国有企业追求社会和发展目标，而不仅仅只是纯粹地追求盈利［文献（Ahroni，1986；Bai、Xu，2005；Shapiro、Willig，1990；Toninelli，2000）］。例如，政府可能会强制国有企业对顾客让利，尽量减少失业或者在边远地区投资。换句话说，国有企业的管理者普遍面临"双重底线"，不仅有财务目标底线，而且还有社会目标底线，而这是私营企业不需要考虑的。

然而，国家所有权会产生严重的负面影响。从代理层面看，国有企业的管理者来自不充分的选拔（例如出于政治原因），并且他们缺乏强有力的激励去追求效率和盈利［文献（Boardman、Vining，1989；Dharwadkar、George、Brandes，2000；La Porta、López-de-Silanes，1999；Vickers、Yarrow，1988）］。国有企业社会目标和财务目标的多元性也意味着更难为国有企业管理者制定激励（绩效奖励）方案［文献（Bai、Xu，2005；Shirley、Nellis，1991）］。反之，从政治层面看，政府（及其政治盟友）将利用国有企业来恩待密友以及与其有政治关联的资本家。此外，国有企业将面临"软预算约束"：如果它们知道即使它们绩效很差政府也会帮其摆脱困境，它们就没有多大动力去好好表现［文献（Boycko、Shleifer、Vishny，1996；Kornai，1979；Shleifer、Vishny，1998；Vickers、Yarrow，1988）］。

从以上不同视角来看，可以将巴西的政府干预分为四个阶段。第一阶段，政府意外拥有企业，这基本上是帮助企业摆脱困境的结果。第二阶段，政府明确规划和发展大型国有企业，以将其作为克服市场失灵和在各级部门与各大企业之间进行经济协调的工具。第三阶段，大致是在1967年后开始的一段时期，代表"国家作为企业家"这一模式达到巅峰，政府在这一阶段拥有并管理着很多行业的大量国有企业。这也大致对应着"巴西奇迹"时期，这一时期巴西的年均增长率达到 10% 甚至更高。然而，这也是一个对国有企业监督较差和对国有企业行为缺乏控制的时期。第四阶段是 20 世纪 80 年代经济危机来临和 90 年代初期废除国有企业机制的这一时期。

一、国家作为一名意外的所有者（19 世纪 80 年代~20 世纪 30 年代）

巴西全力进行工业化建设始于 20 世纪。然而，在 19 世纪下半叶，巴西就已开始经历快速的 GDP 增长（尤其是在 1880 年之后），同时，国内和国外的企业家建立了工业部门。也就是说，对于国内市场发展所必需的初期基础设施项目并不是由政府直接着手进行的。在第一次世界大战以前，最重要的国有企业是商业化的：巴西中央铁路公司［文献（Triner，2000）］，建造连接里约热内卢州海岸和一些咖啡产区的铁路；巴西银行（Banco do Brasil），主要专注于向农业出口企业提供短期贷款；巴西劳埃德航运公司（Lloyd Brasileiro），在一系列救助之后归政府所有［文献（铁路经济局，1935）］。

在政府干预的这一初始阶段，政府是一个应付失败的承保人和一个剩余财产所有人。这个角色使巴西政府往往因意外事件而最终拥有并运营了很多国有企业。直到 20 世纪 30 年代末，政府并没有放弃建立国家机构以促进国家工业化进程的宏伟计划。航运和铁路的案例就说明了这一点。在 19 世纪 80 年代（如果不是更早的话）到 1930 年之间，巴西政府对在国内从事沿海贸易的私人航运公司给予补贴。1890 年，政府将接受补贴的 4 家航运公司并入了巴西劳埃德航运公司，并且通过限制能得到补贴和从事国内贸易的公司数量来保护新公司以抵御国外公司的竞争。

即使这样，政府还是不得不在 1913 年救助巴西劳埃德航运公司，从而使该公司归入政府控制之下。同国内其他公司一样实际运营的这家企业，在 1937 年转型成为一个政府实体；然后在 1966 年，它又通过公司化改革而成为一家正式的国有企业［文献（SEST，1985～1994；Baer 等，1973；Topik，1987）］。

铁路公司有着类似的命运。在 19 世纪 50 年代，巴西政府曾尝试发展第一条铁路线来连接内地的咖啡产区和里约热内卢州的海岸。为了吸引外国投资者，巴西联邦政府颁发了特许经营权，保证对头几条铁路线的股权持有者给予最少 5% 的分红。但是，这些激励不足以协调外国投资者和国内的资本家；因此，州政府对通过其地区的铁路线添加了额外 2% 的保证分红。即使有了这些保证，第一条尝试连接内陆产区和里约热内卢州海岸的铁路线还是破产了，按照特许经营权条款，联邦政府不得不接管。因此，巴西中央铁路公司从很早就开始成为一家主要股权由政府控制的公司。随着时间的推移，部分是由于政府的支持，这家公司成为巴西第二大铁路公司。

在 20 世纪上半叶，政府在铁路行业中的所有权增长很快，但这并不是表示有一个总体规划去协调特定产业。也就是说，国家所有权还是出于偶然。在 1900 年时政府仅控制了超过 20% 的铁路运营里程，但是到了 1953 年，这一比例几乎上升到 100%。大多数从私人转移到公共部门的铁路线要么是直接出售，要么是基于特许经营权合约而国有化的结果。这些合约通常将剩余权给予政府，并且保证如果特许经营权获得者没有完成其合约义务（例如，公司没有修建其承诺的铁路线或者公司破产了），就将所有权转移给政府。例如，在 1904 年，巴西最大的铁路公司之一（Companhia de Estradas de Ferro Sorocabanae Ituana）破产了，于是联邦政府从私人投资者手中接管了该公司。在几个月之内，联邦政府将这家公司出售给了圣保罗州政府，之后，圣保罗州政府又将其租给了美国企业家珀西瓦尔·法夸尔（Percival Farquhar）。这个美国企业家通过借贷大量的海外资金来购买和租赁巴西的土地和铁路线以发展铁路信托。随着第一次世界大战的流动性危机，法夸尔的控股公司（巴西铁路公司）破产了，铁路线（Sorocabana e Ituana）又还给了圣保罗州政府。其他由法夸尔运营的铁路线路也破产了，回归联邦政府控制。从那之后，政府对铁路的所有权逐渐增加，由于全国各地的铁路线都失败了，最后国家成为一名残余财产所有者。①

在20世纪20年代，州政府最终也控制了大的商业银行。圣保罗州银行（Bank of the State of Sao Paulo）成立于1909年，该银行从州政府那里获得了分红保证，并且常常以一家私营银行的身份运作，对咖啡出口给予金融援助，这种状况一直持续到1916年。在1916年，这家银行遇到了一些流动性问题，于是向州财政厅寻求支持。圣保罗州政府向该银行提供了一种可转换的贷款，导致州政府在1926年控制了这家银行。有趣的是，州政府并没有派出其财政厅的代表去实施控制，直到20世纪30年代末［文献（Musacchio, 2009）］。

二、 国有企业和工业化的大推动 （1934~1967年）

在20世纪30年代，在时任巴西总统热图利奥·瓦加斯（Getúlio

---

① 关于巴西铁路补贴的历史，请看文献（David 等, 2006）。

Vargas）执政时期（1930～1945年），巴西政府公开冒险介入许多行业，以此作为协调各种产业并大力推动它们的一种方式。政府不得不介入，部分是因为它想推动进口替代的工业化（Import Substitution Industrialisation，ISI），还因为私人股票和债务市场处于危机中，而且私人投资者不愿在一个有着两位数通货膨胀的环境里承担创建新的产业公司的风险［文献（Musacchio，2009）］。与国有企业的社会观点相一致，巴西政府也倾向于借助国有企业来直接控制价格。

因此，在1934年，作为一名民族主义者和军人总统的瓦加斯，其领导的政府通过了第一部《水法》（*Water Code*），将国内航道和瀑布的所有权授予政府，并且允许政府去监管电力价格。因此，巴西政府控制了收费标准，以历史资本的10%使私人发电商和输电商的最大投资回报封顶。那时的发电公司传统上是把收费与汇率（或者与黄金）挂钩的。因此，随着时间的推移，这些对于收费标准的控制导致了低回报和投资不足，使得私营公司在20世纪50～70年代将资产出售给政府［文献（电力中心备忘录，2000；Baer等，1973）］。

瓦加斯总统在1937年，创建了"农业和工业贷款组合"（*Carteira de Crédito Agrícola e Industrial*），它是国有的巴西银行的一个特殊部门，旨在为工业企业提供长期信贷。这种形式的开发银行通过发行债券进行融资，而保险公司和养老基金则被要求购买债券［文献（Dean，1969，第214）］。此外，在20世纪30年代初，政府支持开展自由贸易，而到了20世纪30年代末，瓦加斯总统转向了贸易保护主义。在第二次世界大战期间，瓦加斯和巴西军队意识到依赖进口原材料和制成品存在隐患，于是开始实施进口替代型工业化政策，将大量制造业企业收归国有。

　　例如，在 1938～1942 年间，瓦加斯联合美国政府和私营部门一起，融资并建造了巴西第一家综合性钢铁厂——国家钢铁公司（Companhia Siderúrgica Nacional，CSN）。运营一家钢铁厂需要供应链中其他环节的协作，尤其是要从巴西中部取得铁矿石，然后运往巴西东南部的钢铁厂未来的厂址。因此，1942 年，在美国进出口银行（American Eximbank）的资金支持下，瓦加斯创办了淡水河谷公司（Companhia Vale do Rio Doce，CVRD），这是一家整合了大量小型和中型企业及一条铁路（从巴西中部的矿区到距离里约热内卢北部几个小时的维多利亚港口）的铁矿石矿业公司。最初，政府希望私营部门参与这两家公司的融资，但是由于缺乏私营部门的参与，巴西财政部最终不得不购买大部分有投票权的股份，同时养老基金购买了多数（无投票权）优先股。因此，随着国家钢铁公司和淡水河谷公司的创建，政府将铁矿石产业和新的钢铁工业联结在了一起，并且推动了第一次重工业化进程。

　　除了建立于 1941 年的国家钢铁公司和建立于 1942 年的淡水河谷公司之外，在 20 世纪 30～40 年代间，巴西政府创办了各种各样的国有企业。这些国有企业包括国家发动机厂（Fábrica Nacional de Motores，FNM）——一家建立于 1943 年的公共汽车、卡车和轿车的生产厂；建立于 1943 年生产纯碱的国家纯碱公司（Companhia Nacional de Á，lcalis）；1945 年设计、1948 年开张的圣弗朗西斯科河水电工程公司（Companhia Hidroelétrica do São Francisco，Chesf）；建立于 1942 年的特种钢制品公司胜利钢铁公司（Companhia de Ferro e Aços de Vitória，Cofavi）；以及 1944 年开业的伊塔比拉铁矿石公司（Companhia de Aços Especiais Itabira，Acesita）。专栏 3.1 和 3.2 更加详细地描述了国家发动机厂和淡水河谷公司。尽管前者是一个失败的案例，但是后者最终成为一家实现了盈利的国有企业——在很大程度上是由于巴西在铁矿石开采上的天然优势，也得益于在面临外部市场竞争压力时而采用的独特的技术化管理［文献（Bartel、Harrison，2005）］。

专栏 3.1　国家发动机厂

1938 年，巴西交通与公共工程部部长委托做了一个课题，研究在巴西建立飞机引擎项目的可能性。该项目准备得相当迅速，但是第二次世界大战的爆发使一切工作停了下来，直到热图利奥·瓦加斯总统本人在 1942 年，从美国筹到资金，作为美国对其盟国支持的一部分。国家发动机厂的生产开始于 1943 年，1946 年第一个飞机引擎（过时的 450HP 的星型引擎）下线。在制造这些引擎之后，国家发动机厂专注于维修航空公司的引擎、生产发动机、纺织机及铁路的工业零部件。飞机引擎的国内销售并没有真正大发展，因为第二次世界大战一结束，美国的引擎制造商就开始在全世界，包括在巴西商业化销售它们的产品。因此，国家发动机厂在接下来的几年里常处于财务窘境中。尽管如此，这家公司仍然用内部产生的资金维持着运营。

1946 年，政府批准将国家发动机厂转型为国家汽车制造公司（Fabrica Nacional de Motores S. A，FNM），该公司的业务为拖拉机和卡车的装配。新公司的融资来自联邦政府、里约热内卢州政府、养老基金和一家国有银行（Caixa Economica）。新公司被视为国家重点企业，并且享受一切的免税政策——从利润到进口输入品和资本。

除了拖拉机，国家汽车制造公司在 1946 年之后成为一家生产卡车和公共汽车的生产商，而制造飞机引擎的想法完全被废弃了。1948 年，它与意大利公司伊索塔－弗拉斯契尼（Isotta-Fraschini）签署了一份合同，引进生产使用柴油发动机的卡车（FNM D-7300），国产化率达到 30%。较高的国产化程度得益于巴西金属制品和汽车零部件行业的发展。国家汽车制造公司也开始生产公共汽车，在不到 5 年的时间里卖了几百辆。然而，1951 年意大利公司伊索塔－弗拉斯契尼破产了，国家汽车制造公司不得不寻求新的合作伙伴并与意大利国有汽车制造商阿尔法·罗密欧（Alfa Romeo）公司签署了生产卡车的许可证协议，新卡车有 31% 的国产化率。这一过程伴随着国家汽车制造公司在 1953 年的扩张，当然这得益于巴西国家开发银行提供的贷款。因此，在 20 世纪 50 年代的大部分时间里，国家汽车制造公司控制了巴西国内的卡车和公共汽车市场。

1956 年，不同的利益集团对巴西汽车工业的发展产生了兴趣，它们建议引进外国汽车制造商以发展一个强大的私营汽车产业。这些利益集团还建议解散国家汽车制造公司，因为在那时国家汽车制造公司被认为效率低下并缺乏在一个复杂的行业里运作所需的能力。于是在 1956 年，政府开始逐渐剥离国家汽车制造公司，出售了其近一半的有投票权股份，保留了 51% 的有投票权股份。在 1956～1959 年间，私营部门两次增加了其在国家汽车制造公司的所有权股份。1959 年，国家汽车制造公司得到生产阿尔法·罗密欧 2000 轿车的许可证，然而，一场国家汽车制造公司的财务危机随之而来，因为政府控制了由国家汽车制造公司制造的公共汽车、卡车和拖拉机的价格。此外，斯堪尼亚公司（Scania-Vabia）和梅赛德斯－奔驰公司（Mercedes-Benz）在 20 世纪 50 年代末进入巴西，进一步侵占了国家汽车制造公司在卡车和公共汽车行业的市场份额。1967

年，政府下令国家汽车制造公司进行资本重组，以巴西国家开发银行作为投资者，并且授权财政部部长和商务部部长把属于国库的公司股份私有化，以作为"剥离不适合政府拥有的企业"的政策的一部分（法令103号，1967）。剥离的结果是阿尔法·罗密欧公司于1968年获得了对公司的控制权。到1973年，阿尔法·罗密欧公司与菲亚特公司（Fiat）签署了一项合资协议（51%归阿尔法·罗密欧公司，43%归菲亚特公司，还有6%归小股东），它们从此分割了国家汽车制造公司的所有权，从而结束了巴西政府试图使用国家资本来拥有并运营一家发动机工厂的历史。

资料来源：法令8699号，1946；法令103号，1967；文献（Dean, 1969；Musacchio, 2009；Wirth, 1970；Triner, 2011；Baer, 1965；BNDES, 2002；Schneider, 1991）

专栏3.2　淡水河谷公司

有一家公司创立于国家资本主义的初始阶段，然后设法扩大并有着相对较好的绩效，这就是淡水河谷公司。淡水河谷公司扩张的一个关键因素是，它并不依靠财政部转移的资金来支持其扩张。相反，这家公司用出口的利润作为现金流的来源资助其继续投资。因此，淡水河谷公司说明了国有企业如果暴露于国外市场的竞争中可以如何进行杠杆运营并提高绩效。

通过在1942年与美国政府达成协议，瓦加斯总统创办了淡水河谷公司，使用伊塔比拉铁矿石公司的设施、铁路网络和来自美国进出口银行的贷款。同时，瓦加斯总统创办了国家钢铁公司[文献（Triner, 2011, 第94页）]。在20世纪40年代末，淡水河谷公司已经占有巴西铁矿石出口市场 80% 的份额。到了 60 年代，淡水河谷公司成为巴西最赚钱的国有企业，也成为世界铁矿石市场的引领者。根据文献（Trebat，1983，第103 页），淡水河谷公司能够专注于盈利能力增长，是因为它受政府干预相对较少。淡水河谷公司赚的钱足够使其能避免持续向巴西财政部或巴西国家开发银行寻求支持。据文献（Trebat，1983）估计，在 20 世纪 70 年代，淡水河谷公司用其留存的收益资助了其资本投资的 60% ~100%，其余的资本投资来自发行长期债券。

在伊利谢·巴蒂斯塔（Eliezer Batista）和其他人的领导下，该公司利用其留存的收益购买了其他行业的一些公司，既使其投资组合多元化，也建立了合资企业。在整个 20 世纪 70 年代早期，淡水河谷公司"寻求自然资源领域的广泛多元化，并积极通过子公司和少数股份的联盟进入铝土矿、氧化铝和铝、锰、磷酸盐、化肥、纸浆、纸张……钛"[文献（Trebat，1983，第 52 页）]。此外，在 20 世纪 70 年代末，淡水河谷公司的运输网络已包括铁路、多条航线和一个港口。因此，在所谓的淡水河谷公司的"帝国大厦"鼎盛时期，该公司拥有 12 家重要的子公司，并且是 12 家基本由外国资本推动的合资企业的活跃合作伙伴，尽管是一家国有企业，但是淡水河谷公司一直是巴西最赚钱的企业之一，并且在竞争对手出口商的压力下，在早期就成为一家先进的矿业公司。淡水河谷公司最重要的投资项目是位于亚马逊州卡拉雅斯（Carajás）地区的铁矿石矿藏——据估计是世界上最大的铁矿石储地，至少拥有 180 亿吨的矿藏。1986 年底，淡水河谷公司出口的所有产品都来自这个矿藏。

在 20 世纪 80 年代，当政府的稳定政策开始控制所有国有企业的支出，尤其是资本支出时，淡水河谷公司的扩张就慢慢地停了下来［文献

（Werneck，1987）］。不过，淡水河谷公司是在 20 世纪八九十年代给予巴西政府分红最多的国有企业，也是这几十年中对资本形成总额贡献最大的国有企业［文献（Pinheiro、Giambiagi，1994）］。最终，淡水河谷公司在 1997 年私有化了，但是，仍然保留了少数国有资本。

资料来源：文献（Khanna、Musacchio、Reisen de Pinho，2010；Musacchio、Lazzarini，2014）

在 20 世纪 50 年代，巴西政府掀起了第二波创建国有企业的浪潮。创办这些企业是为了再次大力推动基础设施建设，为了给国内产业的生产提供重要的投入品（如电力、石油和钢铁），或者为了减少市场失灵，尤其是在资本市场的市场失灵。其中一项最重要的努力是发展一个新的产业并减少瓶颈，这就是巴西国家石油公司（Petrobras）——国有石油公司旗舰的创建。巴西国家石油公司的创建经过了近 20 年的政治争论，争论主要聚焦于巴西的石油工业应该遵循什么模式。在 20 世纪 40 年代，市场对石油和成品油的需求迅速增长，政府意识到需要有一个针对石油工业的长期计划。关键问题是，谁来控制石油开采权力，以及谁有控制进口、精炼、分销石油和石油产品的权力。最后，巴西政府于 1953 年创办了巴西国家石油公司，给予它在勘探、抽取、精炼、运输原油和成品油方面的垄断权（1953 年 10 月，第 2004 号法令）。

在第二波浪潮中，还有"巨人"巴西国家开发银行的创建。巴西早期的工业化是通过大型股票和债券市场来融资的，到了 20 世纪 50 年代，几乎没有什么股票上市，长期债券市场也已经消失。因为巴西自 30 年代以来经历了两位数的通货膨胀，到了 40 年代，长期贷款的存量与 GDP 的比例从 1914 年顶峰时的近 20% 降低到了 5% 左右〔文献（Musacchio，2009）〕。因此，巴西政府和美国政府在 1952 年的一系列关于巴西基础设施建设扩张的联合研究，导致巴西国家开发银行的创建（Brazilian National Bank of Economic Development，在葡萄牙语中是 BNDE，1982 年将社会发展也加入其使命中，所以改名为 BNDES）。巴西国家开发银行很快就在给予基础设施项目如能源、钢铁和交通的长期信贷中发挥了关键作用。

巴西国家开发银行开始是作为给更新大型基础设施的项目提供长期融资的工具。在其运作的第一个 10 年里，巴西国家开发银行专注于为铁路系统的更新和新水电站的建设提供长期资金。巴西国家开发银行融资的大部分大型项目都是由国有企业实施的。例如，巴西福纳斯电力公司（Furnas）、塞米克电力公司（Cemig）和其他许多国有企业建造了由巴西国家开发银行和世界银行资助的巴西最大的水力发电站及大多数输电线路〔文献（Tendler，1968）〕。

在 20 世纪 50 年代后期，巴西国家开发银行的重点开始转向支持仍处于迅速增长期的钢铁工业的发展。在其起步阶段，巴西国家开发银行像一家巨大的控股公司那样运作，最初只占少数股份，随后通过注资或者可转换债券，最终成为一些大型的钢铁厂的大股东。例如，1956 年，巴西国家开发银行和圣保罗州政府一起出资创建了一家钢铁厂——保利斯塔钢铁公司（Companhia Siderúrgica Paulista，Cosipa）。尽管巴西国家开发银行开始只是一个小股东，但随后的注资使得巴西国家开发银行在 1968～1974 年间成为保利斯塔钢铁公司的大股东，直到政府在 1974 年将其控制的股份转给了一家钢铁工业的新控股公司——巴西钢铁公司（Siderbras）。

一个类似的经历发生在另一家钢铁厂（Usiminas），该厂由米纳斯·

吉拉斯州（Minas Gerais）政府部分出资。最初该公司被日本的企业联盟所控制，但是在20世纪60年代末巴西国家开发银行通过后来购买的股份成为控股股东［文献（BNDES，2002；Schneider，1991；Baer，1965）］。事实上，在20世纪60年代巴西国家开发银行资助了钢铁工业中全部资本投资的70%～80%［文献（BNDES，2002）］。

在20世纪50年代和60年代，巴西国家开发银行提供的大部分贷款都是长期贷款且实际利率较低，平均年利率是9.5%。对于基础设施贷款，年利率大约是8%；而对于工业贷款，年利率则达到了11%。然而，尽管是两位数的利率，这些贷款实际是负利率，尤其在60年代早期［文献（Curralero，1998，第20页）］。

在军事独裁统治时期（1964～1985年），巴西国家开发银行将其重点从贷款给公共项目转向为私营企业提供融资。在1964年之前，要么直接通过一家政府机构，要么间接通过国有企业，几乎100%的贷款都给了公共项目。但是到了1970年，私营部门收到了几乎70%的贷款，而到了20世纪70年代末，公共项目得到的贷款已经不足20%［文献（Najberg，1989，第18页）］。1965年，作为推动支持国内机械和装备工业的一部分，巴西政府创建了巴西国家开发银行的第一家子公司（Finame）。对于巴西政府和巴西国家开发银行的技术官僚而言，国内机械工业的发展被视为工业发展的必要条件，否则就要依赖外国进口。因此，Finame的唯一目标是为购买国内装备提供中期和长期资金［文献（BNDES，1987）］。它的大多数贷款流向了试图替代进口的私营企业。此外，Finame被定位于支持充满活力的国内机械工业的发展，根据文献（Leff，1968，第2页）的研究，在这20年里，国内机械行业的年平均增长率达到 27% 。

总之，在 20 世纪 70 年代之前，巴西国家开发银行和新创建的国有企业是促进基础设施（铁路和公用事业）及改善和支持新兴产业发展的工具。在一个有着严格的信贷定量配给和高昂发现成本的市场，巴西政府通过巴西国家开发银行提供长期融资，有时自身也充当企业家，来资助新产业的发展，如钢铁、电力和化工。

然而，这一时期国有企业快速发展的结果是，国有企业并没有在巴西经济中占据压倒一切的优势。相反，巴西政府在那些对于国家工业化十分关键的行业发展了大型实体，而对于其认为国家没有必要参与的其他行业仍然留给私营部门去运营。国家主导了采矿、冶金和钢铁、公共事业和石油行业。例如，到 20 世纪 60 年代末，在这些行业的前十大企业中，国有企业占了采矿业总资产的 60%，占冶金和钢铁业总资产的 70%，占公共事业总资产的 86%，以及占石油、石化及石油和天然气分销的 80% ［文献（Baer、Kerstenetzky、Villela，1973）］。与产业政策的观点相一致，这些国家运营的关键行业也是有着高的外溢效应和前向联系的行业。总之，在这个初始阶段，巴西政府聚焦于协调各产业部门来发展基本的基础设施，并为国家的工业化提供基本的投入。

三、 国家作为企业家的巅峰时期 （1967～1979 年）

在巴西国家资本主义的第三阶段，政府冒险进入除公用事业、采矿、钢铁和石油之外的行业，这不一定是事先设计的，而是出自国有企业管理者的行为。在这一阶段，国家以直接拥有国有企业的形式在经济中的干预，达到了历史巅峰。图 3.1 展示了巴西历年创建的国有企业，主要是基于 20 世纪七八十年代观察到的国有企业数据。因此，整个国有企业的数量有可能因企业消亡而被低估。大量的国有企业创建于军事独裁统治时期（1964～1985 年），尤其是在总统埃内斯托·盖泽尔（Ernesto Geisel）执政时期（1974～1979 年），他作为一位将军，在 1969～1974 年间曾担任巴西国家石油公司的首席执行官。从图 3.1 还可以看出，创办国有企业的高峰实际发生在 20 世纪 70 年代后期。

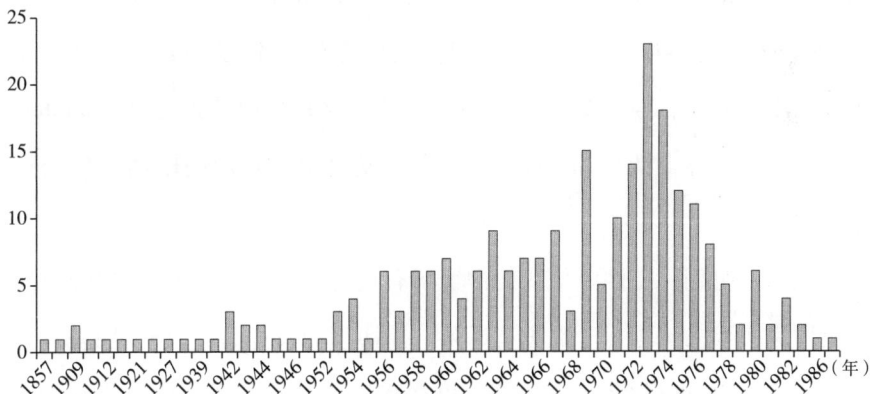

图 3.1　巴西历年建立的国有企业数量（1857～1986 年）

注：本图的企业样本不包括那些在 1973 年之前破产或者被私有化的企业，例如国家发动机厂。在 1973 年之后，企业样本包括了所有的联邦国有企业和大量州国有企业。

资料来源：文献（Musacchio、Lazzarini，2014）

当埃内斯托·盖泽尔 1974 年接任总统后，国有企业的数量开始激增。他是一位拥护国家计划的坚定信徒，并且认为经济发展显然需要政府指导和支持［文献（Gaspari，2003，第 298 页）］。他也是进口替代型工业化（ISI）的坚定支持者，认为只有当国内技术缺乏时才可以授权外资参与。根据文献（Trebat，1983）的研究，"公营企业（Public Enterprise）的建立在巴西被认为是实现工业化的捷径，由于巴西缺乏资金充足的国内私营部门，政府又不允许跨国公司进入某些战略行业而迫使政策制定者采取的权宜之计"。

巴西电信行业的发展就说明了这一点。控制国家电信行业的捍卫者认为，外国公司常常注重短期利益，并不会以便宜的价格来推动电话线路的理想覆盖。与此同时，国内私营资本有可能实力不足或不愿承担风险去投资于电信基础设施；本地实业家哀叹"缺乏资源和低税率"[文献（Díaz-Alejandro，1984）]。1963 年的《巴西电信法》（*Brazilian Tele-communications Code*）建立了一个国家授权的垄断体制，接着在 1965 年创建了电信公司，随后在 1972 年建立了包括区域性电信公司（Embratel，负责州际及国际电话）和 CPqD（一个研发组织）在内的巴西电信公司系统组织。

在这一时期，巴西电信业的国家所有权可以用产业政策理论来解释，认为国家主导的干预对于促进有风险、需协调的投资而言或许是必要的。然而，到了 20 世纪 60 年代后期，巴西政府已经有了新的应对机制，通过补贴贷款（如通过巴西国家开发银行）来支持国内私营企业家。此外，在第二次世界大战后和 20 世纪 60 年代早期已经有过政府主导的多次大力推动工业化浪潮。因此，再次从社会作用的视角看，一个更加合理的解释是，巴西政府想要确保以较低的价格来实现足够的电信覆盖率，从而减少私人投资的预期利润率。巴西军政府的一个倾向是，避免国外控制"战略性资产"（Strategic Assets），这将进一步减少私人资本资助大型基础设施项目的范围。因此，国家所有权盛行是由于政府纯粹的欲望所致，因为政府想直接控制广泛的工业领域。

事实上，在 20 世纪 70 年代，国家的行动聚焦于进口替代型工业化和塑造国家资助的固定资本。在 1974 年由盖泽尔的经济团队制订的第二个国家发展计划中，政府为国有企业和巴西国家开发银行设定了目标。根据这一计划，重点是改变巴西的能源结构（尤其是 1979 年石油危机之后），推动国内原材料行业的发展（更少依赖进口），巩固机械与装备行业［文献（BNDES，1987）］。因此，政府更加冒险地进入石油化工行业，创办企业来控制食品的分销与储存，投资于国家农业研究公司（称为 Embrapa），支持或救助在石油化工、金属制品和技术行业的私营企业，并且继续利用巴西国家开发银行的子公司 Finame 来补贴资本支出。

一些国有企业的诞生也起因于在国内促进一些领域新技术发展的目标。一个明显的例子就是巴西航空工业公司的发展（见专栏 3.3），它于 1969 年创办时是一家国家控股的国有企业，但实际上起源于国家从前在航空工程和军事技术上的投资。就像淡水河谷公司一样，巴西航空工业公司有一个自治式的管理，并且受益于本地的资源如研究与教育中心。此外，它从一开始，就被整合进外部市场和国外的生产链条；也就是说，巴西航空工业公司并不像一家专注于进口替代型工业化的传统国有企业那样运作。然而，只有在其 1994 年私有化之后，这家公司才开始真正有竞争力，有了支线飞机，如 ERJ-145 的新生产线，后来又有了 "E-Jets" 的生产线。与淡水河谷公司类似，巴西航空工业公司成为国家作为一个少数股份投资者的例子，其国有资本来自养老基金和巴西国家开发银行的资金。

专栏 3.3　巴西航空工业公司

1941 年，热图利奥·瓦加斯（Getúlio Vargas）政府成立了航空部（Ministry of Aeronautics），其目标是协调国家航空工业的发展。国家发动机厂（见专栏3.1）就是这种努力的一部分结果。1949年，政府进一步努力，通过创办航空航天技术中心（Aerospace Technology Centre，CTA，模仿麻省理工学院）发展航空工业。航空航天技术中心催生了许多姐妹组织，专门在各方面从事专业的训练和研究。最初这一机构的角色是支持航空工业中私营部门的起步。政府因此扮演了多重角色，它提供融资，协调相关机构（根据需求对飞机提出要求），通过资助大学和国有企业如国家发动机厂的研究降低企业的发现成本。

为了培养大批航空工程师和投资于这个被认定为"战略性的"技术，政府于1950年（通过1950年的第27695号法案）在圣保罗州圣若泽多斯坎波斯（Sao Jose dos Campos）的航空航天技术中心的校园里创办了航空技术学院（Aeronautics Technology Institute，通常称为ITA），最初，航空技术学院设立了航空工程专业，随后又增加了电子工程专业（1951）、机械工程专业（1962）、计算机科学（1989）等。它是巴西第一家提供工程硕士学位的教育机构。1954年，政府又在航空航天技术中心内创建了研究与开发学院（Institute for Research and Development，在葡萄牙语中称之为IPD）。因此，从航空航天技术中心、航空技术学院以及研究与开发学院创立起，它们就协调开发由军队、航空部以及航空技术学院的教授们所设想的项目。而且，圣若泽多斯坎波斯很快就成为航空工业的中心，因为大量私营企业也在该地区成立，与CTA、IPD和ITA展开密切合作。

在1964～1965年间，航空部给了航空航天技术中心一项任务，要求开发一种国产的中型飞机，这就是所谓的"女童子军"（Bandeirante）项目。航空部协调组织的一个团队，包括许多私营企业、航空航天技术中心、研究与开发学院以及航空技术学院，在 1968 年底，已经制成了"女童子军"飞机的第一个原型。

1969 年，政府占多数股份的国有企业巴西航空工业公司成立，它从航空航天技术中心接手了一些核心项目，包括使用两台涡轮螺旋桨发动机的"女童子军"飞机。然而，巴西航空工业公司的创立并不是任何正式政府计划中的一部分；它实际上起因于一位前空军上校（Ozires Silva）的坚持，他领导了"女童子军"项目。这家新公司通过与航空部的紧密联系得到国家支持，包括慷慨的免税期、优惠贷款和通过巴西国家开发银行为其客户提供优惠融资。"女童子军"飞机的商业化生产开始于 20 世纪 70 年代，这是在"合作生产与许可证"的协议下与外国合作伙伴展开合作的。与此同时，航空航天技术中心和巴西空军开发了其他军用飞机，包括伊帕内玛（Ipanema）轻型飞机、巨嘴鸟（Tucano）战斗机和喷气式（AMX）战斗机，计划由巴西航空工业公司在商业化的基础上生产。

巴西航空工业公司的生产设施被设计得能够限制国内的纵向整合程度，这被认为是紧跟着建立一家可行的飞机制造商的早期尝试。许多轻型飞机是依靠巴西的设计开发的，但是订购了高价值、高科技的国外组件。从一开始，强烈关注于出口市场就是一个重点，而且被证明是补偿开发成本的关键。

像其他国有企业如淡水河谷公司那样，巴西航空工业公司的管理几乎是自治，很少受政府干预。其董事会中一半的人员来自私营部门的企业高管。巴西航空工业公司的成功在当时被视为跨国公司、本地私营企业和国有企业"三方同盟"的结果。然而，在 1990 年前后，巴西航空工

业公司经历了其发展过程中最为严重的危机。这在某种程度上与 20 世纪
80 年代早期拉美危机后挥之不去的财政约束有关，但主要归因于增强的
政治化及在高度依赖政府采购的公司专注于工程甚于商业。例如，出于
政治原因，巴西航空工业公司被迫与一个邻国的军用飞机制造商进行的
合作项目经营效益低下。

　　1994 年 12 月，经历几次严重的失败尝试后，巴西航空工业公司被私
有化。在私人所有权下，巴西航空工业公司引人注目地复苏了，但是应
该注意到，为其复苏奠定基础的工作是在 20 世纪 80 年代末完成的，当
时决定开发公司的第一架支线喷气式飞机（ERJ-145）。国家则通过巴西
国家开发银行和国有巴西银行养老基金仍然保留了巴西航空工业公司的
少数股份。

　　资料来源：文献（OECD，2013；Bernardes，2000；Lazzarini、Bourgeois，2008）

　　作为与第二个发展计划相关联的投资结果，由联邦国有企业形成的
资本形成总额在 1975 年，飙升至 GDP 的 4.3%，或者占总的固定资本形
成的 16.3%［文献（Trebat，1983，第 15 页）］。此外，随着国家发展计
划的展开，巴西取得了其多年来最高的 GDP 增长率。在 1965～1979 年
间，巴西的 GDP 增长率每年在 9%～10%。这一增长有一部分来自劳动
力从农业向制造业的转移，还来自资本的快速积累。此外，制造业增加
值在 1967～1980 年间每年增长了 10%。

　　然而，并非一切都在按计划进行。自 1967 年以来，政府在不同的部
门间对国有企业进行分权控制。分权控制的想法基于一个假设，即相关
监督机构接近实际操作将确保更快的执行。实践中，控制权的分散给予

国有企业充分的自治，尤其是那些不需要巴西财政部持续支持的国有企业［文献（Wahrlich，1980）］。

但是，分权给联邦政府带来了新的问题。政府对于国有企业的数量和每一家国有企业的子公司类型并没有实行控制。热图利奥·瓦加斯基金会（Fundação Getúlio Vargas）在 20 世纪 70 年代早期做的一项普查显示，联邦政府和州政府控制了 251 家企业。1976 年，另一项由《视觉》（Visão）杂志做的普查显示，联邦政府和州政府分别控制了 200 家和 339 家国有企业［文献（Trebat，1983，第 116 页）］。但是，对于统计和控制联邦国有企业的明确计划仅仅开始于 1979 年，这是随着设立国有企业控制秘书处（Secretary for SOE Control，SEST）而来的。图 3.2 展示了一些最重要的国有企业及监督它们的部门。在部门之上，理论上有 3 个机构负责协调国有企业的行为——经济发展委员会（Council for Economic Development）、社会发展委员会（Council for Social Development）、计划部（Ministry of Planning）及计划秘书处（Secretary of Planning）。后两者是在计划部长（Minister of Planning）的指导之下的。然而在实践中，是对应这些分别指导它们的政府各相关部门的，这些部门反过来更加喜欢在它们领导下有着更多就业岗位的更大的企业，而不是实现发展目标的高效企业。

因此，分权也导致了"帝国大厦"，或者导致大型国有企业的管理者运用协同内部产生的资源来扩张他们的帝国，进入本来不属于他们初始授权领域的那些行业［文献（Trebat，1983）］。也就是说，许多管理者确保他们的企业能够盈利以享受相对于政府的独立，并且能够投资于他们认为与其国有企业相关联的那些行业。这一行为是对政府协调其生

执行委员会

经济发展委员会　社会发展委员会　计划部　计划秘书处

其他金融机构
巴西国家开发银行

财政部　工业与商务部　矿业与能源部　通信部　交通部　航空部　其他部委

- 财政部：联邦储蓄银行、巴西银行
- 工业与商务部：国家碱业公司（碱）、巴西钢铁公司（钢铁控股公司）；阿塞西塔公司（钢铁）；国家黑色冶金公司、Petroquisa（石化企业）及子公司；西斯塔不锈钢公司、巴西国家石油分销公司；保利斯塔钢铁公司、巴西国家石油肥料公司；米纳斯·吉拉斯钢铁公司、巴西国家石油矿业公司；其他、贸易子公司
- 矿业与能源部：巴西国家石油公司及子公司、淡水河谷公司、巴西电力公司（电力控股）及子公司；淡水河航运公司（航运）、旧金山水电公司；淡水河地质与矿业公司、福纳斯电力公司；淡水河谷肥料公司（肥料）、巴西电力热电公司；Valesul（铝业）、其他；其他子公司和联合拥有的铝业公司
- 通信部：巴西电信公司（电信控股）、里约热内卢电信公司、米克电信公司、圣保罗电信公司、其他电信子公司
- 交通部：铁路控股公司（RFFSA）、许多铁路企业、港口企业、航运企业、建筑企业、其他
- 航空部：巴西航空工业公司、机场（Infraero）
- 其他部委：其他部委的分支机构，包括商业银行，农业研究公司和军事企业

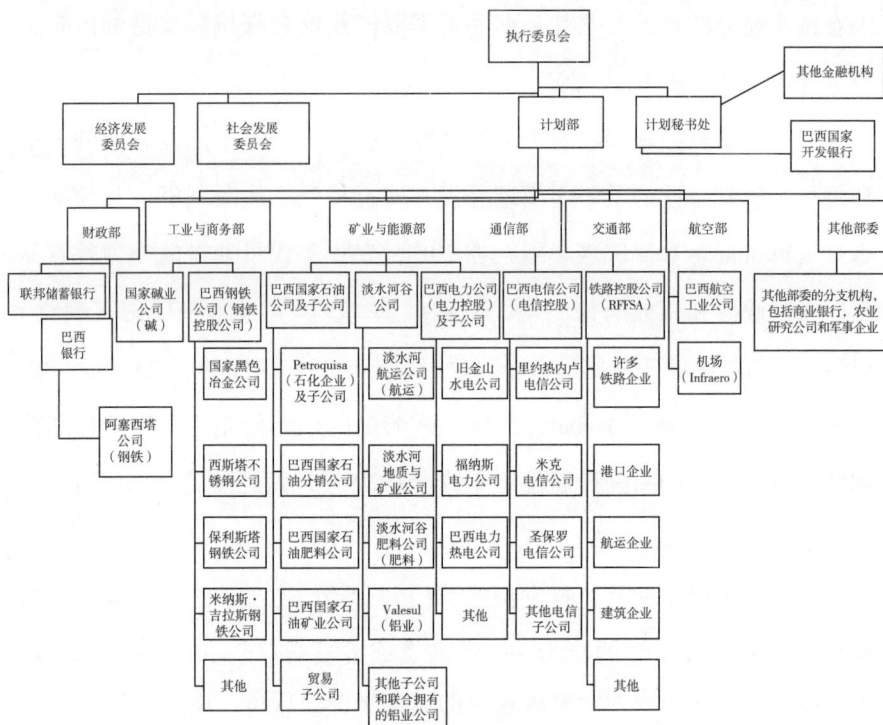

图 3.2　巴西国有企业控制实例的组织图（1979）
资料来源：作者根据文献（Wahrlich，1980）的数据作图

产机制能力的质疑。例如，3 个部门的国有企业投资于铝业公司、肥料、航运和化工。由不同部门控制的两个国有企业投资于铁路。

　　然而，国有企业的巨大规模使一些政府官员担忧，例如，巴西国家开发银行的董事长马科斯·维纳（Marcos Vianna）。1976 年 5 月，他写了一份机密的备忘录给计划部部长乔·保罗·赖斯·韦洛索（João Paulo dos Reis Velloso），他在其中指出，"在全国 100 强企业中很少有私营企业……"他还认为，国有企业的广泛存在"创造了一幅有问题的图画，全国的私营企业家被抑制，留下一个经深思熟虑的国有化政策的印象，

这绝对不是政府的愿望"［文献（Vianna，1976）］。他提出的补救措施是推动一种"协调的私有化"（Co-ordinated Privatisation）形式，由巴西国家开发银行自己把那些国有企业密集的行业交给选定的私人团体。在他提出的方案中，巴西国家开发银行的参与将涉及一种机制："偿还债务应该与有效产生的净利润成比例"及分期偿还的周期"不应该预先确定"。因此，从本质上说，私有化需要一种非常类似于以少数股份形式投资的国家资本（即长期投资没有预先确定还款日期）。尽管维纳的计划并没有被采纳，但他的建议预设了私有化进程的阶段及此后的国家干预模式，其中，国家是一个少数股份的投资者，而巴西国家开发银行作为债权人和股东成为一个中心角色。

尽管直到 20 世纪 80 年代，在巴西经济中国有企业无处不在，但很难精确量化它们在 20 世纪巴西的经济发展做了多少贡献。"二战"后，大型国有企业逐步成为国家级投资的重要来源。1976~1997 年，国有企业在巴西总固定资本形成中贡献了约 25%。此外，多亏了国有企业的帮助，巴西发展了那些最初并非由私营部门单独资助的大型行业，如钢铁、飞机制造、电话、石油、天然气、石化、采矿和集成的电网［在它们由私营企业运营时，电网并没有被整合，见文献（Tendler，1968）］。大多数实用的创新工作在本质上是由国家机构（如农业中的巴西农业研究公司）和大型国有企业如巴西国家石油公司及巴西航空工业公司完成的。

四、国家作为企业家的衰落和私有化浪潮（20 世纪八九十年代）

国有企业在 20 世纪 60 年代和 70 年代早期的扩张，部分得益于当时有着廉价可用信贷的外部环境。在 70 年代早期，政府可以直接或者间接通过专营于贸易商品的国有企业如淡水河谷公司，比较容易地从国际银行获得信贷额度。德尔芬·勒托（Delfim Netto）曾说，"阿拉伯国家可以出售石油给我们，并将其利润存入一家美国的银行，而这家银行又会把钱借给我们"。[①]

然而，这样的外部融资扩张在 20 世纪 70 年代末达到了极限。1979 年的第二次石油危机导致油价急剧上升，巴西的贸易条件逐渐恶化。因为巴西是一个石油净进口国，新的外部环境使得国家的贸易平衡和经常账户变得紧张。巴西不得不向国外借款；然而，复杂的事情来了，美国联邦储备委员会在 1980 年上调基准利率。尽管到 1982 年利率开始下降，但还有另一个外部冲击使巴西经济产生动荡。1982 年秋，墨西哥宣布暂停支付外汇，在一些发展中国家引发了债务危机。因此，私营银行在 1980 年之前原本很充裕的信贷额度枯竭了，美国财政部、国际货币基金组织、美联储及一批国际银行家不得不在全球进行信贷配给。

1982 年后出现货币迅速贬值，这给巴西政府及其国有企业带来了 3 个并发症。其一，使巴西政府偿还外债变得更加困难［文献（Díaz-Alejandro，1984）］。其二，货币贬值导致猖獗的通货膨胀。其三，全球利率的快速上升和信贷配给严重损害了一些最大的国有企业的财务状况，它们已经借了很多主要是以美元或日元计价的外债。

从 1980 年到 1983 年，国有企业的平均财务支出从占总支出的 7% 上升至 16.6%。属于电力企业集团巴西电力公司的一些国有企业，财务支

---

① 此句话出自 2012 年 8 月在巴西圣保罗对 Delfim Netto 的采访，他是巴西前财政部部长和计划部部长。

出从占总支出的 26% 上升至近 53%；属于巴西钢铁公司的一些国有企业，其财务支出从占总支出的 10% 上升至近 35%。其他企业，如国家铁路公司、飞机制造商巴西航空工业公司和特种钢厂阿塞西塔，由于全球利率的上涨（及巴西货币的贬值），它们的财务支出也翻了一倍［文献（Werneck，1987）］。

此外，巴西政府开始利用国有企业追求"社会目标"，如保证价格稳定和低失业率。这对国有企业而言有两个后果。首先，因为政府将支出和价格控制在国有企业范围，使它们的收入停缓，而工资和其他成本由于国内的通货膨胀而飙升。这导致亏损上升及资本支出的快速下降。这是因为政府以严格约束国有企业的支出作为压低价格的方式，但这导致了资本形成总额的急剧下降。国有企业的资本形成总额在 1982 年危机开始之后的两年里从占 GDP 的 5% 下降到 3%，并且持续下滑，至 1990 年，那时已经降到了略低于 2%。

其次，国有企业在经济衰退期间无法正常调整其劳动力规模，因而面临严重的亏损。图 3.3 显示了在危机之前和之后（1979～1993 年），国有企业和私营企业的亏损对比。

图 3.3 的基础是 1973～1993 年联邦级的 136 家巴西国有企业的数据资料。作为对照组，有 156 家最优秀的私营企业被包含在样本中［文献（Musacchio、Lazzarini，2014）］。有一组私营企业作为参照是非常重要的，因为从本质上说，危机对国有企业和私营企业都同样有影响。然而，可能有人认为国有企业受到的影响更严重，因为国有企业还须追求社会和政治目标，这些会分散它们对于盈利能力的关注。正如前文提到的，如果政府约束国有企业控制价格，那么它们应该比私营企业同行受到更

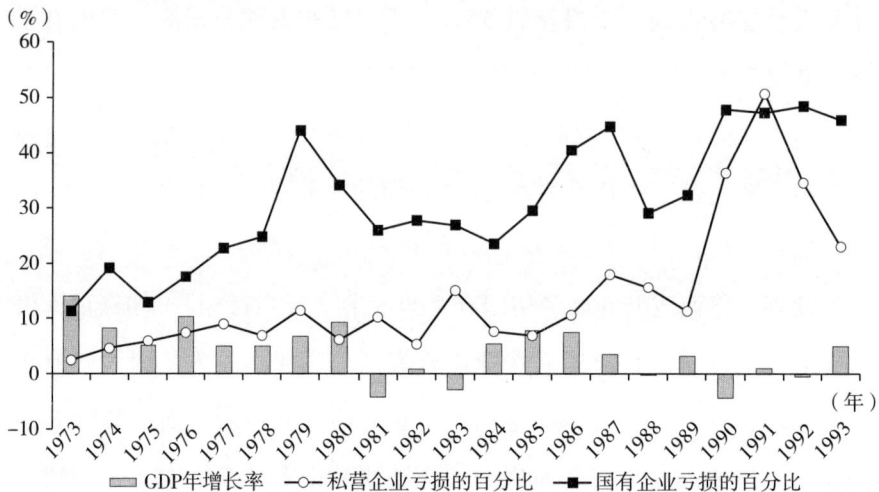

图3.3　国有企业与私营企业亏损比较（1973～1993）
资料来源：文献（Musacchio、Lazzarini，2014）

多的负面影响。事实上，如图 3.3 显示，国有企业报告中亏损的百分比在 20 世纪 80 年代上升至比私营企业大得多的程度，到 90 年代早期达到了接近 50%（1990 年和 1991 年，有一个不成功的计划，通过将储蓄充公来抑制通货膨胀，这对私营企业和国有企业有着同样的影响）。

　　有关于国有企业的社会性问题的观点认为，国有企业将不仅被用于控制价格，而且还可以人为地保持投资和就业，即使是在危机时期。图 3.4 基于文献（Musacchio、Lazzarini，2014）的估计，反映了国有企业和私营企业在就业方面的相对表现。还可以假设失业是危机的结果之一，应该观察到在国有企业中比在私营企业中更多。面对外部冲击，私营企业一般会相应缩小规模，而国有企业反而有可能增加招聘，以作为缓冲危机对本国劳动力市场影响的一种方法。

　　但是，比较国有企业和私营企业有一个问题，那就是它们有很大不同，尤其是考虑到许多国有企业一直到 20 世纪 80 年代还是作为国家授权的垄断主体进行运作，从而缺乏可比的行业同行。为了避开这个潜在的偏差来源，文献（Musacchio、Lazzarini，2014）确定了很多公司层面的"基本要素"（Fundamentals）——如规模、杠杆率和盈利能力——这样就使国有企业和私营企业能够进行比较。换句话说，有着倾向性因子匹配的双重差分（Differences-in-differences）评估技术在这里得到了应用［文献（Heckman、Ichimura、Todd，1997）］。用危机之前和之后的两个时期 1979~1981 年和 1982~1984 年，来测量就业，然后，对于国有企业和私营企业就业的变化（以对数形式）计算这两个时期的差异。倾向性因子匹配给予了私营企业更多权重，使这些私营企业的基本特点与被观察的国有企业样本更为相似。与源于社会性观点的假设相一致，国有企业在危机后增加了 7.5% 的就业，而可比的私营企业在同一时期缩小了 2.6% 的规模。①

五、 保留国有企业的治理和国家作为多数股份投资者的兴起

表 3.1 归纳了在 21 世纪第一个 10 年末仍处于国家控制的国有企业。使用的数据来自国有企业协调与治理司（Department of Co-ordinations and Governance of State-owned Enterprises，DEST），有 47 家企业由联邦政府控制，总资产为 6 260 亿美元。接下来，州一级的国有企业总共有 49 家，直接受州政府控制，总资产为 660 亿美元。但是，这些数

---

① 这并不是法律阻碍国有企业解雇员工的结果。1967 年，军政府通过了《行政改革法》（*Administrative Reform Law*，第 200 法令，1967 年），该法赋予国有企业和私营企业同样的待遇。

字仅包括政府直接控制的国有企业，其中一些国有控股公司自己有很多子公司。将国有企业的直接和间接股权相加，据文献（Musacchio、Lazzarini，2014）估计，巴西联邦政府和州政府总共控制了价值超过7 570亿美元的总资产。保留下来的国有企业存在于被政府视为"战略性行业"的领域。顶级国有企业的例子包括：联邦政府控制的有巴西国家石油公司（石油）、巴西电力公司（发电）、巴西银行（银行）、联邦储蓄银行（银行）；州政府控制的有圣保罗水处理集团（Sabesp，污水/水）、圣保罗电力公司（Cesp，电力）和圣保罗州银行（Barisul，银行）。特别需要指出的是，国有企业常占据私营银行不覆盖的领域，比如农业和住房信贷。

表3.1　2009年底前保留的国家控股的巴西国有企业

	联邦层级	州层级
国有企业数量	47	49
上市国有企业数量	6	16
国有企业总资产（百万美元）	625 356	66 152
上市国有企业持有资产占总资产（%）	58.3	67.8
按资产划分的最大上市国有企业	巴西银行（银行） 巴西国家石油公司（石油） 巴西电力公司（电力） 东北地区银行（银行） 亚马逊银行（银行）	圣保罗电力公司（电力） 圣保罗州银行（银行） 圣保罗水处理集团（水/污水） 塞米克电力公司（电力） 巴拉那州电力公司（电力）

资料来源：基于以下部门的数据整理：巴西证券交易委员会、计划部的国有企业协调与治理司。总资产仅包括政府直接持股的公司

表 3.1 还表明，尽管大多数国有企业并未上市，但是最大的那些国有企业已经在巴西股票市场上市。因此，到 2009 年末，联邦政府控制和州政府控制的上市国有企业分别占联邦政府和州政府直接控制的国有企业总资产的 58% 和 68%。尽管巴西国有企业在成为上市公司前也需要向国有企业协调与治理司上报经审计的财务报告，但上市仍被看作缓解委托代理问题和改善国有企业公司治理的重要方式［文献（Gupta，2005）］。例如，国有企业至少在表面上，必须遵循 2001 年《巴西股份公司法》（*Brazilian Joint Stock Company Law of* 2001，*Law* 10303）规定的对小股东进行法律保护的原则。例如，小股东持有的总股份如果超过 10%，他们就有权选出一位董事会代表。此外，有些决策必须得到 2/3 成员赞成才能获得批准，而不是简单的过半数。[1] 这种模式被称为"国家占多数股的模式"（"State-majority Model"）：国家仍然是控股股东，但是在很大程度上同意遵循一定的规则以促进提高对私营小股东投资者的吸引力［文献（Pargendler，2012a；Pargendler 等，2013）］。

巴西政府监管系统的创新允许一些国有企业致力于更高的治理实践。因此，在巴西，上市的企业可以遵循三种更高层次的治理实践——"新市场"（葡萄牙语为"Novo Mercado"）区间，一级区间和二级区间。例如，在"新市场"区间，不允许企业有两类股份（即所有的股份都必须有投票权），而且董事会必须有至少 20% 的外部董事。在一级区间上市的企业需要保证有更详细的报告，而在二级区间上市的企业需要保证优

---

① 此政策可参看新的《股份公司法》（*Joint Stock Company Law*，2001 年第 10303 号）。特别是，第四节关于控股股东和第十九节关于"混合企业"（"Mixed Enterprises"）或国有企业。

先股持有者在企业合并或收购时的权利。

　　坚持这种更高治理标准的一个关键动力是发出一个改善治理的信号，并最终吸引外部的私人资金。圣保罗水处理集团，在 2002 年 4 月决定加入"新市场"区间，并且以当地货币发行可转换债券来降低其对外债的依赖。有趣的是，有更多的州层级国有企业比联邦层级国有企业坚持更高的治理标准［文献（Musacchio、Lazzarini，2014）］。在联邦层级只有一家国有企业，巴西银行，在"新市场"区间上市，而且也只有巴西电力公司是在一级区间上市的企业。

　　尽管巴西国家石油公司并不属于这三个更高治理层次的区间，但 2000 年它在纽约证券交易所上市，两年后在欧洲上市。2002 年，巴西国家石油公司曾谈判想加入二级区间，但后来放弃了该想法，因为公司的章程不允许小股东在与并购有关的决策时有重大话语权。实际上，巴西国家石油公司例证了"国家少数股模式"的局限；有时政府干预的诱惑太大，即使国有企业已经上市并且管理已得到改善。专栏 3.4 说明了巴西国家石油公司的治理改革和后继的政府干预，如对汽油价格的控制。

专栏 3.4　巴西国家石油公司：　公司治理改革与保留的干预

　　巴西总统瓦加斯于 1953 年创办了巴西国家石油公司，并且给予其在石油和天然气生产方面的垄断权。然而，巴西国家石油公司在巴西土地上寻找石油并不太成功，至少不足以满足国内市场的需求。这也就是为什么，一直到 20 世纪 70 年代，巴西国家石油公司主要还是作为一家贸易公司来运营，进口原油和成品油。在那 10 年，巴西国家石油公司与私营部门合作发展巴西的石油化工行业，最终将所有的私营合作伙伴吸收进了石化公司。到 90 年代早期,巴西国家石油公司已经成为美洲最大的公司之一,在石油勘探方面有了独特的能力。

作为 20 世纪 90 年代私有化和自由化政策的一部分,总统费尔南多·恩里克·卡多佐(Fernando Henrique Cardoso)拟设了石油行业的部分私有化计划。1997 年,他颁布了《石油法》,结束了巴西国家石油公司的石油垄断,并且对外国投资者开放了巴西的石油和天然气市场。卡多佐政府还允许外国人拥有巴西国家石油公司的股份。最终,在 2000 年 8 月,仍然在卡多佐执政之下,巴西国家石油公司通过美国存托凭证(American Depository Receipts,ADR)计划在纽约证券交易所上市。在纽约上市及 2002 年在欧洲上市后,巴西国家石油公司不得不改善公司治理实践,通过每季度发布经审计的财务报表和遵循美国公认会计原则(Generally Accepted Accounting Principles,GAAP),使信息披露更加透明。2001 年之后,巴西国家石油公司还必须遵守《萨班斯—奥克斯利法案》(*Sarbanes-Oxley Act*)(要求进一步披露关联方交易和高管薪酬)。通过在主要的证券交易所上市,该公司也将自己置身于评级机构和来自世界各地的大型共同基金及养老基金的审查与监督之下。

这些改革使得巴西国家石油公司和巴西政府获得了国际信誉,而且使巴西的石油行业在 21 世纪的头几年里实现了繁荣发展。来自世界各地的公司与巴西国家石油公司合作以从事大型勘探项目,来自世界各地的大型共同基金还购买了巴西国家石油公司的股票。对于巴西国家石油公司的上市,文献(Kenyon,2006)认为,"通过向私人投资者发行股票和承诺透明,政治家们可以提高干预的政治成本,并避免那些损害国有企业利益的政策"。

在巴西国家石油公司的治理改革中，最重要的事项是董事会的变化，董事会开始引进独立董事，并为小股东获得新的法定保护和权利。还有一个重要的事实是，巴西国家石油公司将其一部分资本私有化，保留了多数投票权的资本和能够否决公司重大决策的一部分黄金股。传统上，巴西国家石油公司会选出具有技术背景的CEO，但因其上市了，它通过绩效工资条款改变了对其高管的激励。最后，对于公司行为的监督，不仅有各种各样的机构投资者和评级机构，而且有建立于1998年的监管机构——国家石油管理局（National Oil Agency，ANP）。

然而，所有的这些改革都没能阻止政府对石油行业的干预。有两个干预的例子可以说明这一点。2007年，当巴西政府宣布在深水（"盐下"，pre-salt）区域发现了新的石油储藏之后，政府决定由巴西国家石油公司作为这一油田的单一运营商，可以和其他投资者合作并分享他们部分石油收入。因为运营需要充实的投资，巴西国家石油公司很快就筹集了外部资本。

巴西政府希望增加其在巴西国家石油公司中的股份，然而同时要保证这个国有企业是主要的运营商。因此，政府发起了复杂的交易。巴西国家石油公司将为获得抽取石油的权利支付款项，而政府将使用这些收益来购买新的股份。私人小股东认为这样操作会稀释他们在巴西国家石油公司中的股份，并且认为巴西国家石油公司为石油权利支付的价格太高。

2012年初，当政府决定刻意使用巴西国家石油公司来控制汽油的价格时，冲突升级了。2012年2月，一个著名的石油公司的总裁被任命为巴西国家石油公司的首席执行官。这一任命受到市场的欢迎。在她被任命时，汽油价格一直保持在低位，即使进口价格不断上升。当她刚刚开始其首席执行官工作后，她就宣布，"很明显，必须要调整价格"。然而，联邦政府拒绝了，这反映出明显的政治担忧，担忧汽油价格的上涨会破坏为降低通货膨胀所做的努力，还担忧中央银行的基准利率会提高。

资料来源：文献（Musacchio、Goldberg、Reisen de Pinho，2009；Musacchio、Lazzarini，2014；Pargendler，2012b；Pargendler 等，2013）；报刊文章《燃料价格保护的免费校正》（*Graça defende correção do preço dos combustíveis*），《机构会员》（*Agência Estado*），2012 年 2 月 27 日

巴西政府对巴西国家石油公司的价格控制与前面章节描述的各种干预的例子类似。有时追求盈利能力以外的目标欲望使政府想直接干预那些国家有着多数股权的国有企业。然而，巴西国家石油公司并不是这类干预中的唯一案例。据报道，2012 年 9 月，巴西政府也迫使发电行业有所让步，要它们降低电力价格。那些让步的公司才有续签合同的可能性。由于很少有私营公司对这一交易感兴趣，巴西电力公司及其附属的国有企业不得不在承受实质性损失的情况下做出让步。巴西电力公司的董事长何塞·科斯塔·卡瓦略·奈托（José da Costa Carvalho Neto）在 2013 年 9 月声称，公司"每小时损失 100 万雷亚尔（折合 45 万美元左右）"。

第三节 相对于国有企业，与国家相关的替代选择：巴西国家开发银行的作用

1949 年，由巴西、美国和世界银行的技术官僚所组成的巴西—美

国联合发展委员会（Joint Brazil-United States Development Commission）得出结论，巴西需要扩大和改善其基础设施。巴西国家开发银行创建于 1952 年，主要目的是弥补基础设施投资领域所需要的长期信贷的缺乏，尤其是在能源和交通领域。尽管在 20 世纪早期巴西曾经有一个新兴的债券市场，但大萧条（Great Depression）减少了长期信贷的可获得性，而且大多数银行开始将重点放在短期贷款上 [文献（Musacchio，2009）]。回顾早期，在国家作为企业家的模式引人注目时，作为国有企业的巴西国家开发银行，在 1952～1964 年间将其 84% 的信贷给了巴西的其他国有企业 [文献（Leff，1968，第 53 页）]。然而，随着时间的推移，巴西国家开发银行大大扩展了其业务，对机械采购等融资给予了新的信贷额度，并且开始直接向许多大的私营企业贷款。到了 20 世纪 70 年代末，巴西国家开发银行的 87% 贷款流向了私营部门 [文献（Najberg，1989，第 18 页）]。除了贷款，巴西国家开发银行在此期间也开始投资股权。为了管理这些股份，巴西国家开发银行（BNDE），后来更名为 BNDES，于 1982 年创建了 BNDESPAR（意为"巴西国家开发银行参股"）。

反过来，这又反映了一个事实，在巴西国家开发银行的大部分发展历史中，它并没有限制自己去支持私营部门融资，它也不断接受政府指令去支持发展政策和产业政策的重点项目。因此，在进口替代型工业化时期（20 世纪 50～60 年代），巴西国家开发银行被授命直接贷款给优先发展的产业。在 20 世纪 70 年代（反映了上述观察），这家银行积极帮助国有企业在基础产业扩张。90 年代，伴随着私有化进程，巴西国家开发银行重新定位于向私营经济部门倾斜。

这意味着，即使在巴西国有企业消亡和实施私有化计划之后，巴西国家开发银行仍然是经济中的一个中心角色。在费尔南多·科洛尔总统（1990～1992）开始推行国家私有化计划（Programa Nacional de Desestatização，PND）时，巴西国家开发银行被选为"操作代理人"（operational agent），在费尔南多·恩里克·卡多佐总统（1995～2002）执政时期的继续私有化浪潮中仍然如此。由于巴西国家开发银行由来自许多工业行业的专家组成的技术精英运营［文献（Schneider，1991）］，他们参与私有化过程自然被视为是保证信誉和顺利实施。对于每一个将被私有化的国有企业，巴西国家开发银行协调相关研究并聘请外部顾问来确定最低拍卖价格［文献（Baer，2008）］。巴西国家开发银行也向收购方提供贷款，并持有少数股份——正如前面所讨论的，这是前总统马科斯·维纳早在20世纪70年代就曾建议的。约86%的私有化收入来自将控制权卖给"混合财团"，其中包括国内团体、外国投资者及有政府背景的实体如BNDESPAR和国有企业的养老基金［文献（Anuatti-Neto等，2005；De Paula等，2002；Lazzarini，2011）］。因此，私有化本身是一个冲击，它强化了国家占少数股权的模式。

事实上，即使在今天，巴西国家开发银行仍然很重要。根据巴西中央银行的数据，在2000年10月至2013年之间，巴西国家开发银行运营的资产价值占GDP的比例增加了一倍多，从4.8%上升至11.1%。在同一时期，它的参股在给予私营部门的总信贷中从19%上升至21%。到2012年底，BNDESPAR持有的股权市场总价值为448亿美元。从这些股权投资中收到的分红也成为政府的一个收入来源。如表3.2所示，2010年巴西国家开发银行发放的贷款额是世界银行提供总贷款额的 3 倍多。在与其他银行比较净资产收益率和劳动效率时，巴西国家开发银行也算是成功的。

表 3.2　巴西国家开发银行与其他开发银行的比较（2010）

	巴西国家开发银行	美洲开发银行	世界银行	韩国开发银行	德国开发银行	中国国家开发银行
财务与就业数据（未标明单位的均为 10 亿美元）						
总资产	330	87	428	123	596	751.8
净资产	40	21	166	17	21	59.2
利润	6.0	0.3	1.7	1.3	3.5	5.5
新增贷款	101	10	26	n. a.	113	84.2
未偿还贷款	218	63	234	64	571	663.2
员工（人）	2 982	~2 000	~10 000	2 266	4 531	4 000
绩效指标						
净资产收益率（%）	15.0	1.6	1.0	7.8	16.7	9.2
总资产收益率（%）	1.8	0.4	0.4	1.1	0.6	0.7
人均利润（百万美元）	2.0	0.2	0.2	0.6	0.8	1.4
净资产占比（%）	12.0	24.0	38.7	14.0	3.5	7.9
人均总资产（百万美元）	110.8	43.6	42.8	54.4	131.5	188.0

资料来源：文献（Musacchio、Lazzarini，2014），文献（Teixeira，2009）和各银行的年报（世界银行的财务年度是从 2009 年 6 月至 2010 年 6 月）

一、 巴西国家开发银行作为一名小股东

图 3.4 展示了巴西国家开发银行在 1995 年到 2009 年间（通过 BNDESPAR）持有的上市公司股份是如何增长的。持股可以是直接的，

也可以是间接的。当 BNDESPAR 出现在目标公司的直接持股结构中时就可以观察到直接持股。间接持股则发生在 BNDESPAR 是一家中间组织的所有者，而这个中间组织是一家目标公司的直接所有者。例如，淡水河谷公司由 Valepar 直接控制，而 Valepar 是由几个所有者组成的一个财团，其中包括巴西国家开发银行、日本三井集团、巴西的银行集团以及许多国有企业的养老基金（例如，Previ，来自巴西银行；Petros，来自巴西国家石油公司）。BNDESPAR 通过 Valepar 间接持有淡水河谷公司。

图 3.4 显示了 BNDESPAR 直接或间接拥有的上市公司有所增加。然而，BNDESPAR 直接持股的比例有一定减少，从 1995 年的 17% 左右降到了 2009 年的 13%。显然 BNDESPAR 试图用更多数量的公司来增加其投资组合，同时对其在目标公司中的股权份额有轻微稀释。不幸的是，对于间接持股的情况，股权的数据是不可得的，因为这些股权涉及复杂的股权结构，那些数据并不总是可以获得的。

人们可以从两个互补的途径来考察 BNDESPAR 股权的含义：从接受了少量国家股权的目标公司的角度看，以及从作为一名投资者的巴西国家开发银行（最终是国家）的角度看。利用图 3.4 中总结的上市公司样本情况，文献（Inoue、Lazzarini、Musacchio，2013）考察了当 BNDES-PAR 作为小股东入股时，它在公司层面的指标，如盈利能力和投资，发生了哪些变化。由于 BNDESPAR 并不是随机选择其目标公司，必须小心避免虚假的推理。该文献的几位作者用公司—年和行业—年的固定效应进行了回归，来控制公司层面的固定不可见因素和行业层面的时变不可见因素。他们还运行了替代参数，使用倾向性因子匹配来建立一个没有BNDESPAR 的可比控制企业组。因此，他们实质上测量了公司层面产出

（企业数量）   （股权的百分比）

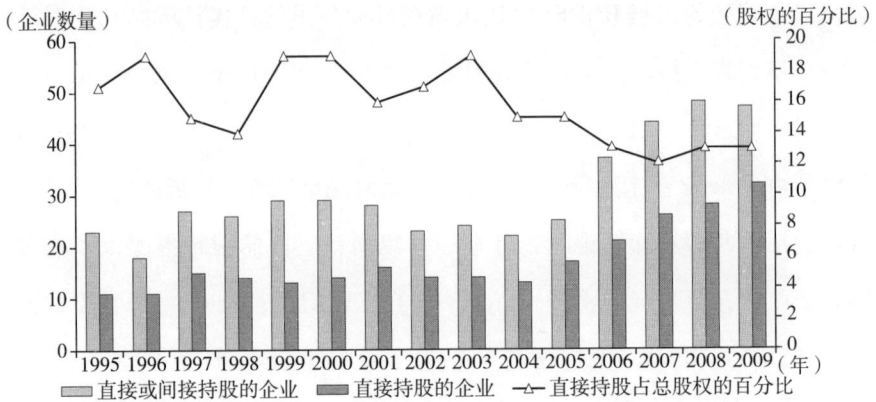

图 3.4　BNDESPAR 在上市公司中的参股情况（1995～2009 年）

注：当 BNDESPAR 购买了一家企业，而后者又是金字塔般所有权结构的一部分，这时就发生了间接持股；也就是说，当它拥有了一家企业，它就成为另一家企业的股东（例如巴西国家开发银行拥有了 Valepar，继而就拥有了淡水河谷公司）。

资料来源：基于文献（Musacchio、Lazzarini，2014）整理制图

的变化作为国有股权变化的函数，用来与没有这些国有股份的类似公司相对比。

产业政策的观点认为，BNDESPAR 的这些股权投资能够提升企业层面的盈利能力，只要它们减少对有潜能的企业家们的融资限制［文献（Amsden，1989；Rodrik，2004）］。特别是，有关开发银行的文献强调，这些银行专注于长期信贷［文献（Armendáriz de Aghion，1999）］，而且它们的技术官僚机构可以帮助筛选和支持那些缺乏资金的项目［文献（Amsden，2001；Gerschenkron，1962）］。这就是应该期望对盈利能力和投资有积极影响的情况；例如，一个企业家可能能够增加业务规模并投资于新技术，这些都将对公司层面的绩效产生积极影响。根据文献（Williamson，1988）和文献（Inoue 及另一些人，2013）的建议，股权可能有另一个有益的特点：与债务相比，考虑到计划改进潜能的项目有

着高度不确定性，股权能产生较大的灵活性来保证战略上的必要调整。相比之下，债权持有人不考虑项目将来的发展如何，只是希望获得一个固定的回报。由于股权是少数股权，所以显得不那么重要，至少在理论上，按照社会和政治的观点，政府将没有足够的权力去干涉目标公司；此外，由于目标公司通常是私营的，从委托代理的观点预测企业是国家控制时的低效率也就不那么切题了。

专栏3.5 巴西国家开发银行作为一个小股东：Aracruz 和 NET （Globo）

阿拉克鲁兹公司（Aracruz），一家全球领先的纤维素纸浆的生产商，也是一家有林业栽培和植物处理技术的原料和产品纵向整合的公司。由于产品高度集中于出口，阿拉克鲁兹公司被认为是一家很有竞争力的企业。1975年，巴西国家开发银行在阿拉克鲁兹公司有38%的投票权股份，它帮助投资了约55%的产业，使得阿拉克鲁兹公司能够在1978年启动纸浆生产［文献（Spers，1997）］。在20世纪90年代，通过新的资本支出，生产效率显著提高，处理能力从1978年的每年处理40万吨纤维素跃升至1994年的107万吨和1998年的124万吨。尽管在所有者中存在一些家族，阿拉克鲁兹公司实际上是作为一个独立的公司来管理的，其公司治理已经比较完善。1992年，阿拉克鲁兹公司在巴西率先以美国存托凭证的形式在纽约证券交易所上市，从而有了更好的透明度和外部监督。因此，阿拉克鲁兹公司的案例说明，国有股权是如何能够由运作良好、独立的私营企业促进初始固定投资的。

相比之下，BNDESPAR还支持了NET公司，这是一家属于巴西环球传媒集团（Globo）的有线电视公司，Globo是巴西一家强大的媒体集团，由马里奥（Marinho）家族拥有。通过环球持股公司（Globopar），马里奥家族在大量公司中持有股份，有出版、印刷、有线电视、卫星和互联网服务以及其他很多公司。到1999年，马里奥家族通过Globopar获得了环球有线电视公司（Globo Cabo）即NET公司的多数控制权。BNDES-PAR同意购买NET公司价值1.6亿雷亚尔（约8 900万美元）的股份。在此之前，巴西国家开发银行已经向Globo集团提供了贷款，支持其在报纸和卫星广播方面的扩张。NET公司的市场扩张被证明是成功的，然而集团作为一个整体从扩张中有了不断上升的债务，不得不接受救助。巴西国家开发银行同意通过BNDESPAR再次注入资本，一部分用于购买股份，另一部分用来购买Globo集团发行的信用债券。2001年被任命为巴西国家开发银行董事长的Eleazar de Carvalho，认为公司治理是问题的一个"基本和原始"的原因；巴西国家开发银行没有对集团的扩张战略及注入的资本将如何使用进行控制。因此，这一案例说明将国有资本配置于有复杂股权结构的集团所存在的风险、及股东之间的潜在冲突。

资料来源：文献（Inoue等，2013；Spers，1997）；Eleazar de Carvalho对《巴西国家开发银行给Globo的援助是没有保证的》（*Para BNDES, ajuda à Globo não é garantida*）一文的采访，《圣保罗州》（*O Estado de São Paulo*），2002年3月17日

二、 巴西国家开发银行作为一名贷方

巴西国家开发银行支出的贷款数量是巨大的。如上所述，2010年，

巴西国家开发银行发放的新增贷款是世界银行同年度提供的贷款总量的
3 倍多（见表3.3）。2013 年，多数贷款（58.2%）流向了年收入超过 3
亿雷亚尔（约 1.3 亿美元）的大公司［文献（OECD，2013）］。[①]尽管巴
西国家开发银行因为保密原因没有披露企业层面的贷款数据，但可以观
察到上市公司的借贷活动，因为它们需要声明它们贷款的来源（和利
率）。例如，文献（Lazzarini 等，2011）从 286 家巴西上市公司的年报中
收集了它们 2002～2009 年的数据，从两个方面测量贷款的存在和额度：
通过直接检查声明的资金来源，或者在这些信息不可得的情况下，通过
检查报告获悉支付的利率。巴西国家开发银行对外贷款是给予补贴利率
的，被称为"长期利率"（Taxa de Juros de Longo Prazo，TJLP），比市场
基准利率要低。

表 3.3　在样本上市公司中巴西国家开发银行的贷款分布

企业名称	占本数据库中总贷款额的百分比（%）	
	2004 年	2009 年
巴西国家石油公司（石油）	14.5	39.4
Telemar（电信）	10.4	7.7
淡水河谷公司（采矿）	n.a.	8.5
苏扎诺（造纸和能源）	3.4	2.6
巴西电信	n.a.	3.2
Neoenergia（电力）	3.2	2.5

---

① 资料来源：www. bndes. gov. br/SiteBNDES/bndes/bndes_ pt/Institucional/BNDES_ Trans-
parente/Estatisticas_ Operacionais/porte. html，2014 年 1 月 3 日访问

企业名称	占本数据库中总贷款额的百分比（%）	
	2004 年	**2009 年**
CPFL Energia（电力）	6.8	n. a.
VBC Energia（电力）	2.7	2.0
CSN（钢铁）	4.2	2.3
Klabin（造纸）	1.3	2.1
Aracruz（纤维素）	2.4	n. a.
Cesp（电力）	11.2	n. a.
健康公司 Sadia（食品和农业综合企业）	3.2	n. a.
CPFL Geração（电力）	n. a.	2.1
巴西航空工业公司（飞机）	n. a.	1.4

资料来源：文献（Musacchio、Lazzarini，2014；Lazzarini 等，2011）

表 3.3 显示按企业分布的贷款情况，即在那些资金来源能够被确定的上市公司中哪些公司拿到了更多的贷款。尽管在 2004 年，贷款或多或少分布在各个公司和行业中，但到了 2009 年，巴西国家石油公司成为远超其他公司的最大借款人，在这些上市公司中拿走了接近40%的总贷款。此外，虽然产业政策学者建议国有资本最好是激励新的学习，而不是加强专业化［文献（Amsden，1989；Rodrik，2004）］，但文献（Almeida，2009）最先注意到，最大的借款人要么是公用事业公司，要么是立足于大宗商品行业的大型企业如采矿、石油、钢铁和农业综合企业。如上所述，在 2007 年之后，巴西国家开发银行寻求促进国家冠军企业：大型的现有企业可以通过新的并购和国际化努力而成长得更大。巴西国家开发银行的董事长卢卡西诺·柯蒂尼奥（Luciano

Coutinho），是这样说明这种工业化目标的合理性的："我们选择那些在巴西有着优秀竞争力的行业，农业综合企业和大宗商品……巴西是一个巨大的出口国，但这不太可能支撑这些领域的国际化公司。出于这个原因，你也许会认为，只要有竞争能力，这样的国际化就能够实现（Dieguez 的采访，2010）。"

巴西国家开发银行作为贷方，有些不同寻常的作用，这必须放在巴西经济的某种特定背景中来看。首先，也是最重要的，传统上巴西是一个信贷长期受限制的国家：国际上的利率非常高，几十年的高通胀和进入国际资本市场的能力有限，加上私人信贷不得不与具有高度流动性的政府债券市场竞争，这些挑战都是巴西不得不面对的。其次，长期利率（葡萄牙语缩写为 TJLP）被货币当局以相对较低的水平固定，这通常导致一个倒置的收益率曲线。在这样的经济环境下，很少有金融机构愿意为私营企业和国有企业提供长期贷款。相反，巴西国家开发银行被指定作为"最后贷款人"（Lender of Last Instance），其自身的资金主要来自财政支出和工人基金（FAT）的混合。

意料之中的是，正如上面已提到的，由一个公共机构以补贴利率给予贷款被投向由政治决定的重点活动。批评巴西国家开发银行的人士指出［尤其在文献（Musacchio、Lazzarini，2014）中］，如在表 3.3 中给出的信息，贷款基本上集中于大型企业，并有很强的行业集中度。巴西国家开发银行对此反驳说，巴西经济整体上集中于资源行业，即使单纯由利润最大化的目标驱动，也会导致这样集中的贷款组合。然而，问题在于，曾证明巴西国家开发银行在金融市场中有必要居于主导地位的市场失灵是否仍然存在。如果不是这种情况，那么巴西国家开发银行的补贴贷款实际上有排挤其他更加有效的金融资源配置选择的风险。

OECD 最近的一项研究提出了这个问题。[①] 它认为，在今天的金融市场，优先贷款给大企业毫无意义，因为它们是能从其他来源获得信贷的最佳选择。OECD 指出，巴西国家开发银行的重要角色是作为二级市场的做市商（例如与上文描述的股权投资相联系），而贷款应该更多地投向存在更加明显市场失灵的行业——比如贷款给中小企业、基础设施项目和创新项目。OECD 承认了巴西国家开发银行在这方面最近有一些进展，但期望巴西国家开发银行取得更快进步，例如可以仿效其他国家的良好实践，在贷款中要求私人联合贷款，以降低出现无谓损失的风险。

第四节　结论与经验教训

和其他许多国家一样，巴西早期的发展和工业化都是由国家通过完全控制的国有企业来主导的——国家企业家模式。从某种意义上说，这是针对国有企业的产业政策的观点所建议的，这种模式起因于私人资本没有能力也没有兴趣去承担实际的投资风险，以及需要协调多个基础设施的投资。然而，国家（按照社会性的观点）也试图控制价格和私营项目的营利性。因此，如果政府不太愿意去干预，而专注于那些蕴含更高风险或者需要努力协调的活动时，目前尚不清楚究竟会发生什么。换言之，尽管早期发展阶段也许需要某种程度的国家企业家精神，但似乎可

---

① 参看文献（OECD，2013），《经合组织经济调查：巴西》（*OECD Economic Surveys：Brazil*），2013 年 10 月。

能以更有选择性的方式来做这些，给多元化和竞争性的私营部门留下发展壮大的空间。有人认为，在19世纪末，巴西已经有一些萌芽状制度条件以允许吸引外国资本和私人投资于基础设施项目。

异常巨大的国有企业部门也创造了严重的下行风险。20世纪70年代末，影响了巴西和其他发展中国家的石油危机对国有企业的打击尤其沉重，而且形成了一个螺旋式的循环，即国有企业被用来控制宏观经济的扭曲（如高通胀或失业），这反过来又进一步损害了国有企业的绩效和投资能力。

在巴西国家资本主义的鼎盛时期发展的一些国有企业，如淡水河谷公司和巴西航空工业公司的经验，也表明有两个条件可能在国家所有权下提高企业的绩效。第一，有着更多自主管理和资金的国有企业能够更好地发展技术能力和执行其提高绩效的增长战略。然而，自治的缺点是国有企业的管理者可能去建造企业帝国，从而进一步强化国有企业部门过度扩张的趋势。出于这个原因，第二点是，国有企业也应该尽可能地服从竞争来约束管理者并导向效率更高的选择。这正是在竞争激烈的海外市场运作的国有企业的情况。

像很多其他国家一样，巴西通过公司化和上市已经改变了许多国有企业的状况。尽管私有化是解决种种困扰国有企业问题的一种方式，许多保持国家控制的企业也采用新的公司治理实践来解决委托代理问题和约束政府的干预，以此作为一种吸引私人投资者成为小股东或债权人的方式。于是，一种新的国家占多数股权的模式（State-majority Model）出现了。这种模式仍存在多种矛盾，它要求一个相当精准的资本市场，不仅要求吸引私人资本，而且还要促进外部监督和提高透明度。换句话说，当鼓励国有企业上市时，政府也应该鼓励私人资本市场的发展，组织交易所和制定保护中小投资者的制度规则。

当一个国有企业有中小投资者时，即使原则上他们的利益应该被保障，但有时干预的诱惑实在太大了。在 2008 年金融危机之后，全球经济放缓，巴西政府使用许多国家控制的国有企业来直接控制消费者价格。因此，同样重要的是有一个更广泛的制度框架来实施检查和平衡，以平衡政府干预的不确定性。于是，有强大、独立的监管机构就显得至关重要了。

在公众争论中经常听到的一个问题是：如果政府捆住国有企业的手脚，不用它们来实现社会目标，为什么这些企业还要保持国有体制？一个可能的答案是，在许多国家，意识形态或路径依赖导致了对私有化强大的反对方。同时，追求社会目标本身不是问题。如果这样的战略与投资者事先沟通，那时他们会相应地改变其预期（及最低价格）。问题在于，何时有不确定的干预；也就是说，历届政府的更替总在事后改变它们对待和影响国有企业的方式。一个健康的监管体系能够增加政府承诺来遵守更加完善的规则，即使规则被设计得用于保证除了纯粹盈利能力的其他方面。

巴西也为国家占少数股权的模式提供了经验教训，尤其是关于开发银行的角色。巴西国家开发银行过去曾经是、目前仍然是巴西金融系统中一个重要的角色。在国家作为一名少数股东的情况下，巴西的经验表明，股权将在特定条件下发挥作用。国家应该以那些机会显然受到限制的私营企业为目标；也就是说，企业有了发展的潜在能力，但是由于资源受限而无法投资和成长。此外，国家应该避免企业成为复杂的、金字塔式的集团，这些集团要么有自己内部的资本市场，要么蕴含着潜在的被征用风险。少数股权也应该在资本市场发展的中期更容易受益。随着新的资本化工具的出现和当地证券交易所的发展，以及新的投资者被吸引到市场，国家应该逐步退出这些企业。然而，这与巴西国家开发银行在巴西所做的完全相反。

巴西国家开发银行极大地扩张了其贷款业务，并创造了新的方式——用政府的直接拨款资助其运作，超出了更加传统的模式即用强制储蓄（从企业税）作拨备支持其贷款活动。然而，所有这些行动增加了公共债务并加重了巴西经济中已经居于高水平的税收负担。此外，补贴配套贷款蕴含着巨大的成本，而且很少能获得明显的益处。开发银行应该努力展现补贴的每一块钱如何能对新的投资产生收益，以及如果没有补贴就观察不到的其他外部性效应。已有的文献至多只是非结论性地检验了巴西国家开发银行的贷款在企业层面对盈利能力、生产率或投资的影响。

第四章

印度经济发展中的国有企业①

第一节　印度经济史

印度在 1947 年获得独立后，政治上的共识推动了经济的快速工业化，这被看作不仅是经济发展的关键，而且是经济主权的关键。

在随后几年，印度的产业政策由逐次的"产业政策决议"和"产业政策声明"而推进。工业发展的具体优先顺序也被放在了历次的五年计划（FYPs）中。基于独立前地区的"孟买计划"，第一轮"产业政策决议"在 1948 年发布，勾勒了范围广泛的产业发展战略的轮廓。

为了保持在政府的专有权之下政府对各行业进行重要区分，即分为公共部门行业、保留给私营部门的行业以及联合行业。随后于 1951 年制定了《工业部门与管制法》（*Industrial Department and Regulation Act*，*IDR Act*），目标是使政府有权通过发放许可证的方式采取必要管控工业发展的模式。这为第一次全面阐述印度工业发展战略的"1956 年产业政策决议"铺平了道路。

---

① 本章是由 OECD 秘书处根据印度海得拉巴市（Hyderabad）国有企业研究所（Institute for Public Enterprises）的拉姆·库马尔·米斯拉（Ram Kumar Mishra）教授的原始工作而完成。

印度自独立以来，其经济一直按计划来发展。印度开始为国民经济发展制订计划始于 1905 年成立的由总理担任主席的"计划委员会"（Planning Commission）。计划委员会的主要工具就是印度的历届五年计划。可以说，印度的发展实践开始于 1951 年第一个五年计划的制订和实施。自 1951 年以来，印度已经有 12 个固定的五年计划和 3 个临时的计划（每一个五年计划和其他计划的主要方向归纳在表 4.1 中）。目前，第十二个五年计划开始于 2012 年 4 月 1 日，将于 2017 年 3 月 31 日结束。自独立以来，印度的政治经济经历了一个彻底的转变，从中央政府、各邦和联盟的一党独大，形成了不同层级政府由许多政党组成的各种各样的联盟。

表 4.1 印度的经济发展战略

	发展战略	贡献
1951～1956	第一个五年计划	它在印度独立后的发展初期发挥了重要作用。当时建立了一个"混合经济"的特别系统，公共部门具有强大作用，而私营部门日益增长
1956～1961	第二个五年计划	该计划特别集中于公共部门的发展。水电站项目和 5 个钢铁厂在比莱（Bhilai）、杜尔加布尔（Durgapur）和鲁尔克拉（Rourkela）建立，煤炭产量增加，在印度东北地区增加了更多的铁路线
1961～1966	第三个五年计划	1962 年的中印边境自卫反击战暴露了印度在经济上的弱点。国家道路运输公司成立，地方道路的建设成为国家责任。目标经济增长率为 5.6%，但实际增长率只有 2.4%
1966～1969	计划中断期	出现计划中断期的主要原因是战争、资源缺乏和通货膨胀恶化
1969～1974	第四个五年计划	政府完成了 14 家主要的印度银行的国有化。目标增长率为 5.6%，但实际增长率仅为 3.3%

续表

	发展战略	贡献
1974~1979	第五个五年计划	该计划强调了就业、减贫和司法公正。《电力供应法案》在1975年修订，使得中央政府进入发电和输电领域。目标增长率为4.4%，实际增长率为5%
1978~1980	滚动计划	1978年，人民党（Janata Party）政府拒绝了第五个五年计划，并引入了一种新的第六个五年计划。该计划随后在1980年被国大党（Congress-Party）领导的政府否决
1980~1985	第六个五年计划	该计划标志着经济自由化的开始。第六个五年计划推动了印度经济的发展。目标平均年增长率为5.2%，实际增长率达到了5.4%
1985~1990	第七个五年计划	主要目标是实现以下领域的增长：经济生产率、粮食生产、创造就业岗位。目标增长率为5%，实际增长率超过了6%
1990~1992	年度计划	1989~1991年是印度经济不稳定的一个时期；因此，只有年度计划。印度推出了自由市场改革，将国家从财政挣扎的边缘拉回。这是印度私有化和自由化的开始，在1991年7月出台了新的经济政策
1992~1997	第八个五年计划	工业现代化是第八个五年计划的一大亮点。印度于1995年1月1日成为世界贸易组织（WTO）的成员。能源被优先发展，占支出的26.6%。目标平均年增长率为5.6%，实际达到了6.78%
1998~2002	第九个五年计划	第九个五年计划见证了公共部门和私营部门的共同努力以确保国家的经济发展。该计划见证了普通大众和政府机构在城市和乡村的发展贡献。计划目标年增长率为6.5%，实际增长率为5.4%
2002~2007	第十个五年计划	主要目标是：GDP增长、减少贫困和引入"20点方案"来消除贫困。目标增长率为8.1%，实际增长率为7.7%

续表

	发展战略	贡献
2007～2012	第十一个五年计划	该计划强调更快、更具包容性的增长
2012～2017	第十二个五年计划	目标增长率为8%，同时政府打算减少贫困人口10%

印度发展战略的目标从一开始就是要通过经济增长和自力更生、社会公正和减少贫困来建立一个社会主义模式的社会。这些目标必须在一个民主的政治框架内利用公共部门和私营部门并存的混合经济机制来实现。

一、 早期的发展

印度产业政策的种子在独立前就已播下，更确切地说，是在1937年全印度国会委员会（All-India Congress Committee）建立的国民经济计划委员会（National Economic Planning Committee）的报告中播下的。这一报告建议通过建立一种公共部门占主导的混合经济模式来大力推动印度的产业发展。随后是"人民计划"，这一计划使公共部门确立了头等重要的角色，并通过内部资源来资助产业计划。1944～1945年制订的产业发展的塔塔—贝拉计划（Tata-Birla Plan），也被称为"孟买计划"（Bombay Plan），它建议政府支持工业化，包括在资本品生产中直接发挥作用。它还要求私营部门在工业化发展中发挥实质性的作用。

1945年在《印度防务法》（*Defence of India Rules*）之下，英国政府实施的临时规定表现出了印度工业发展的路径。这一工业发展计划将工业分为四类，其中两类列为公共部门专营，即那些与"核心"和"重大"工业相关的行业。对于其余的两类，公共和私营运营者都被允许进入中间产业，形成第三部门。消费品行业则为私营部门经营。1948 年的第一个产业政策决议（Industrial Policy Resolution）实际上是对 1945 年分类的重申，为临时政府所接受。自 1948 年产业政策决议在议会宣布以来，政府在国家发展中的作用就争论不断。

因此，印度政府通常选择依赖国有企业，而不是补贴和调节民营企业，这也影响了国有企业部门的股权结构和国有企业的治理。由于政策重点和实施这些政策的企业之间有着紧密联系，印度的国有企业受到了多个方面的管制和政策指导。"公共企业政策"（Public Enterprise Policy）在产业政策决议、第一次和第二次联合进步联盟政府（United Progressive Alliance Government）通过的"国民共同最低纲领"（National Common Minimum Programmes，NCMP）以及历次五年计划中都有明确阐述。

1956 年的产业政策决议让公共部门负责在 1948 年产业政策决议中提到的那些行业的未来发展。这表明一系列处于第二类别中的行业要逐步实现国有化，并且国家要采取行动建立新的企业。政府也希望私营企业作为国家经济的补充。表 4.2 列出的是印度不断变化的产业发展重点。

表 4.2　产业政策与行业

序号	计划	行业与优先发展重点
1	1948 年产业政策决议	煤炭，钢铁，飞机制造，造船，电话，电报和无线设备的制造
2	1956 年产业政策决议	煤炭，钢铁，飞机制造，造船，电话，电报和无线设备的制造，重型设备和机械，重型电器厂，采矿和铁，机床，铜加工，原子能，发电和配电

序号	计划	行业与优先发展重点
3	1977 年产业政策决议	基本的重要战略物资的生产，消费者的必要供应品，配套产业，小规模的住宅行业
4	1991 年产业政策决议	高科技和基本的基础设施，境况不佳行业的回顾，谅解备忘录，性能改进

二、 五年计划中所阐述的国有企业所有权政策

1952 年 12 月，计划委员会向政府提出的五年计划表示，需要"经济的快速扩张和国家的社会责任"来满足"人民的合理期望"。然而，该计划说，这种"需要不涉及生产方式的完全国有化，或者在农业、商业与工业中消灭私营机构"；只是设想建立一个"逐步扩大的公共部门和按照计划经济的需要重新定位的私营部门"。

在印度的五年计划中提出了国有企业发展的某些特定目标，这些目标是固定不变的。公共部门的企业将作为更好和快速实现计划项目的有效工具。因为公共部门被认为比私营部门更适合实现国家目标和优先事项。1948 年和 1956 年的产业政策决议也奠定了混合经济的基础，公共部门和私营部门在其中是共存的。1980 年的产业政策决议还强调公共部门的积极性和能动性。印度的殖民地历史已经阻碍了基础设施建设的全面发展，而这对经济发展至关重要。印度政府相信，基础设施如公路、铁路、电信、桥梁、电力、供水、灌溉等的建设，只有当政府介入时才能够正常发展。按照 OECD 的术语，"国有企业的所有权政策"，体现在各种各样的计划中。这些计划归纳于表 4.3 中。

表4.3 印度历次五年计划中的国有企业政策

计划	政策
第一个五年计划（1951～1956）	第一个五年计划描述了私人的概念，并指出"私人部门和公共部门不能被看作两个分离的实体，它们是一个有机体中具有特定功能的两部分"
第二个五年计划（1956～1961）	第二个五年计划把公共部门和私人部门视为一个有机体的两部分。该五年计划旨在确保适当的功能转移，并确保公共企业（Public Enterprises，PEs）有最充分的自由在广泛指令或游戏规则的框架下运营
第三个五年计划（1961～1966）	第三个五年计划防止经济权力集中和垄断增长的趋势。随着公共部门在经济中的重要性增强，它也被用于决定整个经济的性质和功能
第四个五年计划（1969～1974）	第四个五年计划设想，公共部门应该是经济的主导和有效领域，私营部门则将在国家计划的框架内发挥作用，并与国家计划的总体目标相协调，而且要理解其对整个社会的义务
第五和第六个五年计划（1974～1979，1980～1985）	第五个和第六个五年计划似乎没有显著的关于公共企业政策方面的声明，除了在第六个五年计划中设想国有企业去引导基本商品的流通和针对低收入人群提供基础设施
第七个五年计划（1985～1990）	该计划淡化公共企业，因为1956年的产业政策决议设定了目标，将公共企业作为一个主导和无所不在的力量，而私营部门只是公共企业的补充
第八个五年计划（1992～1997）	第八个五年计划是为了协管从中央计划经济到市场主导型经济的转型。该计划旨在从经济中的那些私营部门应该进入的行业里收回公共部门的投资。对于在战略性行业、高科技和基础设施方面困扰国有企业的问题都要正视处理，以使国有企业部门强大和充满活力
第九个五年计划（1997～2002）	瓦杰帕伊政府的政策降低了国有企业所需的国有股份，为企业提供它们所需的自由，从而在一个竞争激烈的市场中有效地发挥作用
第十个五年计划（2002～2007）	伴随着私营部门的良好表现，第十个五年计划出台了相关政策，目的在于促进产业增长同时推动国有企业撤回投资

第十一个五年计划 （2007～2012）	第十一个五年计划设想，给予国有企业更大的自主权，授予董事会更多的权力，在行政部门的非正式控制方面给予企业自由，以及政府对国有企业未来的所有权有一个明确的声明
第十二个五年计划 （2012～2017）	第十二个五年计划设想，公共企业要独立，进入资本市场筹资，变得有竞争力，完成技术升级，与私营部门合作，开展国际化运作，通过兼并收购来快速增长，并且通过撤资向国家上缴资金

三、 1991 年产业政策的表述

1991 年的"产业政策声明"指出，"政府将继续追求一种健全的政策框架，包括鼓励创业，通过投资于研发以发展本土技术，引进新技术，放松监管，发展资本市场和提高普通人的竞争力"。声明进一步提及，"将通过适当的激励机制、机构和基础设施投资来积极推动落后地区工业化的发展"。

该政策声明的目的是保持生产力的持续增长、增加有效就业和实现人力资源的优化，以获得国际竞争力，并将印度转型为一个全球舞台上的主要合作伙伴和玩家。很显然，政策的重点是从官僚控制中解放印度的产业。这要求一些深远的改革：

- 行业许可证政策的实质性修改被认为是必要的，同时还认为应消除对于创造能力的限制，通过提高生产率抓住在国内和国外出现的机会。因此，该声明包括取消对于大多数行业的行业许可证，除了少数出于安全和战略的原因，以及社会和环境的考虑。仅有 18 个行业须有强制许可证。这些行业包括煤和褐煤、蒸馏和酿造

酒精饮料、雪茄和香烟、药品和药物、大型家用电器和危险化学品等。小规模的行业继续被保留。在人口超过 100 万的城市进一步放开行业进入的规范（除了那些需要强制许可证的行业）。

- 认识到国内投资和国外投资的互补性，外商直接投资（FDI）被赋予重要角色（在那些需要巨大投资和先进技术的高优先级行业中，外商直接投资占股比例达 51% 是被允许的）。在主要从事出口活动的贸易公司中，外资股份高达 51% 也是被允许的。这些重要举措预期除了能够获得外国公司的高技术和营销专业知识之外，还能促进投资。

- 为了能向印度工业注入技术活力，政府将自主批准有关高优先级行业的技术协议，并放宽聘用外国技术专家的程序。

- 鉴于国有单位（Public Sector Units，PSUs）的低生产率、冗员严重、缺乏技术升级和低回报率，开始启动对其重组的重大举措。为了筹集资源和确保更广泛的公众参与国有单位，政府决定将其股权提供给公共基金、金融机构、职工和一般公众。类似地，为了复兴和恢复长期经营不善的国有单位，政府将它们提交给工业和金融重建委员会（Board for Industrial and Financial Reconstruction，BIFR）。该政策明确了给国有单位的董事会提供更大的管理自主权。

- 1991 年的产业政策声明确认，政府通过《垄断与限制性行为法》（简称 "MRTP 法案"）干预大型企业的投资决策被证明对工业增长是有害的。因此，对企业投资决策的 MRTP 预审查被废除了。政策的主旨在于控制那些不公平和限制性的贸易惯例。限制兼并、合并和收购的条款也被废除。

四、 1991 年开始的改革进程

从前面的表格中可以推断，在 1991～1992 年间发生了一个重大的变化。1991 年的政策决议披露了产业经济的总体情况，尤其是公共部门参与重要经济改革的情况。它标志着在许多行业去许可证化——经济放松管制以及废除所谓"审查统治"（Inspection Raj）的开始。在选定的国有企业部分撤回政府股权的一项计划也在此时期开始了。为了鼓励更广泛的参与和推动更多的责任承担，政府将选定的国有企业的股权出价转让给了共同基金、金融机构、员工和一般公众。原先为公共部门保留的一些领域逐渐向私营部门开放，而且对公共部门的预算支持大幅减少。有关 1991 年改革的更多细节见专栏4.1。

专栏 4.1 1991 年的产业政策决议

1991 年的产业政策决议包括公共部门政策和以下决定：

• 公共部门的投资组合将被审查，因为公共部门应该聚焦于战略性、高科技和重要的基础设施行业。虽然一些原来保留给公共部门的行业仍然被保留，但是进入那些可以向私营部门开放的领域不再有障碍。同样，公共部门也将可以进入那些没有为其保留的行业。

• 为制订复兴计划，那些长期境况不佳和不太可能好转的国有企业，将被交给工业和金融重建委员会或者为此目的而创建的其他类似高级机构。

• 将建立一个社会保障机制，以保护那些利益可能受到这种复兴计划影响的工人。

● 为了筹集资源和鼓励更广泛的公众参与，公共部门的一部分政府股份将转让给共同基金、金融机构、一般公众和员工。

● 公共部门企业的董事会将更加专业并被赋予更大的权力。

● 将通过备忘录系统大力推动绩效改善，通过该系统企业管理将获得更大的自主权，同时也将被问责。将对政府方面的专门知识进行升级，以使该备忘录的谈判和实施更加有效。

● 为了便于对绩效表现进行更全面的讨论，政府和公共企业之间签署的备忘录将被交给议会。虽然备忘录集中于重大管理问题，但这也有助于公共企业朝正确的方向处理日常运作事务。

在国家共同最低纲领（National Common Minimum Programme，印度联合政府的一项被共同接受的政治纲领）中，政府对国有企业的政策有所阐述，可以将其总结为以下 7 个原则：（1）对于在一个竞争环境中运营比较成功的盈利企业，给予其全面的管理与商业自主权；（2）盈利企业不会被私有化；（3）尽一切努力使陷入困境的公共部门企业完成现代化和重组，并振兴弱势产业；（4）对于长期亏损的企业，在所有的工人都收到合法应得款项和补偿后，将被卖掉或关闭；（5）对于那些有复兴潜力的企业，将引入私营行业助其翻身；（6）私有化收入将被用于指定的社会计划；（7）公共部门的企业将被鼓励进入资本市场去筹资，并为散户投资者提供新的投资渠道。

1991 年改革的长期遗产之一是于 1997 年引入的一类特殊的国有企业——"Navratna"企业。这一名称最初给予了 9 家政府认定为"有竞争优势的公共部门企业"，给予它们更大的自主权在全球市场中竞争，以

"支持其成长为全球巨头"。这些"Navratna"企业获得了更大的财务自主权,特别是能够有更高的资本支出额度;从前,这样的额度需要政府批准而现在不需要了。在随后的一些年中,Navratnas企业又补充了两个额外的国企类别,即"Maharatnas"(有着更大的财务自由)和"Miniratnas"(更加有限的自由)。

这些分类的基本思想是,对于寻求更大财务自由的国有企业而言,一个"提升阶梯"已经被创造出来,通过该阶梯,有着更好公司记录的企业能够登上一个更高的分类。表4.4列举了分在前两类企业的企业清单。需要注意,许多势力较强的印度国有企业被发现,它们处于有着很强的垄断或寡头因素的行业,这可能使这些企业更容易表现出所要求的财务稳健性。表4.5对各种类别进行了归纳。

表4.4　Maharatna类和Navratna类国有企业概览(2014年)

公司名称	类别	行业
	Maharatnas	
印度煤炭公司(Coal India)		采矿和矿物
印度国有石油公司(Indian Oil Corporation)		碳氢化合物
印度国家电力公司(NTPC)		电力
印度钢铁管理公司(Steel Authority of India)		金属工业
巴拉特重型电力(Bharat Heavy Electricals)		电力
印度燃气公司(GAIL)		碳氢化合物
石油与天然气公司(Oil and Natural Gas Corporation)		碳氢化合物
	Navratnas	
印度工程师(Engineers India)		碳氢化合物
巴拉特电子(Bharat Electronics)		制造业

续表

公司名称	类别	行业
巴拉特石油公司（Bharat Petroleum Corporation）		碳氢化合物
印度斯坦航空公司（Hindustan Aeronautics）		制造业
印度斯坦石油公司（Hindustan Petroleum Corporation）		碳氢化合物
印度 MTNL 公司（Mahanagar Telephone Nigam）		电信
国家铝业公司（National Aluminium Company）		金属工业
国家矿产开发公司（National Mineral Development Corporation）		采矿和矿物
内韦利褐煤公司（Neyveli Lignite Corporation）		采矿和矿物
印度石油勘探公司（Oil India）		碳氢化合物
电力金融公司（Power Finance Corporation）		金融
印度国家电网公司（Power Grid Corporation of India）		电力
印度 RINL 公司（Rashtriya Ispat Nigam）		金属工业
农村电气化公司（Rural Electrification Corporation）		电力
印度航运公司（Shipping Corporation of India）		交通
国家建筑公司（National Buildings Construction Corporation）		建筑
印度集装箱公司（Container Corporation of India, CONCOR）		交通

此外，印度国有企业，尤其是实现盈利的国有企业的股权模式，经历了一个根本性的转变；在 40 家大型国有企业中，政府的股权从 100% 下降到了 52%。[①]"政府企业"（Government Enterprise）被定义为中央政府、邦政府或者两者持有 51% 或者更多股份的企业。按照印度宪法第 211 条，政府不能将其在这些企业的股份削减至 51% 以下。减少持股比例产生了一些正面影响。通过更大的财务支持，这些国有企业进而对其绩效更加负责任了。

_____

① 资料来源：www.bsepsu.com/list – cpse.asp.

表 4.5 分类标准

Miniratna Ⅰ	• 过去 3 年盈利，并且净资产为正 • 没有拖欠贷款或政府的利息 • 不依赖于预算支持或政府担保 • 重组的董事会中至少有 3 名非政府官员董事
Miniratna Ⅱ	• 过去 3 年应该报告利润，且过去 3 年的任何一年的税前利润至少要有 3 亿印度卢比 • 没有拖欠贷款或利息 • 不依赖政府担保的预算支持 • 重组的董事会中至少有 3 名非政府官员董事
Navratna	• 应该有 Miniratna 类企业的状态 • 在过去的 5 个备忘录中应该有 3 次评估优秀或很好 • 对于 7 个确定的参数，综合得分应该在 60 分或以上
Maharatna	• 应该有 Navratna 类企业的状态 • 在印度证券交易所上市，在印度证券交易委员会（SEBI）监管下有着法定最低公众持股 • 过去 3 年的平均年营收超过 2 500 亿印度卢比 • 过去 3 年的平均年税后净利润，超过 500 亿印度卢比 • 全球知名或国际化运营

五、 小结

总的来说，在印度的经济发展史中，国有企业能够比私营企业更加优先去实现公共政策目标。在那些战略性和核心的工业行业，政府意图保持所有权和控制权。因此，属于国有的金融、商业、工业、发展、宣传和福利等各类机构变得目标明确，并在经济中发挥了重要作用。1955年，印度决心建立一个社会主义模式的社会。私营部门在其中发挥了有效的作用，但是对于国家经济复兴十分重要的那些基础性、关键性和战略性的行业被委托给了公共部门。被认为对于促进国家社会主义目标至关重要的保险、银行、金融和其他许多部门逐渐被放在了公共部门之下。因此，在意识形态上，国家越来越多地参与工业和商业企业治理，这在当时被认为是必须和必然的。

这也遵循了印度过去对于国家驱动经济发展的观念，任何企业如果需要金融援助或与外国合作，将其放在公共部门中将会有更好的发展。例如，企业能够更加容易地确保给予外国参与者承诺的回报。此外，印度最初倾向于合作的那些"社会主义阵营"的国家将更加愿意对国有企业而不是私营企业提供技术和金融支持。公共企业也可以作为缩小经济发展中出现的区域差距的一种工具。

第二节　印度国有企业的作用、 绩效与分布

国有企业在印度发展战略中的作用不同于其他大多数国家。鉴于政府的核心作用和基于计划的经济政策路径，许多国有企业（不像中国那样）被视为政府各部门的执行代理也就不足为奇了。然而，与许多其他亚洲国家不同，印度当局只试图在有限程度内培育国有企业在优先发展的产业领域充当"破冰者"（Ice Breakers），或是发展和传播新技术。其重点一直放在资源行业、基础设施和传统重工业。国有企业的主要作用是提供基础平台（如能源、通信、机械），而私营或混合经济部门的生产活动则依赖于这个平台。

另一个重要的差异与发展战略的政治经济有关。在许多其他亚洲国家，对于发展的态度是"让人们以不同的步伐变富裕"，而且相当多的国家实际上欢迎特定社会群体或地理区域在发展的早期展示繁荣的示范效应。然而，印度的历史、地理和政治现实使得政府青睐于一致性和凝

聚力。如下文所述，国有企业在追求公共政策目标如发展国家的特定区域或为特定社会群体提供就业方面，发挥了核心作用。这在 2013 年国有企业部出版的《中央公共部门企业的企业社会责任和可持续发展指南》中有最新的说明，该指南涵盖了很多被认为"企业慈善"的领域或被视为政府责任的领域。

一、 一项观察： 发展过程中的几个国有企业

● 印度钢铁管理公司（Steel Authority of India Limited，SAIL）

印度钢铁管理公司开发了一个在线员工绩效管理系统（EPMS），这是一个透明的过程，遵循基于绩效考核体系的 KPA（Key Performance Area，关键绩效领域），通过将组织目标分解到个人/部门层级来考核个人/部门的 KPA 完成情况。个人被期望维护一个在线绩效日记，并通过一项多阶段程序来评估（自我评估、报告和审查），基于绩效考核来决定员工的年度工资增长和职业发展。进一步，在 2009～2010 年期间启动了 360 度的反馈流程。在线员工绩效管理系统通过以下几点，推动了一种基于绩效的文化：（1）通过绩效管理委员会（Performance Management Committee，PMC）的评估来确认员工的主要贡献，以激励绩效优秀的员工；（2）在评估阶段确认员工的不足之处，为其制订专门的发展计划，提高表现较差者的技能。印度国有石油有限公司（Indian Oil Corporation Limited，IOCL）还在其炼油厂投资了大约 700 亿印度卢比开发最先进的技术，生产绿色燃料，以符合全球环境标准。在社会活动方面，印度钢铁管理公司通过在全国建立和维护超过 17 家医院来服务社区，其中 7 家是专科医院，还有 54 家初级保健中心。印度钢铁管理公司还在其所在城

镇建立了 146 所学校，在所在城镇之外建立了 286 所学校。

- 印度国有石油有限公司（Indian Oil Corporation Limited，IOCL）

印度国有石油有限公司自 2005 年以后，就拥有了一套在线绩效监测系统（e-PMS），并已经能够成功地将个人的激励与部门的提升联系在一起。在线绩效监测系统是透明的，通过有着特定权重的关键成果领域（KRA）涵盖所有等级来设定目标，而且评价是基于对象的关键成果领域 KRA 以及其能力、基于层级的价值和潜力。印度国有石油有限公司以社区为重点的一些关键举措包括：（1）将汽油/柴油加油站经销权和液化天然气分销权分配给印度贱民、身体残疾者、前军人、战争寡妇等；（2）建立印度石油基金（Indian Oil Foundation，IOF），作为一个公益信托来保护、维护和宣传国家文物古迹。

- 印度国有热电公司（National Thermal Power Corporation，NTPC）

印度国有热电公司开展了各种环境规划与保护活动，包括建立热力效率和环境保护中心（CenPEEP），同时与美国国际开发署（USAID）合作，通过提高燃煤电厂的整体性能减少单位发电排放的温室气体。印度国有热电公司还在其电力项目所在城镇开办了 48 所学校，提供高质量的教育使 4 万名学生受益。这些学校由最好的学术团体来管理，如德里公立学校协会（Delhi Public School society，简称 DPS 协会）、达亚南德·益格鲁·万迪克协会（Dayanand Anglo-Vedic Society，简称 DAV 协会）、钦马亚使命信托（Chinmaya Mission Trust）、圣若瑟协会以及"印度中部的学校。"①

---

① "印度中部的学校"，北印度语是 Kendriya Vidyalaya Sangathan，是印度政府人力资源开发部下属的一家自治团体。——译者注

• 巴拉特重型电机有限公司（Bharat Heavy Electricals Limited，
BHEL）

巴拉特重型电机有限公司采用了一套以平衡计分卡（Balanced Score-
card，BSC）为基础的系统用于计划、监控和衡量各个层级的绩效。在组
织层面，平衡计分卡按生产/业务单元的等级分层，并进一步按部门/功
能/组的等级分层。这些部门/功能/组中的员工关键成果领域（KRA）
的完成，与公司的目标相一致。整个流程已经电子化，其中相关的参数
和目标自动分层联结。

二、 宏观指标： 财务与其他绩效

国有企业的绩效可以从财务和非财务参数进行研究。表4.6 描述了国
有企业在印度经济关键行业的国内产出中所占的份额。很明显，国有企业
是重要生产项目的主体，如煤炭、石油产品、核能发电及有线电信服务。

表 4.6　2010～2011 年国有企业在印度关键产业和国内产出中的份额

编号	行业	单位	国内产出量	国有企业的总产出量	国有企业占国内产出的份额（%）
1			煤炭		
	硬煤（非焦煤）	百万吨	483.543	390.219	81
	焦煤	百万吨	49.533	42.496	86
2			石油产品		
	原油	百万吨	37.7	27.9	74
	天然气	十亿立方米	52.2	25.5	49
	炼油厂吞吐量	百万吨	196.5	115.1	59

编号	行业	单位	国内产出量	国有企业的总产出量	国有企业占国内产出的份额（%）
3			发电		
	热电	十亿瓦时（GWh）	665 008	273 775	41
	水电	十亿瓦时（GWh）	114 257	46 049	40
	核电	十亿瓦时（GWh）	26 266	26 266	100
4			电信服务		
	有线	千万个	3.5	2.9	83
	无线	千万个	81.2	9.7	12
5			化肥		
	氮肥	万吨	121.6	31.7	26
	磷肥	万吨	4.2	2.3	55

资料来源：国有企业调查（2012～2013），国有企业部（Department of Public Enterprise），第1卷

表4.7提供了印度国有企业在2006～2007年度和2012～2013年度财务绩效的宏观情况。该表显示，2012～2013年度229家国有企业的实缴资本为151 037.3亿印度卢比（2 577.5亿美元），这一期间这些企业的总营业额为194 577.7亿印度卢比（3 320.6亿美元）。这些国有企业赚取的整体净利润为85 124.5亿印度卢比（1 452.7亿美元）。2012～2013年度国有企业的销售收入与动用的资本之比为128.83%，同期净利润与资本之比为7.63%，净利润与营业额之比为5.93%。分红比例为43.11%，利息与总利润之比为19.86%。

表 4.7　国有企业的宏观财务表现（单位：千万印度卢比）

	2006～2007 年度	2012～2013 年度
运营的国有企业数量（家）	217	229
动用的资本	661 338	1 510 373
营业额	964 890	1 945 777
总收入	970 356	1 931 149
净利润	454 134	851 245
利息	27 481	37 789
分红	26 819	49 701
盈利国有企业的盈利额	89 581	143 559
亏损国有企业的亏损额	8 526	28 260
盈利国有企业数量（家）	154	149
亏损国有企业数量（家）	61	79
销售收入与动用的资本之比（%）	145	128. 83
净利润与营业额之比（%）	8	5. 93
净利润与动用的资本之比（%）	12	7. 63
分红比例（%）	33	43. 11
利息与总利润之比	20	19. 86

资料来源：国有企业调查（2012～2013 年），国有企业部（Department of Public Enterprise），第 1 卷

值得注意的是，在经济自由化制度下，与普遍的公众认知相反，国有企业整体表现良好。它们的收益率上升，部门绩效明显改善，尤其是在石油和天然气、采矿和钢铁及电力行业。亏损的国有企业大幅减少，同时盈利的国有企业盈利额大幅上升（表 4.7 中却正好相反，但原文如此，也许作者指的是更大范围内的国企状况。——译者注）国有企业已

经成为国家非税收入的强大来源，分红率一般在 25% ~ 50% 之间。国有企业的营业额以年增长率 15% 的速度增加。

同时，应该牢记的是，从 20 世纪 90 年代初期开始，国有资本就开始重点从那些非战略性的行业中逐步撤资。因而，剩下的国有企业可能普遍享有高等级的市场权力，而且在一些情况下可能产生垄断性租金。也许正是因为存在这一因素，尽管国有企业有了显著的财务改善，但将公共部门企业的盈利能力和生产效率与私营企业相比，仍然有矛盾的结果［文献（Mishra，2007）］。

印度国有企业通过支付分红、政府贷款利息和上缴税款及关税的方式，为中央财政做出贡献。国有企业对中央财政的总贡献有着显著上升，从 2011 ~ 2012 年度的 16 080. 1 亿印度卢比（300. 9 亿美元）上升至 2012 ~ 2013 年的 16 276. 1 亿印度卢比（277. 8 亿美元①）。这主要是由于公司税和消费税的增加，在 2011 ~ 2012 年度至 2012 ~ 2013 年度期间，从 4 435. 8 亿印度卢比（83 亿美元）增加至 4 461. 2 亿印度卢比（76. 1 亿美元）。然而，2012 ~ 2013 年度与 2011 ~ 2012 年度相比，在关税、其他税费和分红收入上有所下降。国有企业支付的中央销售税也出现了边际递减。

三、 就业

国有企业在创造生产性就业方面已经遥遥领先，就业问题一直是印

---

① 16 276. 1 亿印度卢比约合 277. 8 亿美元，与此前相比以美元计价不增反降，可能是因为 2012 ~ 2013 年度印度卢比兑美元明显贬值，本文遇此情况相同。——译者著

度经济历史上面临的一个主要问题。此外，国有企业还为 1/3 的普通劳工提供了合同就业。作为模范雇主的工作人员，国有企业员工的工资和待遇远远超过私营部门的同行。为了加强公平和社会公正，国有企业已采取特别措施，为那些经济和社会发展落后的社区提供就业，在各个国有企业集团中这一保留的配额为 53% ~77% （见表 4.8）。

表 4.8　按集团分的雇员百分比

	集团 A 和 B	集团 C	集团 D
贱民种姓（Scheduled Castes）（%）	15.0	15.0	15.0
贱民部族（Scheduled Tribes）（%）	7.5	7.5	7.5
其他落后阶层（%）	27.0	27.0	27.0
身体残疾人士（%）	3.0	3.0	3.0
前军人和在行动中被杀害者的家属（%）	—	14.5	24.5

　　资料来源：国有企业调查（2011~2012），国有企业部（Department of Public Enterprise），第 1 卷，第 106 页

四、 绩效评价

　　印度仿效了法国和韩国发展模式，用备忘录①对企业绩效进行评价。该评价是基于愿景、使命和目标，以及为企业自身和企业为政府所承担义务的绩效进行评分。这个系统是作为对国有企业的绩效评价措施于 1986~1987 年引入 4 家企业的。在 1991~1992 年间，作为经济自由化政策的一部分，政府决定将这个备忘录系统扩展至尽可能多的国有企业，导致在 2011~2012 年间国有企业与政府总共签署了 195 个备忘录。备忘

---

　　①　备忘录即《备忘录体系委员会的报告》，于 2012 年由印度政府国有企业部编写。

录的引入给予政府和国有企业协商特定的绩效措施并比较事后与事前表现的一个机会。

专栏4.2　改进备忘录

根据国家应用经济研究委员会的建议，备忘录系统在 2004～2005 年间进行了改进。遵循平衡计分卡方法，给予财务参数和非财务参数相等的权重（50%）。财务参数用绝对值和比例来表示，非财务参数则进一步分为动态参数、企业特定参数和行业特定参数。另一组变化是 2008 年根据阿肖克·钱德拉委员会（Ashok Chandra Committee）的建议做出的。它建议一个企业的目标设定过程必须基于其过去 5 年的绩效记录。重点由工作队的工作及其强化的角色来确定。基于管理发展学院的报告，建立了行业特定格式的备忘录（制造业和采矿，贸易和咨询，社会行业，金融行业和境况不佳的企业）。还引入了企业特定的附加参数，特别是有关实物生产、全球化、资本支出、扩张计划、降低成本的经济措施，等等。对于企业特定变量而言，每个有 10 分。

资料来源：国有企业调查（2011～2012），国有企业部（Department of Public Enterprise），第 1 卷

大部分签署了备忘录的国有企业表现出对备忘录体系的极大赞赏，因为它从企业绩效的角度将各个国有企业的管理绩效区分开来。该体系还提出了一个针对代理人与委托人利益冲突问题的客观解决方案。阿尔琼·桑古塔（Arjun Sengupta）委员会对于备忘录体系的报告也发生了变化，目前备忘录的产生是基于内阁秘书处根据由国家应用经济学研究委员会准备的专家委员会报告所做出的审查。修订后的体系与形成第一代

备忘录基础的静态指标相比，更加依赖于动态指标。表4.9列示了备忘录的评级和与政府签署备忘录的企业数量。

表4.9　国有企业在2008~2013年参与的备忘录情况

项目	2008~ 2009年	2009~ 2010年	2010~ 2011年	2011~ 2012年	2012~ 2013年
优秀	47	74	67	76	75
很好	34	30	44	39	39
好	25	0	24	33	38
一般	17	20	24	25	36
差	1	1	2	0	2
签署备忘录 的企业数量	125	145	161	175	190

第三节　印度国有企业面临的挑战

国有企业面临的主要挑战之一是需要不断改造自己，作为一个在不断变化的环境中的相关组织，国有企业要追求与国家优先事项和目标同步的共同愿景和目标。越来越多的国有企业在一个高度竞争的环境中运营，而且面临问责制、受多部门监督、过时的流程和缺乏新技术、薄弱的内部管控与公司治理实践、孤军奋战、精神压力以及对员工激励不足等巨大挑战。

专栏4.3　关注公司治理

大家普遍认为，任何组织如果缺乏合适的治理结构都难以维持和壮大。这对于公共部门企业同样正确。如果几个机构有其自身特定的目的而与企业的目标有所冲突，那么企业的效率可能受到损害。因此，许多国有企业重组了其治理结构，引入"所有权管理"。

资料来源：国有企业报告，毕马威（KPMG），2011，第16页。

缺乏清晰的所有权战略也是国有企业面临的一个典型挑战，作为一个政府拥有的组织，它还没有看到在所有权和治理之间清晰的界线。这部分是基于印度宪法，在印度宪法下国家持有主要股份的所有国有企业都被认为是国家的一部分。因此，与其他大多数经济体相比，印度的国有企业被期望实现更为广泛的非商业目标，其中很多目标不是有利于发展的。一个最明显的例子就是"就业保留"：每一个国有企业必须坚持固定的行动规范，确保在保留类别下的就业比例与中央政府部门相同 [文献（Goswami，2003）]。虽然从社会的角度看，这些做法无可厚非，但不一定会提高企业效率。

因此，政府经常会对这些实体的工作进行干预，企业也不是纯粹由董事会管理的组织。这导致国有企业效率低下的决策机制和官僚主义。例如，许多国有企业的投资决策并不是基于对需求和供应的合理评估、成本收益分析和技术可行性评价。由于缺乏精确的标准，规划也存在缺陷，所以导致项目调试中不必要的延误和虚高的成本。有时，项目没有清晰的目标就启动了。许多公共部门的项目也没有按照计划来完成。[1]

由于财务规划的低效，加之缺乏有效的财务控制和容易从政府获得

---

① 例如，伯劳尼炼油厂（Barauni Refinery）进度滞后了两年，特龙比化肥厂（Tromby fertiliser plant）也延迟了三年，从而导致在最初估计的成本上增加了1.3亿印度卢比。

资金，一些公共企业苦于过度资本化。[①] 这已导致资本与产出的高比例和稀缺资本资源的浪费。国有企业在社会间接开支方面有大量支出，如乡镇、学校和医院。在许多情况下，这样的支出占项目总成本的10％。维护这些间接项目和福利设施需要经常性支出。仅印度钢铁公司（Hindustan Steel）一家企业就在乡镇事务方面支出了7.82亿印度卢比。虽然这些便利设施可能是值得要的，但在这些方面的支出不应该过高。

由于劳动计划是无效的，一方面，一些国有企业如比莱钢铁厂（Bhilai Steel）存在冗员现象。招聘并不是基于合理的劳动力预测。另一方面，尽管有可用的人员，但首席执行官的岗位却可以保持多年空缺。国有企业由于管理不善、缺乏鼓舞人心的领导、中央集权严重、人员流动频繁，以及缺乏个人股权而管理效率较低。负责管理企业的公务员则往往在官僚实践中缺乏合适的训练。高管和员工的工作主动性与士气由于缺乏适当的激励而低下。

另一个问题是已安装产能的低利用率。许多企业未能充分利用已有的固定资产，缺乏明确的生产目标、有效的生产计划和控制、对未来需求的合理评估、充足的电力供应与产业的平衡。超过5％的国有企业的平均产能利用率低于75％。因此，存在相当大的闲置产能。在某些情况下，生产率低下是由于物料管理不善或库存控制不力所致。各种国有企业相互依赖，因为一家企业的产出是另一家企业的投入。例如，电厂和

---

① 行政改革委员会（Administrative Reforms Commission）发现，印度斯坦航空公司（Hindustan Aeronautics）、重型工程公司（Heavy Engineering Corporation）和印度药品与制药有限公司（Indian Drugs and Pharmaceuticals Ltd.）都过度资本化了。

钢铁厂的高效运转依赖于煤炭的生产和运输，而这又依赖于重型机械装备的供应。尽管有这样的相互依赖，但并未实现物料的管理和研究。不同企业在不同阶段生产计划上的协调有助于减少多余的库存，并缓解关键投入品的短缺。

对于国有企业没有明确的价格政策，政府也没有建立对于不同的企业回报率的指导原则。国有企业被期望完成各种社会经济目标，由于缺少明确的指令，定价决策并不总是基于理性分析。除了僵化死板的定价政策，国有企业通常缺乏成本意识、质量意识、对浪费的有效控制意识以及缺乏效率，在一些国有企业，管理层和员工的关系远没有那么友好。在杜尔加布尔钢铁厂（Durgapur Steel Plant）、巴拉特重型电气（Bharat Heavy Electrical）、博帕尔（Bhopal）和以班加罗尔为基地的企业中，已经发生了严重而频繁的劳资纠纷。数以百万的员工工作日和价值数千万印度卢比的产出就因为罢工和示威"挟持"而损失掉了。在国有企业部门，工资差距一直是劳资纠纷的主要诱因。

国有企业持续存在的局限性使政府启动了一些根本性的变革，即使国有企业由能胜任的专业人士为像商业实体那样运作创造了条件。政府对其自身也执行了公司治理准则，该准则是由印度证券交易委员会（Securities and Exchange Board of India，SEBI）为上市公司制定的。① 按照印度证券交易委员会的上市协议中的第 49 条，上市的国有企业必须有 50% 的独立董事作为董事会成员，以制定和实施公司战略。印度证券交易委

---

① 资料来源：《中央公共部门企业改革的专家小组报告》［*Report of Panel of Experts on Reforms in Central Public Sector Enterprises*，也叫《鲁恩塔委员会报告》（*Roongta Committee Report*）］第 9 ~ 16 页，印度政府公司事务部（Ministry of Corporate Affairs，Government of India）

员会的上市协议还要求上市的国有企业委任审计委员会、提名委员会和薪酬委员会。目前，国有企业对关联交易的披露必须进行全面而又专门的处理。控股公司及其子公司在财务交易方面的关系必须充分披露，而且严格禁止控股公司为子公司提供任何贷款。

专栏 4.4　2013 年《公司法》关于印度国有企业董事会作用的强调

- 各公司董事责任声明的披露。

- 董事会现在必须明确其对董事任命和薪酬的政策［章节 178（4）］。

- 如果在审计报告中有任何资格性要求，董事会必须做出解释［章节 134（3）］。

- 董事会必须制定关于监管合规和风险管理的政策，并确保其有效运作［章节 134（3）］。

- 董事会必须设计合适的体制，以确保符合所有适用法律的条款，而且这样的体制是充分的和有效地运作的［章节 134（5）］。

- 董事会必须对内部财务控制进行年度评估，还可以考虑获得独立的专家对该体系的保证。

- 董事会必须规定正式评估上市公司董事会、其专业委员会及个人董事绩效的方式。

资料来源：2013 年《公司法》，印度政府公司事务部

关于透明度，印度国有企业必须遵守 2005 年《信息权利法》（*Right to Information Act*）的规定，它规定所有的公共机构必须把所有的组织信

息放在公共域名上，包括流程、财务交易、人力资源管理相关信息、通过网络采购和招标相关的信息、年度报告、新闻发布会、议会提问和企业一周互动信息。该法案的实施改变了组织的保密文化，并且正在慢慢地引入透明性和开放性。国有企业也不例外，也正在转型。廉政协议（Integrity Pact，IP）是一个由"透明国际"（Transparency International，TI）于20世纪90年代开发的工具，用来帮助政府、企业和民间团体在公共合同与采购中打击腐败。它建立了共同的合同权利和义务来降低高昂的成本和腐败的影响。廉政协议意在通过对所有相关方制定伦理行为的限制来确保公共合同与采购的透明。①

第四节　印度国有企业的替代选择

为了应对迅速增长的经常账户赤字和日益增加的财政赤字的威胁，加上难以抑制的通货膨胀的加剧，政府引入了一些重要的政策工具以遏制国有企业的扩张，并采取措施来逐步削减对其的投资——然而，正如前文提到的，政府在国有企业的持股比例上不得低于51%。这些重要举措中的一些措施包括推进经济特区（Special Economic Zones，SEZs）建设、对重点客户提供直接或间接的补贴以及发扬企业家精神，这不仅要通过国有企业的补充和替代促进发展，而且要加强私营企业发展从而减少对国有企业的依赖。

---

① 资料来源：《信息权利法指南》（2005）印度政府人事与公众投诉及养老金与培训部（Ministry of Personnel and Public Grievance and Pension，Training，Government of India）

一、 经济特区

印度是亚洲最早意识到出口加工区（Export Processing Zone，EPZ）模式能有效促进出口的国家之一，并于 1965 年在坎德拉（Kandla）建立了亚洲第一个出口加工区。2000 年 4 月印度颁布经济特区政策，旨在克服过去经历中的不足，包括多重控制和审查许可及缺乏国际水平的基础设施和不稳定的财政制度，以吸引更多的外商到印度投资。经济特区和出口加工区的主要区别是，经济特区是有着完整基础设施的综合城镇，而出口加工区仅仅是一块工业飞地。

2000 年颁布的经济特区政策旨在使经济特区成为经济增长的引擎，经济特区受到高质量基础设施的支撑，加上中央政府层面和地方政府层面富有吸引力的财政方案，且有着尽可能少的监管。在新的计划下，8 个当时存在的出口加工区都转型为经济特区，这 8 个出口加工区分别位于坎德拉（Kandla），苏拉特［（Surat），古吉拉特邦（Gujarat）］，圣克鲁什［（Santa Cruz），马哈拉施特拉邦（Maharashtra）］，科钦［（Cochin），喀拉拉邦（Kerala）］，金奈［（Chennai），泰米尔纳德邦（Tamil Nadu）］，维萨卡帕特南［（Vishakhapatnam），安得拉邦（Andhra Pradesh）］，法尔塔［（Falta），西孟加拉邦（West Bengal）］和诺伊达（Noida，北方邦 U. P.）。经济特区计划的特色是：（1）指定的免税飞地，它只在贸易税收和关税方面被像对待外国领土一样；（2）进口无须许可证；（3）允许制造或服务活动；（4）在 3 年内经济特区的单位是一个积极的净外汇收入者；（5）向境内销售则服从于完全的海关关税和进口政策；（6）分包完全自由；（7）对于进出口货物，海关当局不进行日常检查。

151

专栏 4.5　2005 年《经济特区法》

　　经过与重要的经济利益相关者的广泛讨论，一个综合的经济特区法案的草案得以出台，以建立投资者的信心，并表达政府对于一个稳定的经济特区政策体系做出承诺的信号，意在将经济特区制度稳定下来，从而通过经济特区的建立产生更多的经济活动和就业岗位。2005 年版的《经济特区法》（*Special Economic Zones Act*）于 2005 年 5 月获得议会通过，支撑该法案的经济特区细则于 2006 年 2 月 10 日开始生效，提供了非常简化的程序，在涉及中央政府及邦政府的事务上也做到单一窗口放行。《经济特区法》的主要目标是：（1）产生额外的经济活动；（2）促进商品和服务出口；（3）促进来自境内外的投资；（4）创造就业机会；（5）发展基础设施。总之，《经济特区法》旨在引导国内外大量资本投资于经济特区，以加强基础设施建设和提高生产能力，从而产生额外的经济活动并创造就业。

　　2005 年版的《经济特区法》设想了邦政府在促进出口和建立相关基础设施方面的关键角色。中央政府成立的由 19 个成员组成的跨部门经济特区批准委员会（SEZ Board of Approval，BoA）则提供了一个单一窗口的经济特区批准机制。该委员会将定期审核由各邦政府推荐的经济特区申请。所有该委员会做出的决定应该是各成员一致同意的。经济特区细则对不同类型的经济特区提出了不同的最小土地要求。每一个经济特区被划分为各单位可径自前来的加工区，以及需要建立辅助基础设施的非加工区。

　　开发者向相关的邦政府提交建立一个经济特区的提案。邦政府附上其推荐意见将提案在 45 天内转交给批准委员会。申请人也可以直接将提案提交给批准委员会。管理经济特区的结构是一个三层行政架构。批准委员会处于顶层,由商务部长领导。在经济特区层面的地方批准委(Approval Committee)处理经济特区中对单位的审批及其他相关事宜。每一个经济特区都由一名开发专员(Development Commissioner)领导,他是地方批准委的当然主席。

一旦一个经济特区被批准委员会批准,并且中央政府已经通知了经济特区的相关地区,就可以在经济特区设立各单位了。设立单位的所有提案都在特区层面由地方批准委批准,地方批准委由开发专员、海关当局和邦政府代表组成。所有批准后的许可,包括给予进出口商编号代码、变更公司名称或执行机构、拓展经营范围等,都由发展专员在特区层面决定。经济特区单位的绩效由批准委员会定期监测,单位如果违反批准的条件,将根据《外国贸易(发展与管制)法》[*Foreign Trade (Development and Regulation) Act*]的规定,承担刑事诉讼。

提供给经济特区中各单位用于吸引投资(包括外资)的激励措施,在专栏 4.6 中有描述。

专栏 4.6 提供给经济特区和经济特区开发商的激励措施

提供给经济特区的激励措施:

• 进口或国内采购用于开发、操作和维护经济特区单位的商品免除关税。

• 对于经济特区的单位,在出口收入方面,头五年 100% 免除《所得税法》10AA 章节下的所得税,第二个五年减免 50%,第三个五年减免出口利润再投资的50%。

- 免除《所得税法》的115JB章节的最低替代税。

- 经济特区的单位通过经认可的银行渠道，在一年内可借贷最高达5亿美元的外部商业贷款，而没有任何期限限制。

- 免除中央营业税。

- 免除服务税。

- 对于中央层级和州层级的批准由单一窗口许可。

- 免除州营业税和相应的邦政府延伸的其他收费。

对于经济特区开发商适用的主要激励措施：

- 经批准委员会批准的经济特区开发，免除海关/消费税。

- 在15年内免除10年的由经济特区的开发业务产生的收入所得税。

- 免除最低替代税。

- 免除股利分配税。

- 免除中央营业税。

- 免除服务税。

围绕着政府依赖经济特区引发了一些争论。目前经济特区面临的最大挑战是从农民手中征收农业用地。按当前的土地价格，给予农民的补偿款通常认为是不够的。最近的一个最好例子可以说是奥里萨邦（Orissa）卡林加纳加（Kalinganagar）的农民案例，据报道，给予农民的补偿仅为市场价格的1/10。另一个有争议的问题涉及获取这些经济特区土地时的程序。通过征地，经济特区在获取土地的相关法律方面有突出存在的模糊性。在最近的几个月，经济特区的财务生存能力受到了审查，由于经济前景不佳，某些地域的开发商正考虑退出。

多年来的证据显示，一心追求增长已经降低了经济政策的效率和有效性，并产生巨大的资源和环境成本。中国的经验为印度提供了宝贵的经验教训。无论是国际上还是印度关于经济特区的经历，都不是那么让人满意。在全球范围内，伴随着在需求或技术升级方面显著的国内分流，只有少数几个经济特区产生了大量的出口。对于成功的爱尔兰的香农特区（Shannon）或者是中国的深圳特区，都存在一些不足。印度储备银行表示，大量的税收优惠只有在经济特区的单位建立了强大的"与国内经济的前向和后向联系"才是合理的，这是一个可疑的命题。有人认为，经济特区不仅使政府放弃了它输不起的收入，而且还刺激了企业将现有生产转移到新的特区去，带来了巨大的社会成本。多达75%的经济特区面积可用于非核心活动，包括开发住宅或商业物业、商场和医院。开发商肯定会通过房地产赚钱，而不是通过促进出口盈利。这代表了一个潜在的、规模不可预料的巨大城市财产骗局。

二、 政府与社会资本合作模式

和许多其他发展中国家一样，印度也在广泛的基础设施领域采用政府与社会资本合作（Public-Private Partnerships，PPP）的模式。对于机场、高速公路、港口或电站而言，PPP迅速成为基础设施瓶颈的解决方案。PPP正被视为解决基础设施不足的"万能药"，这不仅仅包括实质的基础设施，甚至还包括经济方面的基础设施，如教育和健康。目前，在印度有750个这样的项目。

(一) PPP 作为一种替代的交付体系

在过去 10 年中，全世界有一半的国家经历了提供服务的问题，并一直在寻找服务提供的替代方式和新的项目融资方案。各级政府在重重压力之下，已经开始提供更好的、能负担得起的公共服务。因此，它们正在考虑与私营部门建立伙伴关系以满足不断增长的需求。

PPP 能够扩大基础设施的供给，即超出政府原本预算约束所能实现的规模。印度第十二个五年计划提到了基础设施的发展要基于 PPP：在第十一个五年计划中，基础设施不足被认为是制约经济快速增长的一个主要因素。因此，第十二个五年计划中强调，需基于公共投资和私人投资的合作以大规模扩展基础设施投资，而私人投资则通过形式多样的 PPP 模式进行。在这方面，印度已经取得了实质性的进展。

据估计，在基础设施方面的总投资，包括公路、铁路、港口、机场、电力、电信、石油和天然气管线以及灌溉设施，从占第十一个五年计划第一年 GDP 的 5.7%，上升至第十一个五年计划最后一年 GDP 的大约 8.0%。投资的速度在一些行业尤其加快，特别是电信与石油和天然气管线，而在电力、铁路、公路和港口方面则未能完成目标。不仅在中央政府层面，而且在各个州的层面，通过 PPP 的方式努力吸引私人投资进入基础设施领域已经取得了相当的成功。

自 1991 年改革以来，私营部门参与电力行业是改革的重点领域之一。印度目前电力工业装机发电容量约 228 000 兆瓦（Megawatt，MW），到 2031～2032 年度，发电容量要达到 800 000 兆瓦（综合能源政策，专家委员会的报告，2006）。尽管预期的新增发电容量有强劲的增长，但印度的电力短缺问题似乎仍然很严重。到 2009 年底，高峰时电力短缺超过了 14% ［文献（印度电力行业意见书，2009）］。由中央电力局进行的第 17 次电力调查做出的预测显示，电力的高峰需求在第十一个五年计划期间将以年复合增长率 7.8% 的速度增长（文献同上）。这就要求鼓励私营部门参与电力行业，因为仅靠公共部门无法实现目标。私营部门参与电力行业宣称的目标是要新增 100 吉瓦（Gigawatt，10 亿瓦特）的容量。PPP 模式被誉为电力行业变革的先驱。虽然推动 PPP 可以追溯到第二代改革时期，但它们甚至在进入电力行业之前就存在过。第一个 PPP 项目的努力是 1992 年在马哈拉施特拉邦开始的（Maharahstra）的达博尔（Dabhol）电厂。美国的安然公司（Enron）以及其他美国公司一起拥有约 85% 的股份，马哈拉施特拉邦的州电力局拥有 15% 的股份。然而，该项目后来由于种种问题陷入了困境，最终不得不关闭。

专栏 4.7 印度 PPP 的演变

● 第一阶段，从 19 世纪到 20 世纪早期：这一时期的一些著名 PPP 项目有：1853 年伟大的印度半岛铁路公司和 1874 年在孟买的孟买电车公司的电车服务。在 20 世纪早期，PPP 模式在孟买和加尔各答的发电与配电领域就存在过。

● 第二阶段，从 1991 年到 2006 年：直到 2004 年，仅授予了 86 个 PPP 项目，价值 3 400 亿印度卢比。大部分项目是在桥梁和道路行业。

● 第三阶段，2006 年以后：由于有利的政策改革和创新的 PPP 架构，PPP 模式日益被接受。

资料来源：《在印度加速公私合作模式》，印度商业和工业协会联盟

（FICCI）与安永（Ernst & Young）的报告，2012

道路/高速公路行业有 405 个 PPP 项目，占了 PPP 项目总数的 53%和总金额的 46%。在印度高速公路中最常见的 PPP 模式是"建设—拥有—转让"（Build-Own-Transfer，BOT）的特许权合同，以及合资的特殊目的公司（Special Purpose Vehicles，SPVs）。安得拉邦、古吉拉特邦、卡纳塔克邦、马哈拉施特拉邦、拉贾斯坦邦的邦政府正积极推进以 PPP 为基础的邦高速公路建设。铁路行业最近通过国内竞争性招标或谈判签署备忘录的方式签署了 4 个 PPP 合同。还有一些 PPP 项目，如印度集装箱有限公司（Container Corporation of India Ltd）、皮帕瓦夫港铁路有限公司（Pipavav Railway Corp. Ltd）和维卡思尼盖姆铁路有限公司（Rail Vikas Nigam Ltd）。城市基础设施行业已经有了 152 个 PPP 项目。政府推出了"尼赫鲁全国城镇更新任务"（Jawaharlal Nehru National Urban Renewal Mission）在邦政府和市政府层面推进 PPP 项目建设。金奈的综合固体废弃物管理项目和加尔各答的给排水工程就是城镇基础设施中的重大 PPP 项目。

（二）需要应对的挑战

PPP 是政府推出的重大政策举措。然而，也不能忽视其内在的挑战：

- 对于 PPP 项目，需要一个独立的监管机构。最终，营造一个能够吸引国际资金的强有力的监管环境。
- 需要一个由各种文件组成的数据库，如可行性报告和特许协议。
- 私营部门依赖于商业银行，为 PPP 项目增加了债务，这是另一个问题。商业银行已经达到了其行业风险的极限值。另外，还存在印度基础设施公司高杠杆的问题，因为募资已经变得困难。

- PPP 项目受到了各个中央部门机构能力有限的阻碍，妨碍了将目标转化为项目。最近的超大型电力项目的发展和公路行业有关PPP 的发展已经遇到了这些问题。

专栏 4.8　电力行业中的 PPP

- 塔拉输电工程：这个 PPP 项目是一个合资项目，印度国家电网公司（PGCIL），占 49% 的股份，塔塔电力（Tata Power）占 51%。该项目是为了从不丹（Bhutan）1 020MW 的塔拉水电站把剩余电力输送到印度。

- 北方邦电力有限公司（UPPCL）和马哈拉施特拉邦电力公司（MSEDCL）的特许经营模式：在这一案例中，PPP 模式是基于管理合同。选出的私人运营商将成为特许经营者在特许区域购电和配电。作为一个配电特许经营者有着所有权利。"急流电力"作为孟买比宛迪区域的配电特许经营者，已经成功地减少了配电损失。

- 安得拉邦（AP）天然气电力有限公司：这是在设想电力行业改革之前就已经存在的一个 PPP 例子。它是以前的安得拉邦电力委员会（APSEB）和来自公共部门与私营部门的一些企业的合资公司。它成功地完成了预设目标。例如，在从电网供应电力方面它是有效的，满足了相关行业的能源需求而没有限制。

- 超大型电力项目（Ultra Mega Power Projects，UMPPs）：这是一组非常大的项目，每一个项目都达到了 4 000MW，估计涉及的投资高达 1 600 亿印度卢比。它们在"建设—拥有—运营"模式（Build Own and

Operate，BOO）的基础上开发。目前，该项目已经成为电力行业改革的一个重点领域。这些超大型电力项目被期望以更便宜的费率发电，最终为消费者创造能够负担得起的电费，因为发电成本将最终传递到消费者的电费中。电力法、国家电力政策和国家关税政策强调，在多个电力供应商之间的竞争将降低消费者电费。

三、 开发银行

在印度，私人融资计划开始流行，这与全球趋势一致，即已创立专门的机构为私营部门的中型和大型产业融资。在发展中国家，私营部门拥有经验和知识，但缺乏资金，这是众所周知的。自印度独立以来，这一点就被充分理解。印度工业金融公司（Industrial Finance Corporation of India，IFCI）建立于 1948 年，随后是 1964 年的印度工业开发银行（Industrial Development Bank of India，IDBI）。这两个机构都建立在公共部门。为帮助私营部门从国际金融公司（International Finance Corporation）获得金融支持，印度于 1955 年设立了印度工业信贷投资公司（Industrial Credit and Investment Corporation of India，ICICI）。随后印度成立了一大批开发银行。其中包括 1982 年成立的国家农业与农村开发银行（National Bank for Agriculture and Rural Development，NABARD）、1971 年成立的印度工业投资银行（Industrial Investment Bank of India，IIBI）、1990 年成立的印度小产业开发银行（Small Industries Development Bank of India，SIDBI）以及 1982 年成立的印度进出口银行（Export Import Bank of India，EXIMB）。邦政府也成立了一系列开发银行，包括邦金融公司（State Financial Corporations，SFCs）、邦产业开发银行（State Industrial Development Banks，SIDCs）、小规模产业开发公司（Small-Scale Industries Developments Corporations，SSIDCs）和邦工业基础设施开发公司（State Industrial Infrastructure Development Corporations，SIIDCs）。

这些银行业中的开发公司为企业提供的中长期项目融资的利率比商业银行的短期贷款利率要低。它们为更长的时间和更高的数量提供信贷。然而，这些开发银行都面临在认可与发放之间的巨大缺口，以及在给定的时间段内实现收回本金和利息的问题。发放贷款的时间已变得非常漫长，而且缺少项目评价系统。开发银行的高管们普遍对开发银行的理念缺乏敏感性。申请者从这些银行寻求贷款的真实性和项目建议书的质量也被发现存在质疑。开发银行的目标行业的全球趋势包括服务业、工业/制造业、农业、建筑业、能源、基础设施、健康、教育和采矿。印度开发银行的情况大体上遵循了这样的模式。在印度，为了巩固这些开发银行的发展，有必要增加其资本金、确保资本充足、重新定位其为新的产业融资的系统和流程，并使其人员专业化。

第五节　结论与教训

作为增长引擎国有企业占领了印度经济的制高点，它们运营于基础设施行业，纠正社会经济不平等，创造生产性就业，以及为经济发展提供必要的资金，从而为印度实现其经济社会发展目标。国有企业也面临许多局限性，从在治理中面临的诸多挑战到过多的监管。政府已经采取了一些重要措施来消除这些缺陷，这在国有企业的所有权政策方面带来了深远的变化，并在国有企业与私营部门同行之间创造了一个公平竞争的机会。

在国家层面，印度经济增长率和经济增长前景的变化——伴随着向外国贸易和投资开放经济及实质性消除国内产业控制的政策改革——似乎为政策意图提供了强劲的支持；这对新兴和发展中经济体而言是一个重要的经验。印度面临重大挑战的一些领域，如农业和高等教育，恰恰是改革几乎不存在的地方，所以留下了陈旧的控制机制，伴随着人为的稀缺和配置扭曲，这也貌似是合理的。其他经济体可以从中借鉴这些方面的经验。印度的发展已经引起了全世界的关注，特别是这一增长可追溯到 20 世纪 90 年代早期所引入的广泛的经济改革。其他许多发展中经济体也在这一时期加强了自由化，但没能实现如此快速的经济增长。

印度自由化经验与众不同的特点之一是引入渐进和校准的改革方式，尤其是在金融、农业或工业领域的外部自由化方面。印度走上了一条缓慢而稳定的自由化道路，而且很多农产品仍然保持了高关税。在一些行业，印度也仅给予外国投资者有限的准入。工业部门快速增长，特别是在自由化后，但是它没有印度随后良好培育的服务业增长得快。从那时起，大部分的 GDP 增长都是由服务业贡献的。

可以从印度吸取的一个主要经验教训是，需要建立合适的机构来制定和推动产业政策，需要获得广泛的社会支持。其他国家的最优产业政策只能通过检验其经济史、它们所面临的经济约束的类型以及当前和未来的全球经济环境才能够得出。产业政策应该考虑为经济的发展规划出一条长期可持续的发展道路，既雄心勃勃，又切实可行。

在其他的经验教训中需要指出的是，印度国有企业推动的基础设施发展和增长为许多其他企业的自我建立和为增长做出贡献铺平了道路。国有企业通过企业行为填补了创业的空白，为民间金融活动提供了沃土。这导致作为整体计划性投资一部分的公共部门投资的下降，允许私营部门适度地掌控经济。印度的国有企业最初采用了公营集团（Public Corporation）的组织模式，但是后来政府选择了公司（Company）的组织形式。就建立一个公共部门组织而言，这是具有积极意义的，虽然最终政府剥夺了国有企业的自主权。一开始，在各个部委下面设立企业是有意义的。然而，这导致了控制的碎片化和不畅的自主权。其他许多国家将所有的国有企业都放在一个部委之下。印度的改革模式规定政府不得减持其股份至51%以下，这是不公平的（Partial），因为它阻碍了那些受到减持的企业与私营部门同行之间的公平竞争。

印度政府采取了许多措施，引入了一种绩效契约系统来提高这些国有企业工作的问责制，并对国有企业的管理提供了相当大的财务杠杆以使其做出有效决策。尽管做出了这些努力，但国有企业仍然面临业绩的挑战：应对不足以胜任的体系、流程、技术和组织结构；构建战略愿景；提高竞争力；通过制定恰当的所有权政策和合适的绩效文化把董事会从政府的直接掌控中解放出来。文化和心态问题将是在这个方向取得任何成功的关键。推进绩效文化并将其融入民族精神不仅对于印度而且对于其他国家都是至关重要的。印度国有企业的模式与其他一些国家采用的模式不同，印度国有企业必须作为混合经济的一部分，并且与私营部门及其他国家的同行竞争，而其自身仍然保持国有企业的身份。印度模式通过将国有企业分为不同的类别如 Miniratnas、Navratnas 和 Maharatnas，从而使国有企业相互竞争。因此，印度的国有企业受到与私营部门企业同样的监管。

总的来说，国有企业在印度的经济发展中扮演了举足轻重的角色。在自由化的经济体制下，同时与经济发展的全球化政策和实践相一致，这些国有企业的角色和功能已经发生了重大转变。然而，国有企业将继续在印度的经济社会发展中发挥至关重要的作用。印度将国有企业作为其发展战略和产业政策一部分，这个经验清楚地表明，只要给予必要的自主权，这些企业就能够继续做出重大贡献。

第五章
中国经济发展中的国有企业[①]

第一节　发展战略、产业政策和国有企业总体状况的变化

与大多数其他国家相比，国有企业在中国的作用远不是那么简单。与一般的新兴经济体不同，那些新兴经济体的政府可以决定将哪些活动分配给国家，而现代中国是从苏联式的体制中发展的，所有的生产资源曾经都是国家财产，而且行使所有权被视为是行政权力的延伸。这一体制在中国的国有部门现在仍然可见。例如，数个大型国有企业的首席执行官拥有中国政府层面的部长级别。目前国有企业的资产组合情况，在很大程度上是自 1979 年开始的，中国市场经济改革是国家实行政企分开，国有企业向公司化转型的结果。

中国国有企业部门由不断演进的政策所塑造，并受到外部因素的影响，如 20 世纪 90 年代俄罗斯经济的经验。人们普遍认为，俄罗斯的例子让中国的领导层确信，不能允许在中国发展出一批私营部门的"寡头"企业。那些最大的国有企业必须在政府的控制之下，1997 年企业的"抓大放小"改革战略也使这一情况更为突出。相反，为了确保有一个竞争性的环境，在那些仍然由国家所有权占主导地位的每一个重要行业中，政府要

---

① 本章是由 OECD 秘书处基于中国北京君百略咨询公司张政军博士的原始工作整理。

确保至少有 3 家国有企业开展运营和竞争。

一、 中国的经济发展战略

自 1949 年中华人民共和国成立以来，中国就一直有明确的发展目标，即满足人民群众日益增长的物质和文化需要、在经济和社会发展方面追赶发达国家以及实现中华民族的复兴。中国国有企业的现代史本质上开始于 1978 年，时任中共中央总书记的邓小平提出并推行市场经济改革策略。在此之前，中国不实行市场经济，国有企业与一个负责生产过程中各项要素的政府机构之间没有显著的区别。

在改革开放之前，中国重点发展钢铁、电力、煤炭、石油、冶金、有色金属、机器装备产业生产，以及其他重工业。即使这些完全由国家控制的产业遇到过特殊的冲击（特别是"文化大革命"），但是未来中国工业结构的基础在当时已基本建立。

在 1978 年之后的 30 多年中，中国经济发展战略一直围绕建立一个"社会主义市场经济体制"，全面建设小康社会的关键要素这样的目标在进行。一般认为实现目标的途径有如下几点：第一，"以经济建设为中心"，即被 OECD 称为结构性改革（Structural Reform）的有效的中国模式。第二，逐步放弃长期以来对计划和重工业的依赖，取而代之的是更加依靠竞争和市场机制，以提高企业的效率。被认为将带动广泛发展的国企改革，将释放经济活力，并为企业最终的混合所有制铺平道路。

（一）一个分析框架

迈克·波特（Michael Porter）在《国家竞争优势》（*Competitive Ad-*

vantage of Nations，1990）一书中，提供了一个有用的分析框架来评估中国近年来的经济发展历史。他认为，经济发展一般发生在 4 个相互关联的不同发展阶段（如表 5.1 所示）。在第一阶段，发展是通过动员或更好地使用有效的生产要素如劳动力、自然资源禀赋和其他特定的国家优势驱动的。第二阶段，是由进口的或现成的资本设备方面的大量投资所主导的［实际上是一种"追赶型工业化"（Catch-up Industrialisation）的形式］。从历史上看，这一阶段人民普遍愿意优先进行储蓄和投资，而不是用于短期消费。第三阶段，是当生产组织难度进入较高的状态，需要重大技术创新来推动生产进入前沿水平时。在这一阶段，技术不再是能自由获得的，而需要在国家的大背景下开发。第四阶段，成熟的经济体主要关注于提高其市场领先产业的效率和它们已经开发的技术。

表 5.1　经济发展的 4 个阶段

阶段	发展的驱动力	竞争优势的来源
1	生产要素	生产的基本要素（自然资源、地理优势、手工劳动力）
2	投资	● 获取资本设备 ● 技术转让 ● 推迟消费的国民共识
3	创新	国家优势的所有决定因素相互作用来推动新技术的开发
4	财富	最大限度地提高现有资本和生产能力的效率

资料来源：文献（波特，1990）

（二）中国发展概况

自改革开放以来，中国已经经历了前两个发展阶段（如图 5.1 图示）。目前，中国似乎已经进入到了以创新为导向的阶段。以生产要素为导向的阶段，一般认为是从 20 世纪 80 年代的中期延续到 20 世纪 90 年代末，其主要特征是，"几乎所有成功的企业都依赖于基本生产要素"。对于中国而言，基本生产要素主要包括：廉价劳动力的可获得性、暂时有利的人口红利和农村人口的逐渐减少；通过教育和培训提高的技能；以及对于土地和矿产资源的开发和利用。在此期间，在各个行业内部并没有多少产品上的差异。企业之间的竞争主要是价格竞争，它们在生产过程中采用的是通用且容易获得的技术。

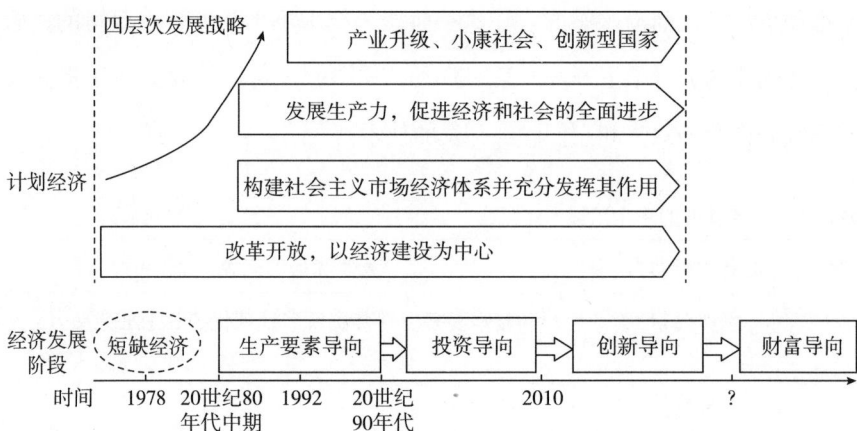

图5.1 中国的三个发展阶段和四层次经济发展战略

投资导向的阶段大约是从 20 世纪 90 年代末延伸到 2010 年。其主要特征是，公共部门和企业既有积极性也有投资能力去做积极的投资者。企业主要投资于高效的设备和制造企业，目的是从国际市场上获得高端技术。中国全面的市场经济改革释放了被压抑的经济需求，随之而来的是生产能力有限，进而有在生产行业进一步投资的需求。与此同时，国家资本市场的发展逐渐提高了对于工商业生产性投资的民间融资的可行性。此外，为应对城镇化步伐的加快趋势，中国政府也在基础设施方面进行了大量投资。这些因素对提高中国总资本形成的贡献，从 21 世纪初占 GDP 的 40% 提高到今天的 50%。

在 2008 年全球金融危机之后，随着中国政府推出 4 万亿元的投资计划，中国似乎开始进入创新导向阶段。有几个指标显示能说明这个方面：首先，政府已经尝试发展战略性新兴产业，并将其作为未来创新努力的优先发展领域。其次，基于金融危机后的市场压力，越来越多的企业日益感受到创新的必要性。最后，互联网和信息技术产业的快速发展已经为创新设立了一个更高的标杆。尽管如此，对于中国能够在创新导向阶段走多远，甚至中国能否完成这个阶段或者是否将掉进某些研究者所谓的"中等收入陷阱"，仍然存在疑问。

因此，从改革开放开始的过去 30 多年，中国的经济和社会发展战略可以总结为以下几个方面：（1）改革开放，聚焦于经济建设；（2）建立社会主义市场经济体制，培育和完善市场体系，允许市场充分发挥其作用；（3）生产力的提高，推动经济和社会的全面进步；（4）实现经济社会的稳定健康发展；（5）在产业升级方面赶上甚至超越其他国家，全面建设小康社会和创新型国家。

二、 不同时期发展政策的回顾

（一）早期

从 1978 年至 1992 年，这一时期的主要发展政策集中于开放和经济恢复。在此期间，国有企业的变化主要是自主权得到扩大，并建立了适当的分配激励机制与责任机制。通过授权和下放权力，并通过签署绩效合同等措施，政府大大推进了国有企业的决策权和激励机制。与此同时，新兴的私营经济和进入中国的外资企业开始与国有企业竞争，造成了更高的经济专业化和更大的权力下放。引用当时流行的一句中文谚语，"造原子弹的不如卖茶叶蛋的，拿手术刀的不如拿剃头刀的"。

在这一阶段，中国经济基本上由计划经济转向了市场经济，但没有制定专门的产业政策。然而，可以观察到一些"隐性政策"，如：计划经济中的结构政策变化；提高经济效益；向重工业倾斜和支持农业的产业配置资源；以及轻工业聚焦于某些有限的主要领域。

根据可能影响甚至决定国民经济发展和国有企业改革的重要政策，国有企业的改革与发展可以分为四个阶段。在第一阶段，全民所有制企业的数量出现细微的变化，而私营企业和混合所有制企业出现并迅速扩张。在工业和建筑业，企业数量上有一点儿轻微的变化，但是，国有企业的收入和利润在增长，而集体所有制企业的收入和利润在下降。合资企业和个体工商户的收入和利润则显著增加。

1980～2012年企业部门的行业变化和所有制分布（按就业计算）如表5.2所示。

表5.2 1980～2012年企业部门的行业变化和所有制分布（按就业计算）

所有制	1980	1992	1997[1]	2003	2012[2]
制造业					
国有企业（%）	70.0	63.9	65.0	37.6	26.1
集体企业（%）	30.0	28.1	21.4	8.4	1.3
其他（%）	0.0	8.1	13.6	54.0	72.6

续表

所有制	1980	1992	1997[1]	2003	2012[2]
建筑业					
国有企业（%）	49.0	58.9	39.4	21.7	10.7
集体企业（%）	51.0	41.2	54.6	20.9	5.1
其他（%）	0.0	0.0	5.9	57.4	84.2
商贸流通[3]					
国有企业（%）	30.4	17.9	21.5	27.5	9.7
集体企业（%）	62.2	30.2	17.1	6.0	0.9
其他（%）	7.5	51.9	55.4	66.5	89.4

1. 对于商贸流通，用的是1996年的数据。

2. 在制造业中，2012年的就业数据无法获取。因此，企业的分布比例是根据运营收入计算的。

3. 商贸流通主要包括零售、批发、住宿和餐饮。

注：国有企业类别包括早期的"全民所有制企业"和后来的"国有及国有控股企业"。其他类别包括外资、私营以及混合或未披露所有制的企业。

资料来源：历年的中国统计年鉴

（二）20世纪90年代

自改革开放以来的大多数年份里，国有企业在经济中占了很大比重，绩效较好的国有企业对宏观经济增长贡献较大。正如前文所提到的，改革国有企业和将其引入竞争是从几个角度来实现的。1992年之前，主要的方法包括权力下放、给予国有企业更大的权力将利润用于再投资、普遍加强企业自主性和各种加强问责的措施（例如，绩效合同制度）。邓小平等领导人指出，国有企业存在许多缺陷，企业过于依赖政府。应通过改革调动企业员工的主动性和创造性，扩大每个国有企业的自主权是改革的重点。

1993～1997年的政策主要是建立社会主义市场经济体制，同时在企业层面建立现代企业制度。① 与此同时，国有企业的巨大亏损问题通过不涉及所有权的政策如合并和收购、抓大放小、处理银行不良资产、政策性破产以及下岗工人再就业等方式加以解决。标志性事件包括：在上海和深圳建立了证券交易所，制定一系列"公司法律"，选择100家企业进行现代企业制度试点，通过各种方式解决国有企业的困难，建立社会保障体系作为企业改革的前提条件，同时发展资本市场以补充企业发展融资渠道，释放国有企业改革的压力。

专栏5.1　万科的发展

中国万科有限公司，是中国最大的专业住宅开发商和最早进行股权改革并上市的公司之一。其总部位于广东省深圳市。到2009年，其子公司覆盖了20多个城市。其主要业务集中于住宅房地产开发。万科已经被一些人形容为中国经济制度改革和经济发展的缩影。它的发展阶段如下：

● 从1984到1988年，万科经历了创业的第一阶段，其中包括股份制改革。它开始于经营办公设备和视频设备的进出口业务。1986年10月15日，深圳市政府颁布了《深圳经济特区国营企业股份化试点暂行规定》，由此万科开始考虑其持股结构。1988年12月，在深圳市政府和中国人民银行深圳分行的监督下，万科公开发行了其股份。

● 从1988年到1994年，万科进入了另一个阶段：多元化。它开始投资于一些新领域，如工业生产、房地产、零售连锁、电影制作等，它也发展了专门的企业组织架构在每个领域开展业务。在这一阶段末期，

---

① 现代企业制度的核心包括"产权清晰、权责明确、政企分开、管理科学"。

万科开始思考发展品牌和模式。

- 从 1995 到 2001 年，万科进入了一个专业化的阶段。它发行了 B 股，募集了大量资金，这些资金大多用于扩张其房地产项目。对于其他投资，被广泛认为非常分散，很多活动受制于资金短缺。1995 年，万科决定从多元化向专业化转型，并开始减少和出售其业务（除了房地产）。它逐渐成为一家纯粹的住宅开发商，并在 1999 年将其业务范围缩减至 4 个城市。

- 2001 年至今，万科已经进入了一个"精细化"阶段，在此期间，对标美国普尔特房屋公司模式①，通过改革公司组织和管理，成功地完成专业化转型。

这一时期有系统的产业政策。1994 年，·国务院印发了《90 年代国家产业政策纲要》，指出"制定产业政策是国家加强和改善宏观调控，有效调整和优化产业结构，提高产业素质，促进国民经济持续、快速、健康发展的重要手段"。这一时期的产业政策导向是：不断强化农业的基础地位，全面发展农村经济；大力加强基础产业，努力缓解基础设施和基础工业严重滞后的局面；加快发展支柱产业，带动国民经济的全面振兴；合理调整对外经济贸易结构，增强国家产业的国际竞争能力；加快高新技术产业发展的步伐，支持新兴产业的发展和新产品开发；继续大力发展第三产业。同时，要优化产业组织结构，提高产业技术水平，使产业布局更加合理。

---

① 美国普尔特房屋公司（Pultc Homes），是全美最大住宅建造商。——译者注

自 1998 年起，国有企业进入了股权多元化和股份制改革的阶段。1997 年，党的十五大明确了"抓大放小"和实施"国有企业的战略性重组"政策。后来，1999 年的十五届四中全会进一步明确了企业重组的要求，并强调国有经济的战略性调整和建立公司治理的有效体系。在这一阶段，许多国有企业（包括大型企业如中石油、中移动、宝钢等）将其核心资产从原来的企业中剥离，并进行股份制改革，包括通过首次公开上市（IPO）。剥离的一个主要目的是将非核心资产、不良贷款和富余人员放在存续企业中。

上述政策推动了企业重组和中小型国有企业的出售。因此，一些中小型国有企业变成了民营企业，一大批集体企业被重组为公司，结果这些改造后的企业获得了跨越式发展。1998 年，政府机构进行了改革。特别是一些专业化的政府部门被撤销，这导致国有企业与之前它们对口汇报的专业政府部门之间直接关系的分离。因此，一些更为"中央"的部门如财政部、组织部和大型企业工作委员会获得了对国有企业管理更为直接的影响力。这种情况引发了对国有企业内部人控制的担忧，实际上也推动了随后 10 年中发生的所有权结构改革。

（三）新千年

从 1998 年到 2002 年，主要焦点集中于解决国有企业的低效和普遍亏损的问题。这一阶段普遍采取的措施是：（1）制定战略，3年内解决所有企业的困难；（2）在重组期间使所有下岗员工再就业；（3）从许多中小型企业中撤资（通过增资扩股、员工持股、管理层收购等）。

专栏5.2　深圳证券交易所的发展

深圳证券交易所是中国大陆两家证券交易所之一，另一家是上海证券交易所。深圳证券交易所建立于1990年12月1日，由中国证券监督管理委员会（通常简称为中国证监会）直接监督管理。其主要功能是：为证券交易提供场所和设施；组织和监督机构与交易；监督其成员和上市公司；管理和发布市场信息，并执行中国证监会允许的其他功能。其发展阶段如下：

1988年4月1日，当时的深圳发展银行通过在深圳特区的场外交易（over-the-counter Transaction）完成中国第一起证券交易。1989年11月，深圳市政府决定建立深圳证券交易所。1990年12月1日，深圳证券交易所正式开始运营。1993年4月，对深圳证券交易所的监管职能从中国人民银行转到了深圳证券监督管理委员会。1997年8月，国务院决定将其监管权转移到中国证监会。

2004年5月，经国务院提议和中国证监会批准，建立针对中小企业的交易分支（"中小企业板"）作为主板的一部分，这是中国第一次建立多层次股票市场。这一系列发展的最后一步于2009年10月到来，中小企业板被纳入创业板（ChiNext），建立一个类似美国纳斯达克（NAS-DAQ）的股票市场，旨在吸引创新型和高成长型企业。一年之内，有123家公司在创业板上市，募集总资金达到841.32亿元人民币。

截至2013年12月31日，共有1 536家公司在深圳证券交易所上市，总市值达87 911.92亿元，相当于中国GDP的16.9%。中国的市场参与者感受到，深圳证券交易所在建立中国现代企业制度、提高经济效益和传播市场信息方面发挥了重要作用。

这一时期中国的产业政策与前些年的政策并非不一致。一方面，它们推动了基础设施的建设和那些优先产业的发展与升级；另一方面，它们鼓励了经济的整体结构化转型，包括股东权利的确立和转让。

自 2002 年以来，中国发展目标的重点就包括持续地努力鼓励社会投资以及努力扩大国际化。这一时期政策的关键特征是，中国西部地区的经济发展、克服经济市场区域性分割的障碍、制造业资本结构的深化与升级以及服务业的发展。

在 2002 年党的十六大上，建立了国有资产的一种新的管理体系——成立了国务院国有资产监督管理委员会（SASAC，简称"国资委"）。国资委成立后启动了新的改革进程，包括关于制定和监测财务与非财务目标，企业重组（通过将二级业务与核心业务分离、剥离社会职能和创造资产管理的机制），合并小型国有企业以及许多试点项目，在控股公司建立董事会。与此同时，成本控制和财务监督体系也建立了起来。

随着前一时期将小型国有企业重组、剥离及合并进入较大的集团，剩下的国有企业在规模和资本化方面都有了更高的水平。它们还表现出相对较好的财务绩效，债务负担也减轻了。这反过来有利于它们追求政府制定的持续高水平资本形成的目标。此时期的投资很大一部分进入了房地产开发、能源和原材料行业。

三、 国有企业整体情况的改变

到 2011 年底，中国有 144 700 家国有及国有控股企业（不包括金融企业）。它们的总资产达 85.4 万亿元人民币，净资产达 29.2 万亿元人民币，利润达 2.6 万亿元人民币。其总的营业收入、利润和税收占了整个经济中所有工商类企业的大约40%。

专栏5.3　三一集团的发展

三一（SANY）集团，是中国最大和世界第五大工程机械制造商、世界最大的混凝土机械制造商、中国500强企业之一、福布斯中国优秀制造商之一和亚洲品牌500强之一。其总部位于湖南省长沙市，拥有100多个营销和服务机构。它有56个服务网络和6个绿色服务通道，还有12家海外分公司，其业务覆盖150多个国家。它的产品已经出口到110多个国家和地区。三一集团专注于开发、制造和销售工程机械。其产品涵盖25个大类和120多个品种，从建筑机械，到道路施工机械，到起重机械等。三一集团在过去20多年的发展经历是中国经济体制改革和经济发展的缩影。

三一集团成立于1986年。三一重工有限公司建立于1994年11月22日。其主要发展阶段如下：

● 从1986年到1993年，三一集团的前身三一公司主要进行资本积累。1993年，三一集团正式成立。随着销售收入的增加，公司开始了"多元化"的探索。

● 从1993年到2003年，三一集团进入了"专业化"阶段，享有中国政府对基础设施的政策支持。1994年，三一集团决定涉足重工业领域。1996年，三一集团通过引进人才实现了技术突破。因此它占领了40%的市场份额。后来，三一集团通过自主创新建立自己的品牌，并改变了中国产品的国际形象。

● 2003年7月，三一集团在A股上市，募集了超过9亿元人民币的资金，从此开始进入多元化阶段。它开始在制造抽油泵、泵车、压路机、

177

推土机等方面扩大业务。2004 年，政府的宏观调控导致市场准入的升级，对三一集团造成很大影响。因此，三一集团将其目标转移到海外市场，进入国际化阶段，并在 2006 年达到顶峰。它先后在印度、北美及主要以德国为中心的欧洲设立基地。2005 年 7 月 10 日，三一集团在股权分置改革中获得成功，帮助公司获得了品牌认知度。

到 2012 年，三一集团的销售收入已经达到大约 1 000 亿元人民币。截至 2013 年 10 月 31 日，公司已经申请 7 116 个中国专利、341 个 PCT 国际专利和 189 个外国专利。它已被授予 4 769 个国内专利和 18 个外国专利，在同行中位居第一。三一将其成功归功于中国经济的发展、"为中国而生"的文化理念以及"创建一流企业，造就一流人才，做出一流贡献"的使命。

在宏观层面，自改革开放政策实施以来，国有企业的相对重要性已经大大降低。早在 1993 年，国有企业提供企业收入和盈利的作用就已经开始下降。1998 年之后，国有企业的比例在就业份额（以及占企业数量的比重）中也开始下降，如图 5.2 所示。从该图中可以发现的主要趋势包括：（1）在经过 2004 年关于国有资产流失的严肃政治讨论之后，国有企业的重组与出售变得更为小心谨慎；（2）在建立一个针对国有资产的所有权体系结构后，对国有企业的运营收入和利润提出了更严格的要求，导致这些企业的盈利状况有所改善；（3）在许多受管制的行业，如烟草、石油和天然气开采、电力和供热，所有权控制有所加强，这导致它们收入占比的增加。

国有企业在制造业中的产出比例稳步下降，从 1998 年的 77.6% 下降至 2010 年的 26.6%（见表 5.3）。中国统计年鉴发布的进一步数据表明，

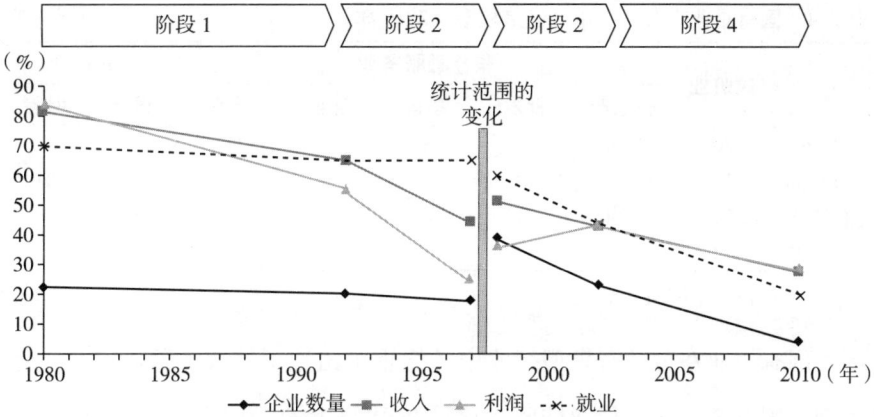

阶段1　　　阶段2　　阶段2　　阶段4

图5.2　国有企业在制造业中的状态变化

在制造业中，国有企业占有收入主要份额的子行业数量也已经同比减少。目前，很少有国有企业的比例超过30%的子行业。

表5.3　国有企业在制造业中的数量和产值比例

	1978	1990	1995	2000	2005	2009	2010
占产值的比例（%）	77.6	54.6	47.1	47.3	33.3	26.7	26.6
企业数量（万家）	8.4	7.4	11.8	5.3	2.7	2.1	2.0

资料来源：中国统计年鉴

　　在非金融服务行业，国有企业的相对重要性也有了重大变化。在那些业务单位本身就较小的子行业中，国有企业的比例一般很小，包括零售、餐饮、住宿等。与之相反，国有企业在建筑、房地产和批发商业中享有一定的地位，其活动的比例大多超过20%（见表5.4）。在这些子行业中，相当多的国有企业是行业龙头，有着非同凡响的市场力量。国有企业在"战略性"子行业如通信和航空服务中的份额估计在80%～90%，这意味着国家有效地控制着这些活动。

表5.4　国有企业在服务业中的经济权重（2010 年）　　　　　　　　单位:%

	建筑业	非金融服务业					金融行业	
		房地产	批发	零售	通信	航空	银行	保险
收入	20	约30	27	8	95	80		
净利润	13		33	10			62	91
总资产	21	约30	31	10	97		57	86
净资产	14	约30	34	9	97		57	87

　　资料来源：中国统计年鉴

　　国有企业在劳动密集型行业中的比重也出现了持续下降。以建筑业为例，国有企业在该行业的收入比重在 1978 年是 70.2%，到 1993 年下降到 37.4%，目前在 20% 左右。国有企业在零售业中的比重也持续下降，1978 年超过 50%，而今天国有企业的比重已经不足 10%。

　　在金融服务业方面，国有企业和其他国家控制的实体仍然处于主导地位。在银行业，2010 年仅国家控制的五家大的商业银行的净资产和利润就分别占了 49% 和 57%。在开发银行和国家拥有部分所有权的商业银行，比例分别上升至 71% 和 75%。至于保险和证券行业，正如先前所提到的，主要的经营主体全是国有企业或者是与政府有关联的机构。

第二节　国有企业的公共政策功能及其效果

一、 中国国有企业的公共政策功能

　　在过去的 35 年里，政府从未明确宣称国有企业承担实现公共政策目标的责任。大部分公开声明的政策涉及前述提到的国有企业改革、重组和转型的进程。尽管如此，国有企业在实施公共政策方面的作用可以在实践中观察到。正如前文已经提到的，国有企业改革与转型的力度很大，

旨在打造功能性的经济市场。将目前国有企业的特征与改革初期的相比，至少有 4 个方面的重要差异（见表 5.5）。

- 从相对经济重要性的角度看，在改革开放初期国有企业的产值占了全社会的 78%。而目前，除了少数行业（如石油开采、烟草相关产品、供电和供热、通信、航空、出版和金融）之外，一般来说，国有企业的收入占比已低于 30%。

- 从企业竞争的角度看，所有的国有企业原来都是贯彻中央政府制订的指令性计划，处于一个资源的统一调配以及制造、采购和销售的标准化过程中。因此，价格、人员配备和工资成本都是很不灵活的。然而，面对市场竞争、多元化以及某些情况下扩大的所有权，国有企业已经提高了它们与私营企业在价值链上下游的合作。在商业模式、企业目标和投资模式上，大多数国有企业越来越像中国的私营企业，也越来越像外国的国有企业。

- 在改革开放的早期，国有企业的所有权形式上属于全国人民。现在，各种模式都可以看到，包括国有独资企业、国家控股的企业和国家参股企业。大约 1/3 的中国上市公司（如果按照市值计算接近 2/3）是由国家控股的。

- 治理机制也发生了巨大变化。以前的软预算约束、终身雇佣制和刚性工资结构的体制已经转变为更加现代的治理，包括董事会和公司内部管理委员会。对员工的补偿和其他激励，以及对企业绩效的问责制，也有了明显改变。

通常，国有企业承担的主要公共政策功能包括：促进经济发展，在重要行业占据主导地位，与非国有企业发展合作与竞争的关系，避免滥用其经常占主导的市场地位，以及为社会提供公共服务。

表5.5　改革开放早期与当前国有企业的特征比较

	国有企业的特征			
	地位	商业竞争	所有权	公司治理
1978年	几乎不存在私营经济，而且国有企业的产值达到大约78%；在所有工业和商业企业中，公有制企业几乎占99.9%	国有企业是大型社会工厂的车间：计划由领导下达；产品和材料是分配的；收入和支出是统一的；所有商品是由国家商业机构购买和销售的；价格是固定的；工作人员是由国家安排的；工资是由政府分配的	由全民所有	软预算约束；企业建立社会组织，包括学校、医院等；终身雇佣制；统一的、均等化的工资
2012年	国有企业数量占全部产业的5%；国有企业的收入和利润约占25%；在服务业中，国有企业的收入比重在建筑业、商业和房地产中不是太高，但在通信、航空、出版和金融业中国有企业的收入比重超过80%	国有企业大多活跃在竞争性市场；许多国有企业和私营企业在价值链上下游分工与合作；投资的扩张是被强烈推动的；国有企业的多元化和集体的非商业性"社会功能"从大多数企业消失了	出现了所有权的新模式，包括国有独资企业、国有控股企业和合资企业；国有控股企业集团的控股公司都是国有独资的（有6个例外）；38%的上市公司是国有企业，它们占了市值的约51%	约有20%的国有企业由一个管理者治理而没有董事会的监督；其他企业按《公司法》注册，并且设置了治理体系如股东大会、董事会和监事会；在控股公司层面，董事会已经成为常态

国有企业在国民经济中的主导地位被载入了中国宪法。此外，中国共产党的第十六次、第十七次和第十八次全国代表大会强调和重申，中国实行"以公有制为主体、多种所有制经济共同发展的基本经济制度"。根据这一基本经济制度，国有企业和国家基金从本质上讲是国民经济发展的主要工具之一。

中国共产党十五届四中全会指出，国有经济在关系国民经济命脉的重要行业和关键领域占支配地位，支撑、引导和带动整个社会经济的发展，在实现国家宏观调控目标中发挥重要作用。事实上，会议确定了国有企业的领导职能，具体如下：

- 促进国民经济的全面发展。这要求的不仅是国有企业有良好绩效。国有企业不能简单地聚焦于自身的发展，还需要注意其活动对整个国民经济的影响。此外，当国民经济体系存在风险的时候，政府可以要求一些特别指定的国有企业执行"经济调整和救援功能"。

- 承担关键领域和行业的主导作用。十五届四中全会指出这些领域是指"涉及国家安全的行业，自然垄断的行业，提供重要公共产品和服务的行业，以及支柱产业和高新技术产业中的重要骨干企业"。该列举有效地涵盖了对于经济发展至关重要的行业和存在某种形式的市场失灵的行业。

- 保持在其他重要行业的存在。国有企业与其他企业之间的关系既有竞争，也有合作。除了某些特定情况，政府的政策不应该在这些领域普遍地支持私营企业（或国有企业）。

- 确保国有企业和其他企业的公平竞争。当国有企业作为市场参与者与其他竞争者及合作者同台时，公平竞争是很重要的。国有企业在特定行业或活动中存在的支配地位不应该被滥用。国有企业必须与其他可比公司平等地支付股息和各种税收（包括资源税）。

目前，国有企业已经能够按照上述标准运营，国有经济已经发挥了积极作用。但是，还存在一些问题。中国国有企业的研究者曾多次批评国有企业的盈利能力，以及金融体系似乎系统性地偏爱国有企业。这也许部分原因是政府的政策设计，显然它与政府的政治优先权以及国有企业在多大程度上作为这些优先权的代理人不明确有关。

二、 国有企业的效率、 不足和影响

对于国有企业的整体效率还没有系统性研究。本节从 3 个方面分析这一问题：财务绩效、改革和由国有企业执行的公共政策的有效性。

我们可以试着对国有企业的绩效与私营企业做一个实证比较，包括各自的净资产收益率（ROE）、全要素生产率（TFP）、人均工业总产值和总资产周转率（见图 5.3）。数据显示，2006～2010 年，尽管这是中国经济一个快速增长的时期，但国有企业的净资产收益率、全要素生产率和总资产周转率都明显低于私营企业。而人均工业总产值——劳动生产率的原始水平——是国有企业比私营企业高的唯一指标；这主要反映了结构效应，因为国有企业在资本密集型行业越来越专业化。

国有企业在经济中的活动可以从它们高度更倾向于兼并和收购中了解。2010 年，在中国 500 强企业中发生了 1 112 起并购，其中大部分是由国有企业进行的。此外，每一个单个国有企业平均比其私营部门的同

（%）
35
30
25
20
15
10
5
0

22.12　26.08　30.06　26.25　32.31

15.14　16.87　12.39　11.39　16.02

2006　2007　2008　2009　2010（年）

◆—国有及国有控股企业 ■—私营企业
工业行业的净资产收益率

（%）
1.3
1.2
1.1
1
0.9
0

1.17　1.214　1.079　1.085　1.096

0.003　1.105　1.038　0.941　0.985

2006　2007　2008　2009　2010（年）

◆—制造业国有企业 ■—私营企业
全要素生产率

（%）
120
100
80
60
40
20
0

44.67　54.83　68.67　80.24　81.31　101.21

28.24　34.11　41.73　47.47　54.48　64.41

2005　2006　2007　2008　2009　2010（年）

◆—国有及国有控股企业（万元）
■—私营企业（万元）
人均工业总产值

（%）
2.00
1.80
1.60
1.40
1.20
1.00
0.80
0.60

1.51　1.60　1.69　1.73　1.72　1.78

0.73　0.75　0.78　0.78　0.70　0.78

2006　2005　2007　2008　2009　2010（年）

◆—国有及国有控股企业 ■—私营企业
总资产周转率

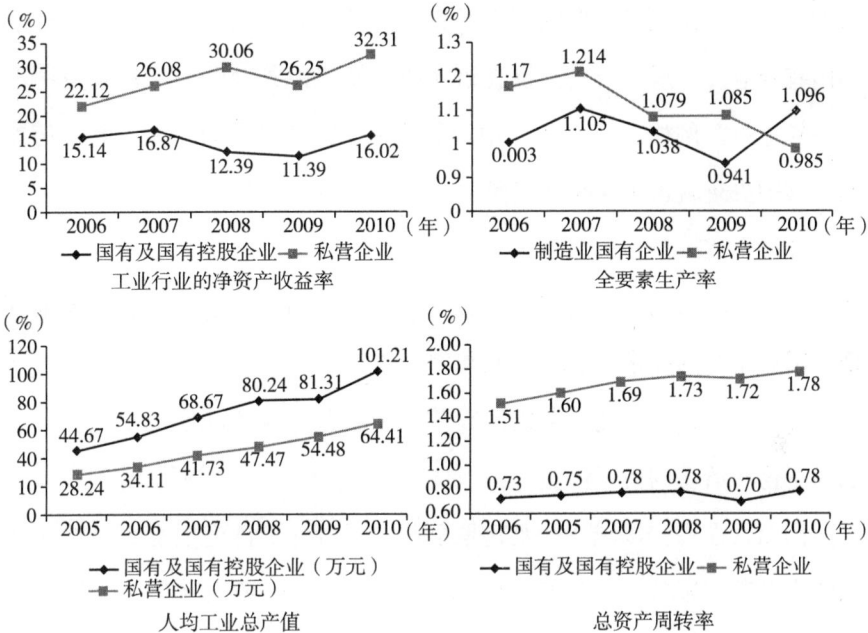

图 5.3　2005～2010 年，国有企业与私营企业的绩效比较

行从事了更多起交易（见表 5.6）。

表 5.6　2010 年大型企业所进行的并购

买方公司	企业数量	被合并的企业数量	每家买方公司平均合并的企业数量
中国 500 强企业	182	1 112	6.1
国有企业	134	903	6.7
私营企业	48	209	4.3

资料来源：作者整理

　　关于国有企业改革，其改革效果从那些参与竞争性市场的国有企业最容易被观察到。许多这样的企业已经对新的开放市场和竞争做出了灵活的反应，并摆脱了早期的经营亏损。此外，前面也提到这些新的竞争型国有企业在开展海外直接投资和（或）从事海外并购的中国企业中占了主导地位。例如，2010年，中国非金融类海外投资的净额为685亿美元，其中央企就占了499亿美元。

经过上述改革，大多数过去曾经存在的中小型国有企业要么已经转变为非国有股东的上市公司，要么已经被私营的竞争者所接管。大家发现，国有企业的技术、管理技能和固定资产提高了羽翼未丰的私营经济的能力和竞争力。因此，可以说改革既为私营企业活动创造了空间，也加强了这些活动的可行性。

然而，在一些领域——尤其是企业在其所处价值链中有着自然垄断或法定垄断的领域——改革仍然是缓慢的，而且市场机制尚未发挥主导作用。在公用事业行业如电力传输和通信等领域，主要是由国家所有，因公用事业需网络稳定和保障服务的普遍性，所以持续的垄断也许是合理的。但是其定价、效率和深化改革的问题还是导致了各种争议。中国的批评人士指出，在移动通信服务中的歧视性定价、电力行业中输电和配电资产发展的明显滞后、发展可再生能源的进展缓慢以及许多行业的高定价等现象，是因为国家控制的行业未直接参与竞争而缺乏效率。

在那些集中提供公共服务的行业——最典型的例子包括邮政服务、城市道路建设与公共交通以及供水、供电与供热——国有企业继续发挥着主导作用。在这些领域，国有企业被认为是有效的，因为它们在提供普遍的稳定服务方面有良好历史记录。对国有企业的批评主要集中于它们的效率和服务质量。

关于国有企业的另一个争论是，它们在某些行业或活动中产生了很大的外部性。一个典型的例子就是机场，事实上许多新兴经济体超前需求地建设了基础设施，随后才为经济发展做出贡献。然而在中国，一些机场因为长期缺乏乘客已经被闲置了。

国有企业在研究、开发和技术传播中的潜在作用是有良好记录的，本报告也包括了这一点。在中国，至 2011 年底，国有企业拥有 214 000 件独立的知识产权资产（主要是专利），国有企业雇用了 125 万名技术人员，其中包括 226 名科学院院士。据估计，一半的企业实验室和 3/4 的国家能源技术开发都在中央企业里。

在某些情况下，国有企业在"社会经济"领域已经发挥了重要作用。例如，一些能源企业的价格倒挂保证了电力和石油产品的供应；电信和电力网络在"村村通"工程中发挥了关键作用。此外，在企业税收和社会保障基金方面，国有企业比相同环境下的私营企业贡献更大。除了为国家层面的社会支出做出贡献之外，国有企业为 1 655.3 万退休工人提供了养老金，在许多情况下还提供了住房与医疗服务。最后，在应对自然灾害如暴风雪和汶川地震时，国有企业往往起到了突出作用。

在某种程度上，由于许多国有企业有着多种优先权，政府通常不会提供足够的补贴来补偿国有企业执行公共政策的成本。与此同时，政府对于国有企业的评价机制主要基于规模和财务回报，所以各个企业都有很强的盈利倾向。这就促使国有企业以垄断者角色运营或在寡头垄断市场充分利用其定价权。这也使得许多国有企业开始投资于房地产和金融领域，因为这些领域往往能够提供快速而巨额的回报。

第三节　国有企业的替代选择

一、 开发银行和类似的机构

1994 年，中国成立了三家"政策性银行"，即国家开发银行、中国进出口银行和中国农业发展银行。它们都在中国国务院的直接控制之下。国家开发银行的主要宗旨（这正是本小节的重点）是：（1）为影响整体经济和社会发展的关键建设项目提供必要的资金；（2）集中国家投资资金，而过去是分散管理的。在这个过程中，建立了投资贷款审查制度，赋予国家开发银行在投资信贷方面的决策权，同时也赋予它避免信息不充分的投资和重复建设的责任。

设立中国进出口银行的主要目的是扩大出口，特别是通过提供出口信用担保扩大机电产品出口。对于被视为高科技和高附加值的设备和产品，给予特别优先权。建立中国农业发展银行的目的主要是为农业的现代化与发展提供资金，并促进收购基金的运作，同时在欠发达地区协调购买农产品。

国家开发银行的主要目标是通过提供金融服务，如长期信贷和投资，支持国民经济的发展。其经营目标包括以下几点：（1）通过融资推动市场和规划的发展；（2）支持国家基础设施、基础产业、支柱产业以及战略性新兴产业等领域发展和国家重大项目建设；（3）促进区域协调发展和城镇化建设；（4）支持中小企业；（5）支持有利于农业发展的"三农"项目；（6）支持教育、低收入家庭、医疗卫生与保健以及环境保护等领域的发展。此外，国家开发银行还需支持"走出去"的国家战略，拓展中国企业的国际合作业务。

国家开发银行的筹资工作主要是通过发行人民币债券，包括短期（最长至 1 年）、中长期（1 ~ 5 年）、长期（5 ~ 10 年）和超长期（10 年以上）。国家开发银行实现其运营目标的例子包括：

- 支持基础设施、基础产业和支柱产业的建设。自 1994 年起，国家开发银行已经为三峡工程的建设、开发与营销提供资金 405 亿元人民币和 12.2 亿美元的外汇。它还进一步参与中国内地的其他许多大型基础设施项目。2004 年，国家开发银行为北京奥运会（2008 年举行）的 27 个建设项目提供了融资，总的贷款金额高达 437 亿元人民币。2005 年，国家开发银行为支持中石油、中石化、中海油及其他国有企业的战略合作，推出了 126 亿元人民币的长期贷款和 59 亿美元的外汇贷款。

- 促进国民经济的结构调整、创新与升级。2013 年 1 月 6 日，国家开发银行给予京东方集团公司 200 亿元人民币的融资，以支持其开发液晶面板产业。

- 支持社会事业和中小企业的发展。2012 年，国家开发银行在动员社会力量支持包括住房、医疗、就业、教育、农业和新农村建设等领域的发展方面发挥了主导作用。它还提供了 63 亿元人民币的紧急贷款，以减轻自然灾害的影响。2012 年，国家开发银行为中小企业增加了 2 645 亿元人民币贷款。该资金集中在 20 个领域，主要涉及制造业、农业、林业、畜牧业和渔业。

- 推进国际化建设。到 2011 年底，国家开发银行发放的外汇贷款总计已经高达 1 873 亿美元。针对中国对能源资源安全的担忧，国家开发银行积极响应"走出去"战略。它已经支持了许多国际项目，如"中俄石油合作项目""中国巴西石油合作项目""中国和土库曼斯坦天然气合作"和"中非基金项目"。

虽然国家开发银行在其成立时带有强烈的政策取向，但它似乎正逐渐向投资银行转型。2008 年 12 月，经国务院批准，国家开发银行改制成为有限责任公司，而且商业化其运营过程一直在进行。当然，在这个过程中，国家开发银行仍然继续通过贷款和投资发挥着其作为政府长期发展战略的一个主要支持者的功能。目前，国家开发银行的主要业务领域可描述为"规划、信贷、融资、结算、中间业务、金融合作与创新以及通过子公司开展的业务"。

与之前所见的巴西开发银行（在本报告的前面章节有过描述）的发展不同，中国国家开发银行在其公司简介上增加了一项股权投资和投资银行的新功能。两家名为"股权投资银行"和"投资银行"的子公司已经建立。

二、 经济开发区和企业孵化器

在中国，经济开发区一般包括几种类型，从经济技术开发区、高新技术产业园区和高新技术开发区，到各类工业园（如农业发展园区、化工园区、汽车工业园，等等）。根据开发区的规模，它们可以分为国家级开发区、省级开发区、市级开发区，等等。截至 2011 年 5 月，国家级经济开发区和技术开发区已经达到 128 个。

建立经济开发区的目的不尽相同。有些是为了促进科学研究和发展高新技术产业，有些是为了吸引外国投资和扩大出口。开发区通常根据相关的国家产业政策而创立，通过给予税收减免、土地优惠条款及其他激励吸引外国企业投资。在一些地方，当地经济得以非常快速地发展就是因为开发区的开设。经常被引用的例子包括深圳经济特区、上海浦东新区（将在下面介绍）、苏州工业园区和天津经济技术开发区。

案例研究：上海浦东新区

20 世纪 90 年代初，按照邓小平指示开发的浦东新区，在中国被许多人视为改革开放的一个象征。1992 年 10 月，国务院批准了在上海建立浦东新区。1993 年 1 月，浦东新区管理委员会成立。2000 年 8 月，浦东新区人民政府成立。一系列法律和行政文件的出台，扩大了该区域并增强了其自治。

建设浦东新区的目标是发展浦东，并彰显以下特征：简化行政要求；与其他任何现代国际化大都市相同，能够快速获取信息，能够提供完善的基础设施。事实上，在将上海打造成为西太平洋沿岸最大的经济贸易中心之一的明确目标下，对浦东新区进行了振兴与改造工作。

浦东新区经济发展战略是中央政府整体发展战略的一部分。计划的许多方面，如基础设施开发、目标产业的选择和投资激励，都是由政府实施的。在浦东新区，单独运行的公司或中小企业相对较少。大公司——主要是国有企业和外商投资企业——占据了浦东大部分地区。

主要的战略重点支持活动如下。第一，一个"专注于金融"的战略在开发浦东新区之初就宣布了。到了 2009 年底，金融机构总计达 603 家，约占整个浦东新区的 80%。其中大部分是跨国金融公司的全球或区域总部，132家这样的跨国金融公司全球或区域总部就占了浦东新区的51%。第二，一项"聚焦张江"的战略于1999年成为实施国家创新战略的一部分。在浦东这一区域，与集成电路、软件和生物医药相关的经济活动将成为主导产业。第三，提出了一项展示中国制造业先进元素的战略。金桥地区被设计为出口加工区，即建立一个现代化的科技园区，在其中高新技术产业将成为主导产业，包括汽车和零部件、现代家用电器、办公设备、电子信息、生物医药和食品加工。第四，建立一个国际化的航运中心，在外高桥建设一个国际化的"贸易示范区"，目的是增强贸易能力和促进国内外贸易的一体化发展。

根据中国官方消息，浦东新区的治理正准备转型，用国际标准发展城市功能。其规划了5个区域：陆家嘴金融贸易区、金桥出口加工区、外高桥自由贸易区、张江高科技园区和孙桥现代农业开发区。

回顾一下，上海浦东新区的成功经验似乎可以归纳成以下几点：面对国际竞争，提前做好规划，建立市场导向的资源配置机制，允许市场配置资源和充分展示政府的职能。至于政府的角色，一个重要的特征是，通过行政手段的干预，动态地综合了市场的效率和政府的管制，这在一定程度上是可行的。

当然，也存在一些不足。首先，也是最重要的，浦东新区的发展正面临日益严重的资源限制，所以战略转型似乎势在必行。在过去的十多年里，商业成本快速上升，基本资源如土地和能源的短缺正变得越来越严重。在这些区域和其他区域，浦东新区似乎正在失去其对外国投资者的吸引力。正在考虑的补救措施之一是允许提高现有区域的容积率。

第四节　小结与政策含义

整体而言，中国政府似乎已经尝试将公共政策目标分配给国有企业以弥补市场失灵，而不是以国有企业的随机愿望为基础。与此同时，中国的国有企业总被认为是相当低效和难以管理的，所以政策角色的分派就必然与努力改善国有企业的治理结构与加快国有企业的市场化发展同步进行。市场失灵与某些经济活动又必然落在国有企业身上的主要原因，可以归纳为以下几点：

- 国有企业提供公共服务，或者是有强烈公共服务元素的活动，包括城市公共设施如电力、集中供暖、道路建设与维护、通信。

- 在有较强外部性的领域需要有国有企业，包括机场、航空、基础设施、公共交通，以及通用的研究与开发。

- 国有企业覆盖了自然垄断领域，包括电力、石油和天然气管道网络、骨干通信网络。

- 国有企业承担了涉及巨大"沉没成本"的项目，包括跨区域的基础设施、地铁和机场。

- 中国的许多市场有着内在固有的缺陷。资本生产要素和技术市场的机制发育并不完善，从而导致了高昂的交易成本。例如，这会导致在许多涉及私营投资者的活动中出现困难，包括公私合作伙伴关系，其中公共部门往往有必要承担第一投资者的责任。另一个例子，与中国作为新兴经济体直接有关，因为中国的主要资本市场直到最近还没有能力作为大型项目和长期战略性投资筹集资金的渠道。

- 在目前的经济转型期，中国仍然面临监管体系和执法问题。如果
  在市场竞争中只有私营企业，在很多情况下，消费者权益将难以
  得到保护。而且，减少外部性的监管措施又总是难以执行。因
  此，在某些情况下，国家的直接参与对弥补这些不足确实是有必
  要的。

中国的经验表明，有必要对国家所有权进行一个成本与收益的比较
评估，这需要在产业政策和选择监管措施的更大背景下进行。国家所有
权如果得到恰当运用，就可以成为一种灵活的产业政策工具。政府可以
用国家所有权来解决市场失灵和实现特定的社会目标。同时，国家所有
权也应该作为市场机制和监管的一种补充。特别是当国家缺乏实施涉及
市场机制和监管的更为灵活的产业政策的能力时，国家所有制能够为政
府提供一种灵活的工具。因此，国家所有权与私人所有权之间的平衡应
该取决于市场失灵的程度以及可供选择的政策工具。

因此，随着市场机制的逐步完善，政府应该为私营部门留出更大的
空间，无论是使国有企业私有化还是让国有企业直接参与市场竞争。在
这一方面，中国主要通过两种方式实现：一是让更多的私营资本进入完
全在商业化经济领域运营的大型国有企业，以改变其股权结构，二是通
过从许多中小型国有企业中退出的方式。

因此，中国使用国有企业作为一种产业政策工具的情况，主要是在
相对落后的发展阶段，或是当经济处于一个普遍疲软的状态。与此同时，
正是在这一阶段奠定了未来发展的基础。这一阶段的特征有：财政短缺、
人才技术短缺、市场机制不完善、公共服务长期缺乏、投资环境低迷、

竞争和行业监管薄弱。在这一阶段，政府的发展目标必然是要集中精力追赶其他国家。在这一时期，它通常拥有一些尚未开发的资源，包括自然资源。国家主导的发展战略的最终成功——鉴于国家立法和监管能力有待提高——可能在实践中取决于政府是否拥有强大的行政能力（即前面章节提到的"能胜任且能控制局势的官僚机构"）。

在发展过程中，由于国有企业范围的缩小，对国有企业行使所有权往往变得更集中于国家，这可能有助于避免失察和代理问题。国家通常会对国有企业所有权和公司治理机制进行改革，这有助于国有企业进一步提高效率和更好发展，同时，国有企业通常变得更加以价值创造和盈利为导向。对于国有企业而言，是否继续肩负商业和非商业目标值得商榷，通常应该尝试在两种类型的活动之间做一定的分隔（至少在账户上）。此外，也应该尝试在国际市场上进行竞争，或者至少做好准备将其作为未来的选择。

第六章

南非国有企业的演变[①]

第一节　引言

在 20 世纪，南非经济的增长与发展主要基于采矿业的发展以及钻石与黄金的出口，在 20 世纪的后半叶，则是依靠大宗货物和部分加工型资源如煤炭、铁矿石、铝和锰的出口。虽然国家的初始愿望是摆脱对采矿业和外国企业的依赖，但运营性和商业性实体的建立以及关键基础设施的成长，是由于它们在资源型经济中的作用而整体形成的。建立于 20 世纪上半叶的资源加工型国有企业，成为经济多样化计划的组成部分，尽管其增长常常取决和依赖于矿业公司。电力公用事业公司［南非电力供应委员会（ESCOM），后来在 20 世纪 80 年代成为南非电力公司（Eskom）］也促成了能源密集型资源加工行业，如钢铁和铝的制造业的建立。在某种程度上，20 世纪南非的工业化进程，尤其是它的制造业，基本上是由大型矿业公司尤其是英美资源集团（Anglo American）的投资及其创造的市场所驱动的。然而，由于种族隔离制度的经济内向和孤立的

---

① 本章是由 OECD 秘书处根据南非比勒陀利亚（Pretoria）的 Edwin Ritchken 所做的原始工作整理而成。

本质，以及技术不断变化的工业化进程的需求与种族隔离政策下廉价、低技能、经常流动的劳动力之间的矛盾，这一工业化的进程是不可持续的。

当南非非洲人国民大会（African National Congress，ANC）①，在1994年执政时，新政府在很大程度上热衷于一个新自由主义的经济计划，伴随着一系列政策以进一步深化赋予黑人经济权力（Black Economic Empowerment，BBE）的目标（以解决经济中恶劣的种族不平等）。国家所有权机构（国有企业部，Department of Public Enterprises，DPE），也被称为私有化办公室（Office for Privatisation），有一个首要的任务就是出售其国有企业。这一情况的内在逻辑是，政府在经济中发挥不了积极作用。该政策被修改纳入一项名为"重组"（Restructuring）的战略，该战略的重点是优先把私营企业引入国有企业价值链的核心领域，同时继续公开上市（这也是一种私有化的形式）。私有化和重组政策及其关联过程导致一系列不太理想的发展结果。例如，一些公用事业私有化后实际上变成了寻租式的私人垄断企业。

2004年，政府正式决定保留关键国有企业的所有权，并给予它们战略性经济任务，以指导其战略和商业计划。政府要求国有企业制订积极的投资计划，后来扩大到要求国有企业要支持国家增长的需要，而不是聚焦于使其资产负债表实现合理平衡。实施这一过程时缺乏与国有企业角色或其资本化相关的任何正式的政府政策。随着时间的推移，因为相

---

① 南非非洲人国民大会，简称为"非国大"。1994年5月9日，南非非洲人国民大会主席曼德拉在南非首次多种族大选后当选为南非历史上第一位黑人总统。——译者注

互矛盾的政策和监管制度,这些投资把国有企业的运营和资产负债表拉到了警戒点。例如,建立一家国有的宽带基础设施提供商与南非电信公司(Telkom)竞争,这大大降低了宽带费用。

鉴于围绕建设一个发展型国家的争论已取得进展,国有企业部为国有企业创造了一种所有权模式,并为其制定了一个以发展为导向的愿景。新的愿景聚焦于优化国有企业对其客户和供应商的影响,强调工业化驱动和种族经济转型,同时确保国有企业在财务上的可持续。供应商与技术发展项目已经取得显著进展,而且指出了股东在企业中的治理作用。然而,国有企业支持新兴产业显然是复杂的事,它突出显示资源行业客户的集中性与营利性之间的内在紧张关系及新兴产业的复杂性和相对较小的规模之间的问题。应对这种紧张状况将需要对所有权模式进行专门的变革。

第二节　国有企业与经济发展

在 20 世纪 80 年代,南非曾经尝试将国有企业由从运营上更贴近政府部门功能,转型为商业性的国有企业。此外,南非合成石油公司(South African Synthetic Oil,SASOL,也音译为"沙索")和南非钢铁工业公司(Iron and Steel Industrial Corporation,ISCOR)这两家企业完成了私有化改造。在南非非洲人国民大会(ANC)执政后,以前的私有化政策被变革和纳入重组战略。在此期间,尽管经济在增长,但国有企业(包括关键基础设施提供商)禁止投资于新产能项目。1994 ~ 2004 年,发生了以下重组过程:

- 1999 年 6 月，南非航空公司（South African Airlines）20% 的股权被出售给瑞士航空公司（Swissair），但在 2001 年 11 月，这笔交易因全球衰退威胁到瑞士航空公司的生存而被取消。

- 1998 年 4 月，机场公司 20% 的股份被出售给意大利罗马机场（Italian Aeroporti di Roma），但在 2005 年 9 月该交易被撤销，改售给南非公共投资公司（Public Investment Corporation）。

- 1997 年，外国战略投资伙伴被引入南非电信公司（Telkom），2003 年南非电信公司完成了上市，外国战略投资者在 2004 年退出。

- 1998 年，南非林业有限公司（SAFCOL）23.6 万公顷的森林实现私有化，直到出现竞争问题扭转了这笔出售的最终命运。

- 尽管南非运输集团（Transnet）在非战略性基础设施提供领域比较活跃，但该集团在 24 个月内出售了 40 个左右的非核心业务单元以使业务更好地聚焦。其曾经尝试租让德班港（Durban）的集装箱码头和铁矿石铁路线（Sishen Saldhanna），但因强有力的工会的抵制而叫停（也许得到了管理层的支持）。

- 在科斯克（Alexkor，一家钻石开采公司），原本在 1998 年找到了一位战略股权合作伙伴，但后来被一起由 3 000 人发起的追溯到 156 年前的土地索赔案毁掉了。

在南非，2004 年之前的政策环境基本上对国有企业不利。因此，基础设施类国有企业被禁止投资于固定资产，并且被诱导去关闭其资本采购项目。此外，重大的维修项目也被搁置。这些政策的经济影响是严重的，具体如下：

- 1994～2004 年，固定资产投资总额一直占 GDP 的 4%～5%，低于可比的国际标准，这显然造成了基础设施建设滞后并抑制了经济增长。

- 其经济影响是导致资本设备制造业的急剧下降，而资本设备制造业是为基础设施部门提供投资、产出和就业的，这导致了去工业化进程。

- 没有给未来的投资预留资金，由于价格需要大幅纠正而产生了严重问题。

- 这一经济影响促进了消费的繁荣，并创造了一种围绕着基础设施的低效使用——尤其是能源，因为其价格定得过低——的经济。

2004 年，私有化和重组议程是服从于国有企业为实现战略性国家任务的总体部署目标的，随着时间的推移，这成为通过战略意图的陈述和股东契约而由国家所有权功能予以正式界定的事情。在国家层面，将南非建设成为一个"发展型国家"日益占支配地位。这体现在国有企业部重新定义的愿景中，即："在国有企业阵营中驱动投资、效率与转型，推动国有企业客户和供应商的增长，推动工业化进程，创造就业机会并发展技能。"

这一愿景要求国有企业部监督国有企业以确保它们财务稳健，而且保证国有企业的发展对经济的影响能够最大。特别要关注国有企业对其供应商和客户有积极的发展影响。这就需要在投资计划模式上做出改变，从重点关注资产负债表到关注以持续稳定的投资来促进经济增长。然后，增加的和可预期的投资增长将为国有企业的资本品供应商产业提供一个投资需求平台。这种有针对性的模式如图 6.1 所示。

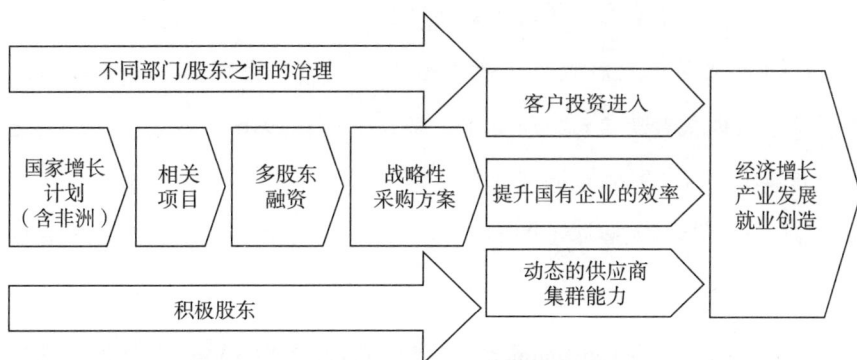

图 6.1 聚焦于增长的股东管理

资料来源：作者整理

专栏 6.1 在电信业中的干预——南非宽带通讯公司

在 20 世纪 90 年代初之前和种族隔离时期，南非邮政电信部（South African Post and Telecommunications，SAPT）是一个政府部门，它既是垄断供应商，同时也是电信监管机构。可以预想的是，提供电信服务的特点是种族极端的不平等。例如，在 1978 年，电信密度（每 100 户拥有的线路数量）在白人社区是 71.5，而在黑人农村社区只有 1.8［文献（White，2004b）］。

到了 20 世纪 80 年代后期，电信市场放开了，程控交换机市场（PABX）和网络增值服务（Value-Added Network Services，VANS）市场都开放了，但是南非邮政电信部作为一个政府部门一直持续到 1991 年，直到同年根据法律将邮政和电信服务分开。1992 年，南非邮政电信部实行公司化改造。一家新的公司，南非电信有限公司（Telkom）成立，这是一家提供电信服务的国有企业。与此同时，成立一个规模小得多的政府部门作为通信行业的监管机构。然而，尽管在公司治理方面有所改变，但实质上南非电信有限公司的垄断地位基本保持不变。

1994 年之后，政府致力于提供基于宽带的、能负担得起的通信服务。第一波电信改革启动，经集体协商后促成了 1996 年《电信法》的出台。该法案确立了从前的白皮书的发展目标，并通过立法明确了提供普遍服务、客户保护、竞争与创新、增长与投资、历史上的弱势群体对服务的所有权和控制。它还建立了第一个电信监管机构——南非电信监管局（South African Telecommunications Regulator，SATRA），并且把电信行业分为三个层次，将政策制定、运营与监管分开。重要的是，该法案授予南非电信有限公司最初 5 年独家提供公共交换电话网（PSTN）固话业务，作为交换，南非电信有限公司需完成特定的普遍服务目标，并给予南非电信有限公司一个选择，在其完成给定目标时可进一步延续其垄断地位。

1997 年，南非电信有限公司通过引入一家股权战略投资者 12.6 亿美元的投资而部分实现私有化。由于需要吸引资金和管理经验以改变其负债累累的垄断地位，并为其参与竞争和提供普遍服务做准备，政府将南非电信有限公司 30% 的股权出售给了圣塔纳（Thintana）通信公司，使这家公司获得有效的管理控制权。南非电信有限公司则按利润最大化原则管理，成为一个典型的垄断寻租者。

2001 年，在政府重新审视了包括电信在内的国有资产的重组方式之后，第二波改革开始了。政策的焦点是"放开管理"，强调优化国有资产的价值，并通过贸易保护主义来寻求安全的投资。2002 年 5 月，南非电信有限公司在法理上的垄断终结，但由于授予第二家全国运营商（SNO）许可证的延迟，南非电信有限公司享受了事实上的额外 4 年的垄断。2003 年，政府出售了其在南非电信有限公司 25% 的股份，使南非电信有限公司在约翰内斯堡（Johannesburg）和纽约证券交易所上市。2004 年，南非电信有限公司最初的战略股权伙伴圣塔纳通信公司，将 15.1% 的股份出售给了国有的公共投资公司，另 14.9% 的股份出售给了由前通信部总干事领导的大象财团（Elephant Consortium）。

在此期间，南非电信有限公司对宽带接入收取高价，停止了对新增容量的投资，同时为其股东大量分红。作为行业监管者的南非通信部（Department of Communications），代表政府持有南非电信有限公司的股份，使得形势进一步复杂。这在通信部保护消费者的角色与其希望最优化其投资价值之间产生了利益冲突。这种情况完全破坏了资源不足的监管者。后果是大大削弱了南非的竞争力，其宽带的使用价格非常高且市场渗透率非常低。

针对这一情况，国有企业部启动了一个项目，在宽带领域建立一个竞争者与南非电信有限公司竞争。国有企业部主导了南非国家电力公司（Eskom）和南非运输集团（Transnet）宽带基础设施及相关软件业务的剥离。此外，这两家国有企业能够沿着铁路线和电力线布置基础设施的权力是非常有价值的，这将加快新的投资而不用获取新的土地使用权。这些资产都被放入了一家新的国有企业，名为南非宽带通讯公司（Broadband Infraco，BBI）。

在为南非宽带通讯公司发放许可证的过程中并不是没有冲突，因为对于通信部在南非电信有限公司的投资而言，BBI 有效地创造了一个竞争者。最终，通过 2007 年的一项法案，南非宽带通讯公司得以建立。法案是这样陈述南非宽带通讯公司的主要目标的："扩展电子通信的可获得性和可负担性，包括但不限于按照电子通信法和等同于国际最佳实践与定价的方式在欠发达地区和欠服务地区开展业务。"

自成立以来，南非宽带通讯公司已经在 8 000 公里光缆上投资了超过 10 亿南非兰特，其中包括连接主要城市的骨干网，连接南非和邻国的区域网，以及将南非与世界相连的海底光缆系统的界面。虽然南非宽带通讯公司有很多管理问题和财务挑战，但其影响是激动人心的。从 2009 年开始，宽带批发业务的全国传输成本下降了 75%。2007～2010 年，宽带覆盖率增长了 4 倍，从 0.5% 增长到了 2%。南非宽带通讯公司也能够参与许多科学创新实验的交易（如平方公里阵列望远镜），因为那需要获得大量廉价的国际宽带连接。目前，南非宽带通讯公司正调查研究如何提高对农村社区的覆盖，尤其是学校和诊所。

国有企业部的组织架构被改变为设置更多的职能以支持新的管理。建立了一个战略合作司，其目标是促成项目、颁发指南、积累和传播知识、促进合作关系的构建，以此来超越国有企业传统的商业视野，实质性地提高国有企业的发展影响力。在本章接下来的部分，许多案例研究将说明，不同推动力与对国有企业的股东监督相结合，将实现特定的发展目标。

2004 年，南非国家电力公司和南非运输集团的组织文化和生产率反映了南非的历史。国有企业曾经有浓厚的技术文化，而不是商业文化，而且有着相对简单的采购组织，几乎没有以商业组织的角色在全球经济中进行采购的经验。反过来，国家的供应商部门非常落后，是一种缺乏技术活力的内向型文化。

在这样的背景下，当南非国家电力公司和南非运输集团宣布它们在2004～2005年的第一个重要的资本投资计划时，国有企业部和工业发展公司（Industrial Development Corporation）测算了该计划对国民经济尤其是对制造业的影响。测算表明，在现有的工业产能生产率下，这一建设计划中有大约40%需要进口。这既为国有企业带来了一个安全供应的问题（尤其是在全球市场过热和动荡的环境下），也在宏观经济层面带来了一个国际收支平衡的限制。在此背景下，国有企业部推出了"有竞争力的供应商发展计划"（Competitive Supplier Development Programme，CSDP）来充分利用资本支出采购，为国有企业资本品供应商领域搭建一个投资与能力建设的平台。

专栏6.2　计划为增长解锁：　南非运输集团的市场需求战略

南非运输集团是负责铁路、港口和管线基础设施及运营的国有企业。其总资产约为200亿美元，年收入在50亿美元左右。南非运输集团的货运铁路里程超过20 000公里，每年运送货物2.1亿吨。每年港口集装箱吞吐量达近500万件和散装出口货物1.4亿吨。

2004年，在股东的指导下，南非运输集团开始了一项基础设施投资计划。最初的计划是在5年内投资360亿南非兰特，所有的投资都是在南非运输集团并不是特别强劲的资产负债表之下进行的。在接下来的7年里，由于南非运输集团资产负债表的好转和收入的增加（通常是由于价格的上涨，而不是效率的提高），5年投资计划增加到1 000亿南非兰特左右。然而，这项巨额投资用于更替那些已经达到使用寿命的产能，而不是创建新的产能来促进经济增长。同样值得注意的是，当南非运输集团由于全球衰退而收入下降时，该计划在 2008 年和 2009 年进行了下调。这对南非经济有着强烈的顺周期性影响。

2011 年，为响应南非国有企业部要求根据为国民经济的增长解锁制订计划的号召，南非运输集团制定了市场需求战略。直接的结果就是将公司的计划延续期从 5 年增加到 7 年，并将投资计划从 1 100 亿南非兰特（5 年）增加到 3 000 亿南非兰特（7 年）。公司制定了雄心勃勃的生产率提高目标以增加盈利，从而每年提高了 16% 的收入，使得该计划的绝大多数能在公司的资产负债表上得到资助。该计划的 2/3 聚焦于提高铁路运输能力，而这在过去被证明是对增长的最大约束。值得注意的是，投资计划的 55% 将致力于新能力的实质性创建。到该计划结束时，煤炭出口渠道的能力将从 6 800 万吨增加到 9 750 万吨，铁矿石渠道的能力将从 5 280 万吨提高到 8 250 万吨，锰矿渠道也将有明显的能力提升，从约 700 万吨提高到 1 200 万吨。港口的集装箱吞吐量也将从 430 万标箱提升至 760 万标箱。

通过在南非运输集团计划体系中投资约 1 000 亿南非兰特的"挖掘德班港口"项目，市场需求战略为未来私人参与核心铁路和港口物流系统打开了大门。在市场需求战略中已经制定了一些条款，为私人参与内陆散装码头和经营（边缘的）铁路支线留出了空间，但这还有待实现。

目前，出于种种原因，南非运输集团未能实现其生产率和收入提升的目标，有些事情处于管理层的控制之下，而有些则超出了它的控制。尽管如此，南非运输集团已经能够维持投资计划的势头。毫无疑问，比起在实施该战略之前的 10 年，市场需求战略设定的雄心勃勃的目标已经引起了更大的紧迫感和企业内的聚焦。是否仍然需要私营部门的资金

（通过客户或养老基金）来补充资产负债表，以实现3 000亿南非兰特的投资目标还有待观察。

2007年，南非国有企业部建立了"有竞争力的供应商发展计划"，旨在促进投资并提升国有企业供应商行业的竞争力，从而降低成本、减少进口和加强供应安全。关键重点是利用投资计划来促进投资以提高那些处于中低端水平的制造能力。因此，该计划分为几个阶段，第一阶段致力于在业务层面的"干中学"，第二阶段致力于与供应商形成战略伙伴关系，第三阶段则致力于促进国家创新（见图6.2）。

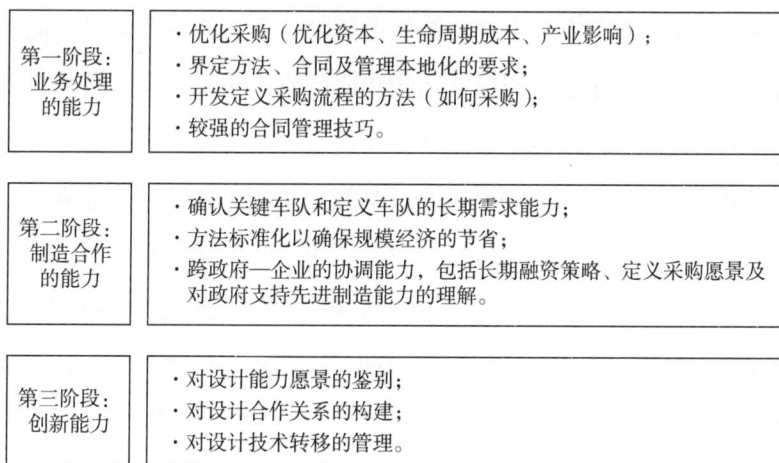

第一阶段：业务处理的能力	·优化采购（优化资本、生命周期成本、产业影响）； ·界定方法、合同及管理本地化的要求； ·开发定义采购流程的方法（如何采购）； ·较强的合同管理技巧。
第二阶段：制造合作的能力	·确认关键车队和定义车队的长期需求能力； ·方法标准化以确保规模经济的节省； ·跨政府—企业的协调能力，包括长期融资策略、定义采购愿景及对政府支持先进制造能力的理解。
第三阶段：创新能力	·对设计能力愿景的鉴别； ·对设计合作关系的构建； ·对设计技术转移的管理。

图6.2　"有竞争力的供应商发展计划"的三个阶段

从2008年起，采购政策、流程和相关体系已经被修订，以确保将供应商发展的考虑纳入所有重要的采购，与供应商发展相关的关键绩效指标（Key Performance Indicators，KPI）目前已被纳入股东合同。因此，南非电力公司已经承诺在供应商制造能力上投资超过13.7亿南非兰特，其中 8.24 亿南非兰特已经投资，在此过程中创造了 4 万个就业岗位。南非运输集团已经开始执行一项价值 185 亿南非兰特的合同，其中有供应商发展承诺的是 85 亿南非兰特，这其中的 48 亿南非兰特目前已经交付。

2014 年 3 月，宣布了第一次机车车队采购的中标者，涉及购买 465 辆柴油机车和 599 辆电力机车，采购总成本为 500 亿南非兰特。这将为南非运输集团与选中的原始设备制造商（Original Equipment Manufacturers，OEM）之间持续的战略伙伴关系打下基础。选中的 4 家原始设备制造商，每种技术都有两家制造商掌握，以确保如果一家厂商不能交付，那么未完成的任务可以转移到另一家厂商来完成。

这种战略伙伴关系也将导致原始设备制造商实施自己的供应商发展计划，这远远超出了它们与南非运输集团的直接关系，将涉及为许多行业服务的南非制造商的能力。一家原始设备制造商已经推出了一个供应商发展基金和一个"创新中心"来支持这一进程。南非国有企业部、贸易与工业部及科学与技术部也已经建立了协调委员会来系统地支持供应商发展计划。此外，关键原始设备制造商所在的当地政府，目前正支持雄心勃勃的南非工业化发展计划的实施，以此作为构建与它们认为的重要贸易和投资伙伴之间关系的一部分。

关键的是，供应商发展、本地化和转型过程不仅是国有企业的实践，而且是南非商业运作方式中民族运动的一部分，以此来优化国家需求平台。为达到这一目的，南非国有企业部已经采取了多项措施：

- 建立一个"知识论坛"，包括所有感兴趣的国有企业（包括那些不向国有企业部汇报的国有企业），使得学习到的经验教训和已经开发的能力能够通过知识分享及有时更为活跃的组织辅导来实现跨组织的分享。

- 国有企业部为所有国有企业和政府部门举办强化训练的"新兵训练营"。

- 举行为期两天的峰会，邀请公共股东和私人股东到场，南非电力公司和南非运输集团现场分享了其方法和计划。

- 举办一个介绍性讲习班，参加的有广泛的政府部门和机构（包括大型城市的政府），以及采矿业中的大型私营企业。

- 在南非运输集团、英美资源集团和国家工业发展公司（Industrial Development Corporation）之间建立一个联合供应商发展基金，目标是为企业提供资金，并给予其在物流业和采矿业中获取通用资本品的机会。

第三节　国有企业与工业化的案例

南非的许多国有企业建立于 20 世纪初期，包括：

- 1910 年的邮政与电报部（Department of Posts and Telegraphs）。该部门负责邮政、电话和广播业的基础设施及相关服务的发展。

- 1916 年的南非铁路与港口公司（South African Rail and Harbors，SARH）。

- 1922 年的电力供应委员会（Electricity Supply Commission，ES-COM），建立发电和输配电基础设施。它在 20 世纪 80 年代成为公司化的企业（南非电力公司）。

- 1928 年的南非钢铁公司（Iron and Steel Corporation，Iscor），用来

促进南非的工业化发展。

成立这些公司的根本目标是为国家提供能够建设多元化工业经济的工具。特别是，国家考虑到战略投入品在合理价格水平上的供应安全；如果不以发展为导向，在经济上占主导地位的黄金开采公司完全依赖于进口国外设备和技术的局面就难以改变。在实践中，在 20 世纪的发展历程中，这些国有企业也在基于种族的职业隔离和南非人权方面发挥了关键作用，尽管这不是一个简单的过程，特别是在 20 世纪上半叶，这些企业处于挣扎求生的状况中。

以下是对南非电力公司和南非钢铁公司成立与发展的案例研究，反映了在国有企业、采矿业、外国生产者之间的复杂关系，以及国有企业在 1994 年之前的经济中所扮演的角色。

一、 电力案例： 南非电力公司

南非电力供应委员会成立于 1922 年，成立目的是通过建设发电和输配电基础设施以尽可能低的成本供应电力。它在原则上是不允许盈利或亏损的，并且免征企业所得税。虽然建立电力供应委员会存在很多经济上和技术上的动机，但重要的是不要低估国有企业在由外资矿业公司和基础设施提供商占主导地位的政治经济中所发挥的核心干预作用。建立电力供应委员会的动机具体包括：

- 启动通过将不同的电力公司连接起来，建设一个单一的国家电网或网络；

- 通过为铁路网的关键线路及邻近城镇提供安全且廉价的电力支持

铁路的发展；

- 支持工业化，尤其是通过为新兴的钢铁和制造业提供廉价的电力支持，从而减少对黄金出口的依赖；

- 在私营企业中存在严重的劳工骚乱的背景下，通过直接控制生产过程（尤其是劳动力及其成本）确保电力供应的安全；

- 完成电力供应行业的所有权本地化：在行业中占主导地位的维多利亚瀑布电力公司（Victoria Falls Power Company，VFPC），是"在欧洲融资并服务于矿业，它是一个将资本输出到国外的成功通道，而不是促进本地的资本积累"；

- 为了阻止矿业企业在经济中的主导地位——维多利亚瀑布电力公司由罗兹（Rhodes）建立，其股份由一些英国金融家和黄金开采公司［尤其是统一金矿南非公司（Consolidated Gold Fields of South Africa）］所持有。这家公司持有与兰特（Rand）地区所有主要的矿业集团的电力供应合同，从其垄断地位中收获了巨大的利润。

电力供应委员会的发展模式是基于以下两个前提：

- 在以尽可能低的成本确保持续安全的电力供应支持工业化进程方面，国家是唯一的利益相关者，这需要在运营能力上进行直接投资以确保目标能够实现。

- 在一个新兴经济体中，国家系统地打造具有规模经济和范围经济的国家冠军企业来优化国民经济和应对全球竞争，以避免经济陷入"殖民化"和被控制以及在战略领域被国际玩家年攫取租金，这是至关重要的。

在南非电力供应委员会成立后的一段时期，它和维多利亚瀑布电力公司达成了一项协议。南非电力供应委员会的任务是融资并拥有新发电厂的所有权，而维多利亚瀑布电力公司则负责建设和运营这些新电厂。电力行业开始使用廉价、低品位的煤炭来生产价格非常低的电力。然而，这些节省下来的成本并没有惠及终端消费者尤其是矿业，因为维多利亚瀑布电力公司从被它掌控的行业中有效地抽取了垄断租金。

1948年，当维多利亚瀑布电力公司在兰特地区最初的运营特许权过期时，南非电力供应委员会收购了它。英美资源集团为此项收购提供了过半的资本。英美资源集团提供贷款的动机是，维多利亚瀑布电力公司过去"滥用"其垄断地位，采矿业更喜欢一家带着发展使命的国有企业来控制电力行业。英美资源集团立即通过折扣电价（或利润分享）而获益，而且在1952年，英美资源集团进一步获益，南非电力供应委员会将提供给矿山的单位电价降低了一半。英美资源集团的矿山也提供激励，它一直低价向南非电力供应委员会供应煤炭，因为英美资源集团并不想引发电力价格上涨。于是，南非电力供应委员会成为电力行业中占绝对主导地位的玩家，控制了大多数发电厂和高压传输线。

20世纪70年代，电力基础设施领域的投资越来越跟不上发展需求的步伐，电网备用容量（Reserve Margin）降到了15%以下。另外，此时的产业政策核心是利用南非电力供应委员会将煤炭转化为电力从而发展其他矿物加工活动。结果是极端的能源密集型产业增长，电力需求差不多两倍于GDP的增长。于是，南非电力供应委员会（后来的南非电力公司）开始了一个电力建设计划，在1976~1993年间，增加了26GW的发

电容量（见表 6.1）。该计划的特征是在靠近煤矿的地方建设巨大的电力
公司，以实现规模经济。

表 6.1 南非电力公司主要发电厂的投产日期

发电厂的名称①	第一台机组和最后一台机组 开始商业服务的日期	最大净容量（MW）
Komati	1961/1966	906
Camden	1966/1969	1 520
Grootvlei	1969/1977	1 130
Hendrina	1970/1977	1 900
Arnot	1971/1975	1 980
Kriel	1976/1979	2 850
Koeberg	1976/1985	1 840
Matla	1979/1983	3 450
Duvha	1980/1984	3 450
Tutuka	1985/1990	3 510
Lethabo	1985/1990	3 558
Matimba	1987/1991	3 690
Kendal	1988/1993	3 840
Majuba	1992/2001	3 843

资料来源：文献（Eberhard、Anton，2004）

有批评指出，南非电力公司在 20 世纪 80 年代的建设计划中存在明
显的基础设施过度投资（见图 6.3）。然而，我们必须在经济增长的大背
景下来看待这件事；在 1980～1992 年间经济的平均年增长率为 0.7%，

_____

① 为便于读者查找，发电厂名称保留原文。——译者著

而在 1970 ~ 1980 年间经济的平均年增长率高达 3.5%。与此相对应，能源增长从 1970 ~ 1980 年平均年增长率从 9.3% 下降至 4.8%，下降了接近 50%。如果后来的增速仍然保持以前的高速度，那么南非电力公司确实需要在 20 世纪 80 年代额外增加建设。

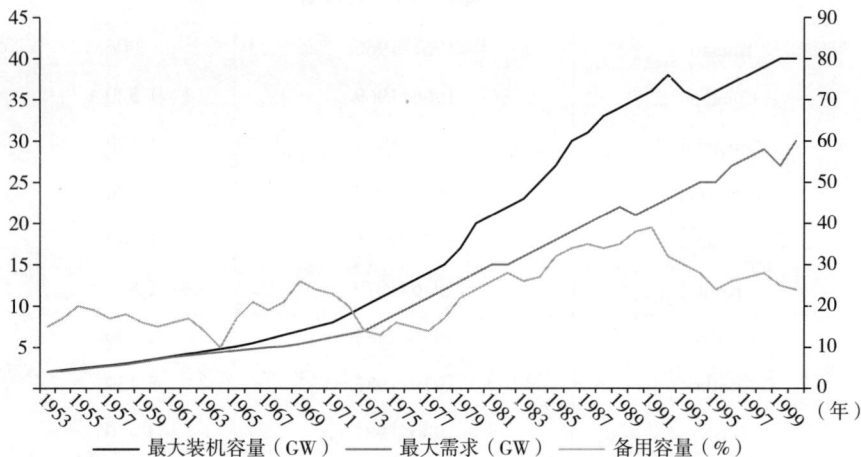

图 6.3 南非电力公司最大需求和最大装机容量的增长历史

资料来源：文献（Eberhard、Anton，2004）

1994 年，南非能源政策部（Energy Policy Department）将关注点放在了"管理开放"上，以实现"竞争和多种市场模式的益处"。1998 年，能源白皮书提出了一个目标，将南非电力公司在当时全国发电容量中所占的份额降低到 70%，而在剩下的部分中引入私营企业。随后，南非电力公司被禁止在国内市场投资新的发电容量项目，禁止建设新的基本项目。电力传输网络在公司化之后第一次被放入一个单独的国有企业中，这样能够"公平"地管理市场。在这家独立电网公司成立之前，政策决定不允许在发电容量方面有新的投资。

此外，作为将南非电力公司全面移出监督系统并建立一个私营企业可以投资的"中立"环境的一部分，南非能源政策部将负责一系列流程和承担最后的供应商角色。开放的方式为国有企业部的战略做了补充，国有企业部的战略强调并围绕着"加速重组国有企业的议程"展开。在实践中，在南非电力公司的案例中，其结果是国有企业部对能源部开放战略的支持。

开放政策也有支持"黑人经济权力运动"（Black Economic Empowerment Movement）的元素，旨在将一部分国有企业私有化，并提供给黑人企业领袖，并通过额外的市场开放为黑人经济权力运动创造进一步的商业机会。此外，大型工业/矿业电力用户也强烈支持开放政策。唯一坚决抵制开放政策的利益相关者是工会（COSATU，南非总工会），他们反对私有化并主张"保持一个垂直整合的、公有的实体，南非电力公司应该被当作政府的一个代理机构来使用"。

正是在这一背景下，南非电力公司基于其在 20 世纪七八十年代的经验，于 1998 年向南非能源部和国有企业部做出了如下陈述：

- 南非电力公司的需求预测表明，到 2008 年将会出现电力短缺，因此开始计划建设方案十分必要。

- 应该给予南非电力公司指令去开始打造资本项目的能力并着手规划具体的建造方案，如果有必要的话，任何由南非电力公司建设的发电容量项目可以在随后出售给私营部门。

- 在 2000 年费率协定到期之后，费率形成模式应该调整以更加真实地反映生产电力的真实成本（它曾低于使用历史成本或目前成本计算公式方法确定的价格），从而确保未来新的项目任何费率

的上涨都不会像20世纪70年代曾经发生的状况那样极端，政府
也能够选择使用从南非电力公司获得的净资产收益去补贴未来需
要建设的项目。南非电力公司（和其他独立的评论人士）重申，
历史成本确定的算法，即使是正确的，但当客观需要额外的发电
容量时，也将导致主要价格暴涨。

南非能源部和国有企业部以南非电力公司正试图找到维持其垄断地
位的途径为由拒绝了它的建议。

2001年，政府做出硬性决定并明确宣称，南非电力公司再也不能在
南非修建一座电站，所有的新电站将由私营企业修建。尽管电力需求持
续增长及备用容量不断缩小，焦点仍然在重组电力行业的过程上，涉及
将传输网公司化、将南非电力公司的电站打包进入"竞争性集群"（即
参与竞争）以及采取措施发展一种多市场模式。然而，试图吸引私人投
资并没有取得成就，因为存在机构上和监管上的不确定性以及不太经济
的费用。直到2003年，国有企业部的部长有效地干预了价格决定过程，
不允许南非电力公司在2004年有超出与通胀挂钩的价格上涨。此外，
2003~2006年保留在南非电力公司中的一部分利润要被作为分红向国库
上缴。这就是自由化思想的力量，即重组电力行业并引入私营生产者成
为事实上比供电安全更重要的事。

最终，在2004年，在认识到确保供电安全的责任实际上仍然落在南
非电力公司身上后，双方达成了一项协议（尽管不是一个特别条理分明
的协议），南非电力公司和监管机构同意，南非电力公司将被允许在其已
划定的范围内新建电站，并可以在新建过程中的任何阶段将电站转移给
一个独立的开发商。然而，同一年的稍晚时候，南非内阁决议认为，在

能源行业南非电力公司应该是政府的支持者，因此南非电力公司将负责未来所有新建电站的 70%，而且任何现存的发电设施将不会被私有化。在此基础上（可以说至少晚了 4 年），南非电力公司开始了一项积极的新建计划，包括（牵涉一系列的其他投资）建设 2 座 4 800MW 的燃煤发电站。

南非电力公司面临的第一个障碍是由政治及经济因素所带来的政策和监管环境的不确定性。实践中，电力价格并没有跟上煤炭成本的上涨、设备的更新成本以及提供足够的资产回报为未来的投资提供资金。此外，基于设备历史成本的监管模式加剧了价格波动。因此，2008 年监管规则的应用导致南非电力公司申请价格上涨 62%。最终，允许南非电力公司在 3 年内提高电价 26%，这导致其较大的现金短缺，只好通过从政府获得 600 亿南非兰特的附属贷款和从财政部获得 2 300 亿南非兰特的贷款担保来解决。但是监管的不确定性仍然存在，最终只有政府的所有权和支持才使得新建方案切实可行。

到 2012 年，电力供应的状况到了危险边缘。可调度的基本负荷的备用容量，剔除一半的可用高峰容量并减去计划外停机后，只有 2%（见图 6.4）。自 2004 年起，老化的设备就一直在超出其设计能力的状态下运行，而且自 2010 年起已计划的维护保养也已经推迟了多次以保持电力供应。所有这些导致计划外停机自 2010 年起上升至 9%，因为发电厂的稳定性已经被维修不足、超出设计能力使用和低劣的煤质损害。此外，南非电力公司面临着增加计划维修次数来补偿延期维修的需要。最终，由于容量问题和在维修过程中发现的额外的设备问题，南非电力公司只能努力按定期保养计划进行维修。

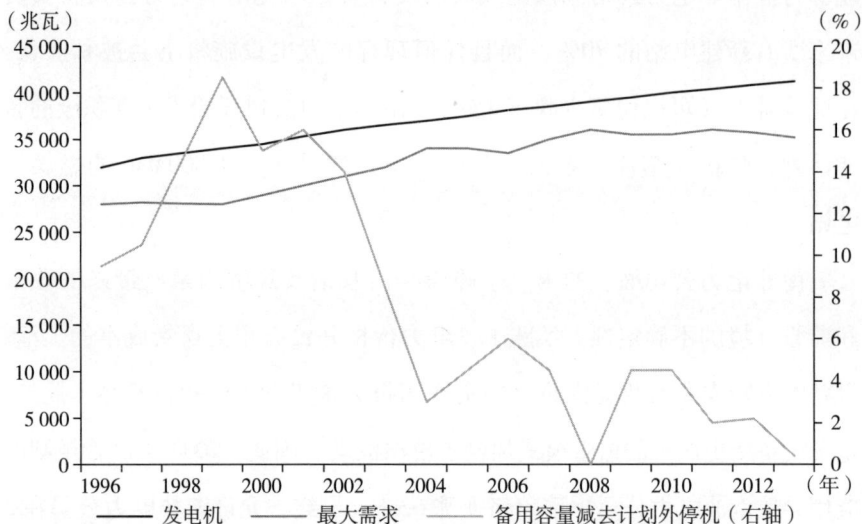

图 6.4　基于可调度能源和计划外停机的备用容量

资料来源：作者整理

很明显，今天的治理体系并未有效地应对电力供应极端紧张的挑战，这推高了不必要的切断载荷（俗称"甩负荷"，Load-Shedding）的风险。这迫切需要纠正，因为不确定性和切断载荷带来的经济代价实在是非常高昂。因此，有必要审视电力行业的治理安排，在允许私人投资与利用南非电力公司作为国家能源冠军企业的能力之间找到一个合适的平衡点。换句话说，有必要改革那些反映了对于管理自由化思想上不切实际和带有偏见的体制要素，从而保证电力供应安全和提高系统效率。这应该通过向有着最强的制度能力的地方分配执行责任来实现。

二、采矿业的案例

国有企业与采矿业之间历来关系复杂。随着时间的推移，采矿业，尤其是英美资源集团的利益和国有企业的利益变得日益一致，它们反对外国基础设施提供商和投入品生产商的寻租做法，因为金矿追求更低的成本。

沙索公司（South African Synthetic Oil，Sasol，即南非合成石油公司）成立于 1950 年，其目的是选煤、减缓因种族隔离制度而使国家不断受到制裁威胁的贸易平衡压力，同时提高国家燃料供应的安全。然而，仅在 1976 年和 1979 年随着沙索二期和沙索三期的相应建立——用煤炭合成的燃料（中国通常称之为"煤制油"）刚够满足国家一半的汽油需求——沙索公司才实现了大规模生产。在 1950~1994 年期间，能源密集型的资源加工业兴起，因为南非电力公司实施了大规模的建设计划来利用国家的煤炭储量并为工业化搭建了一个能源平台。这为"矿产—能源综合体"的出现铺平了道路，它由资源提取的上下游关联所组成，而资源提取又由资源加工、基础设施提供和资本品制造所构成。

文献（Fine、Rustomjee，1996）的研究表明，作为响应能源行业的激励，采矿业于 20 世纪 60~80 年代，在能源密集型的资源加工领域（如特种钢、铝、铬铁合金冶炼）进行了不成比例的投资。它们与一家国有开发金融机构，即工业开发公司建立了合作关系。到 1989 年，矿产—能源综合体产值占南非 GDP 的 30% 左右，占出口的 95%。值得注意的是，一小群与采矿和资源加工相关的能源密集型用户（大约 30 家公司）消耗了南非电力公司超过 50% 的电力生产量；建设于 20 世纪 70 年代的铁矿石和煤炭出口线路，仅占铁路网的 6.7%，但到新千年时占了铁路运输 56% 的运输量和约 60% 的吨公里数。由铁路运输的大宗资源收入占铁路收入的 90% 多。因此，国有企业对采矿业和资源加工业客户收入的依赖不可能被过分强调。

最后，需要对国家参与国防工业做一个特别说明，最初是于 1968 年整合在南非阿姆斯科公司（Armaments Corporation of South Africa SOC Ltd，Armscor）之下，1992 年又公司化为德内尔（Denel）公司。通过国防工业，先进的工程技术能力得到发展，尽管要达到具有全球竞争力所需的制造规模的机会有限。

本报告在采矿业与南非矿山内外的压迫劳工做法之间的历史关系上已经着墨不少。然而，在另一个层面上，也应该承认，在某种程度上，南非经济的工业化完全归因于一个资源驱动的过程。这造就了矿业—能源综合体的崛起，它是一个南非发展的动力或者说是采矿业与国家之间有效的伙伴关系。

专栏 6.3　南非钢铁公司

南非钢铁公司是一家钢铁制造商，其成立背景是当时欧洲的生产商正在形成一个卡特尔，威胁要提高钢铁的出口价格，使得南非政府非常担忧，为了促进南非的工业化发展，政府于 1928 年成立了南非钢铁公司。为了生存并促进制造业的发展，南非钢铁公司建立了与私营企业合作的辅业，私营企业实际上成了它未来的客户。南非钢铁公司还与进口商们建立了市场营销机构，这些进口商已经建立了行业客户的基础，它们将南非钢铁公司的钢铁替代同等价格的英国进口钢铁。

后来，南非钢铁公司发现在向南非铁路供应铁轨方面，自己明显无法与进口产品竞争，于是它就开始系统性地为其产品打造一个市场，与提供资金和技术专家的外国公司及提供额外资本的采矿业合作建立新工厂。这包括建立电线厂，扩展至螺栓和螺帽的生产，建立生产钻头和工具钢的工厂，生产农机用具、电力电缆和结构钢产品。南非钢铁公司还向上游扩展，进入煤炭开采领域，并收购了一家道路建设公司以使用钢铁生产的副产品沥青。南非钢铁公司还与欧洲的卡特尔达成了一项务实的协议，有效地限制进口并为价格设置了底线，确保大家都有利可图（当然是以消费者为代价）。

作为采矿业整合的一个结果，英美资源集团通过其在南非钢铁公司所建立的下游工厂（以及一些向矿山提供设备，如钢管的公司）中的股份成为南非钢铁公司事实上的关键合作伙伴。于是英美资源集团在促进南非钢铁生产的增长上有了既得利益。这里的直接好处是保证南非钢铁公司可以得到较好的煤炭价格，因为英美资源集团"不太可能会抬高煤炭价格给其持有投资的企业"。尽管当南非国家党（National Party）刚执政时有一些短暂的不愉快（国家党猜疑南非钢铁公司与采矿业和海外公司的关系），但在1950年，在英美资源集团的支持下，南非钢铁公司能够募集到资金，并在南非的范德拜尔帕克（Vanderbijlpark）建设一家垂直整合的钢铁厂，它完工于1952年。到1955年，南非钢铁公司满足了南非70%的钢铁需求。在接下来的几十年里，南非钢铁公司扩建了其在范德拜尔帕克的设施，并于1971年在南非的纽卡斯尔（Newcastle）建立了一个新的一体化钢铁厂。

到了20世纪50年代，矿业集团在投资和支持工业化过程方面有了内在的利益。在整个20世纪上半叶，不同的矿业集团都已经在供应商行业进行了零星的投资，以此作为保障供应、获得比较优势（尤其是在专用钻探设备方面）和多元化投资的方式。随着20世纪50年代金矿的快速扩张，投资于与采矿业相关活动的势头也在上涨，其中部分原因是进口关税和保持采矿业成本结构低廉的需要；因此到 1960 年，采矿业在工业中的利益从占总资产的 5% 上升至 22%。这些矿业集团还投资于下游的生产活动，如铁合金和不锈钢。必须认识到，这些矿业集团"比大多数当地实业家能更好地生产这些商品，因为它们不仅有金融资源来从事大规模生产，而且它们也拥有独特的处置手段来满足矿山的复杂技术要求。作为有着国际连接网络的大型机构，矿业集团能够接触到发达资本主义国家的先进技术，并从中获益。因此，大多数在矿业集团控制下的工业企业都与重要的海外工业企业集团签署了这样或那样的技术协议，以便将技术专长应用于南非的环境［文献（Fine、Rustomjee，1996）］。"

文献（Innes，1984）认为，1961 年"封锁兰特"（Blocked Rand）运动（即阻碍南非的资本输出）对于在当地投资造成了一定的压力，但这不是决定性的，因为整个体系并没有阻止返回股利。因此，采矿业投资的多元化在 20 世纪 50 年代开始有一定规模，在 60 年代加速投资，也是出于采矿业内部的战略商业考虑。20 世纪六七十年代的大规模基础设施建设计划，加上本地化生产的规则要求，还创造了一个投资于重型机械工业的重要市场。其结果是南非 GDP 的快速增长（在 1963～1968 年达到 9.3%），同时制造业增速达到 8.4%。英美资源集团则独自投资于在非洲迅速扩张的海菲尔德钢钒公司（Highveld Steel and Vanadium）、金刚石与硬质金属公司（Boart and Hard Metals）、超合金公司（Transalloys）、森林产业、胶合板及蒙迪峡谷纸业（Mondi Valley Paper）。类似于南非钢铁公司 20 世纪 30 年代采取的策略，这些固定投资导致了集团的额外投资，因为英美资源集团把那些将购买其产出的企业纳入麾下。例如，英美资源集团在海菲尔德钢钒公司的投资，导致其投资于斯考金属公司（Scaw Metals）、斯图尔特和劳埃德公司（Stewarts and Lloyds）、联合运输公司（Union Carriage）以及瓦贡与霍尔劳莫公司（Wagon and Hall Longmore）。

虽然南非在工业化企业进行了重大投资，但是具有全球竞争力的制造能力的发展仍然较弱，只有少数几项直接关系到矿山设备设计与制造的能力除外。此问题归因于以下一些因素：

- 因种族隔离的廉价、不稳定的非熟练劳动力"生态系统"与打造一支有足够熟练技能的劳动力大军或者一个足够大的中产阶级来支持工业化计划并不相容。

- 由于制裁和粗鲁的本地化生产规则的叠加，在资本品制造方面的行业整合注重在当地市场获得垄断地位，而不是着眼于参与全球竞争形成规模和提高能力。

- 鉴于市场的相对隔离，对于南非的制造商而言，成为技术领先和将其业务变为全球品牌的压力有限。

- 矿业集团往往是最不情愿的制造业所有者，一旦它们可以在资源开采中使用资本，它们就会从这些制造业公司中抽身。

1994～2004年，南非政府被"新自由主义"观念驱使，基于"解放市场"的思想将国家从经济的所有直接参与中剥离。对比世界贸易组织所要求的时间表，关税被快速范围广泛地取消。南非政府对财政进行了整顿，政府（包括国有企业）在基础设施方面（或固定资产总额）的投资从1976年高达GDP的16%，在10年中，下降到1994年之后只占GDP的大约4%～5%。不允许国有企业投资（即使是在其资产负债表之外），因为它们被认为应该私有化（见下一节）。结果是洪水般的大量进口和对本地资本品的需求急剧下降，这对重要的国家制造业部分造成了灾难性的影响（见图6.5）。

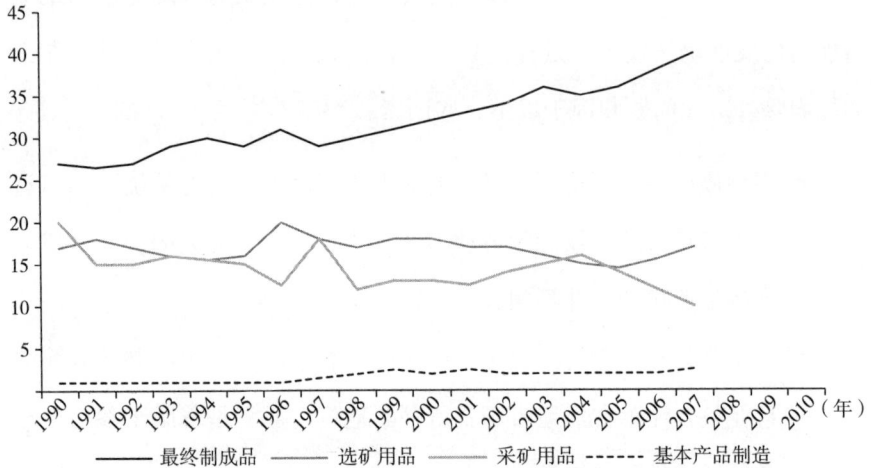

图6.5 南非制成品进口的增长（占进口的百分比）

资料来源：IDC

考虑到采矿业在南非历史上的核心地位及与矿业有关联的租金和有些家族因拥有矿业公司积累了巨额财富而引发的争论，采矿业在这一时期的政治经济状况尤其令人担忧。政府政策重点在于通过将一个经过变革的许可程序与黑人经济赋权联系起来，从而重新分配所有权。由于投资于新的基础设施的失败和金矿开采的下降，实施这一政策的结果是行业相对停滞，最终没能抓住新千年大宗商品繁荣的有利时机。在南非整体经济在1998～2008年间年均增长3.6%而且全球采矿业增长5%的情况下，南非的采矿业实际上每年萎缩了0.8%（见图6.6）。

由经济动机驱动的私营企业在一些战略性经济领域中的行为，与国家

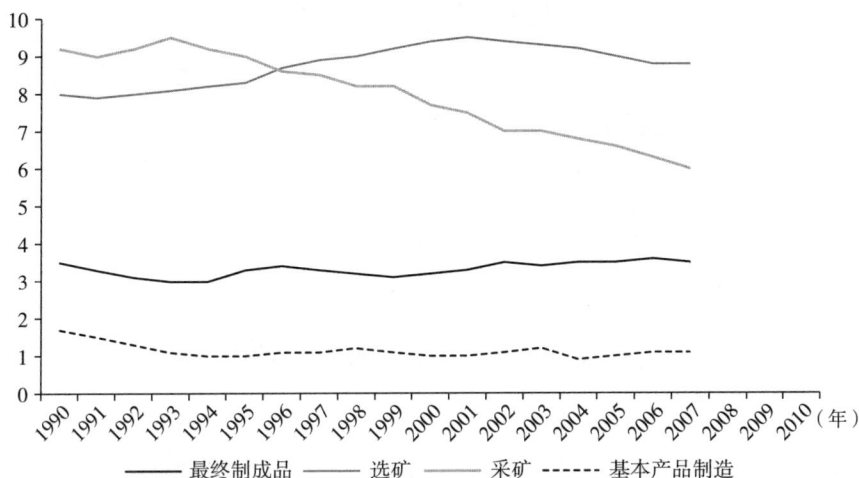

图 6.6　南非相对衰退的采矿业（占 GDP 的百分比）

资料来源：IDC

工业化目标并不一致，这已经很明显。即使国家的开发性金融机构或者国家养老基金是私营企业的重要股东之一，私营企业择优挑选价值链和利用市场力量谋利的倾向也是一个不争的事实：这在私有化了的国有企业也已成为事实。从以上讨论可以看出，一家公司曾经是国有企业的事实，并没有阻止当其私有化后的掠夺性经济行为。同样，政府在许多公司处于低迷时给予了特别的经济援助，但在有超额利润时却未能分享好处。

第四节　国家所有权的模式

在南非，企业层面的动机与政府关于新兴产业部门的目标之间存在着矛盾。从历史上看，国有企业重点是支持特大型的采矿和加工客户。例如，在南非运输集团的案例中，长途散装运输渠道是非常赚钱的，而且是一个相对简单的连续过程。在长距离运输沉重的大量物品时，铁路就比公路更有核心竞争优势。南非运输集团财务回报的优化将导致其把巨大的投资和运营聚焦于采矿业。然而，政府的产业政策重点在于支持有着许多正外部性效应的新兴制造业，如大规模的报酬递增、保持价格稳定、有一支熟练稳定的劳动力队伍的制造业。在这些行业中，比如汽车行业，是相对较小的，需要复杂的物流流程，不像铁路运输那样有利可图，而且可以用公路运输来替代铁路运输。这种情况就带来了一个挑战，如果企业想提高其投资项目的回报，它就应该努力服务于最有利可图的客户。因此，对这种情况的管理就要求专门的股东关注和监督。以下的讨论将提供一个不同层次的股东干预的例子。

一、 南非运输集团的服务与汽车行业

汽车行业是"产业政策行动计划"（Industrial Policy Action Plan）通过"汽车生产和发展计划"（Automotive Production and Development Programme）优先发展的行业。该战略包括提供两方面的激励，一方面是鼓励原始设备制造商投资于南非的工厂，另一方面是鼓励发展整个汽车供应链的制造能力。"汽车生产和发展计划"包括基于本地化生产和出口绩效的资本激励和出口退税，尽管这些措施将随着时间的推移逐步被取消。汽车行业是南非"卓越制造"的一个战略中心，因为该行业引入了全球尖端的制造技术和供应链管理技术。

汽车行业渴望将其国内汽车年生产量翻两倍多，到 2020 年达到 120 万辆，占到全球生产量的 1%。南非的汽车行业目前正面临一个双重的区位劣势：首先，南非与世界市场相对隔离；其次，不同的原始设备制

造商及其供应商在南非的地理布局很分散。这就很难将不同原始设备制造商的货物整合以实现规模经济。

南非国有企业部部长在 2012 年 9 月 20 日启动了国有企业—汽车竞争力论坛，其主要目标是：

- 促进国有企业和汽车行业之间的合作，以确保基础设施的容量和服务能提高竞争力，并促进在基础设施和整个产业集群方面增加投资。

- 给投资者一个明确的信号，国有企业将在合理的商业约束下响应它们的需求。

- 能够确认与产业集群基础设施相关的优先发展项目，并将由国有企业部的部长来监督。

针对这一进程，国有企业部进行了研究，以确定问题的大小和在当前情况下能够采取的各种可能产生较大影响的干预措施。所有的原始设备制造商都接受了采访。研究的重要结果是，物流成本，尤其是原始设备制造商所在的内陆，是汽车行业的主要劣势。实际上，最根本的挑战是为汽车行业提供可靠和高效的铁路服务，过去火车出发和到达经常严重晚点。此外，原始设备制造商通过合同预定的火车容量中的相当大部分，不是由南非运输集团提供的，这增加了成本、使规划难以执行并增加了公路上的货运运载负荷。

二、 国有企业的国家所有权模式

国家把国有企业视为是发展的工具，而且重点在于确保国有企业在财务上是可持续的、同时优化其对客户和供应商的影响，这显然导致国有企业产生了相当大的发展性影响。然而，在许多领域中这种影响还能够被放大：

- 在某些行业，投资计划只限定在国有企业的资产负债表内，这最终不足以给增长解锁。

- 来自友好机构股东和客户的私人基金并没有被充分利用以加快投资。

- 国有企业运营的某些领域的效率改善进程其缓慢，而且在引入私营部门建立有效的竞争动态或补充国有企业能力方面几乎没有什么进展。

- 行业政策和采购政策（及行业实践）与国有企业的战略意图（由于持续地偏见误导，以致将私营部门作为国家关键战略考虑）缺乏一致性，这造成了使国有企业无所作为的状况。

- 在国防部与利用防务类国有企业作为关键产业政策工具之间同样存在严重的分歧，这限制了防务类国有企业的成长及影响。

目前南非经济计划的最大缺陷是，缺乏任何包括国有企业、采矿业和资源加工行业的协调性发展计划。采矿业对于南非经济而言仍然是战略性的，它占 GDP 的 19% 和出口的 50%，雇用员工达 130 万人，并且为国家上缴了超过 17% 的企业税。如果这些行业间不能协调一致将来不太可能出现一个像 20 世纪六七十年代南非所经历过的那样大规模的工业化过程。国有企业，凭借其战略地位获得来自股东的支持，处于一个理想的位置，可以协调和动员支持战略计划目标的利益相关者，形成发展联盟（见图 6.7）。例如，在采矿业的案例中，通过提供有竞争力的基础设施作为交换，可以形成一个联盟来支持行业的增长。

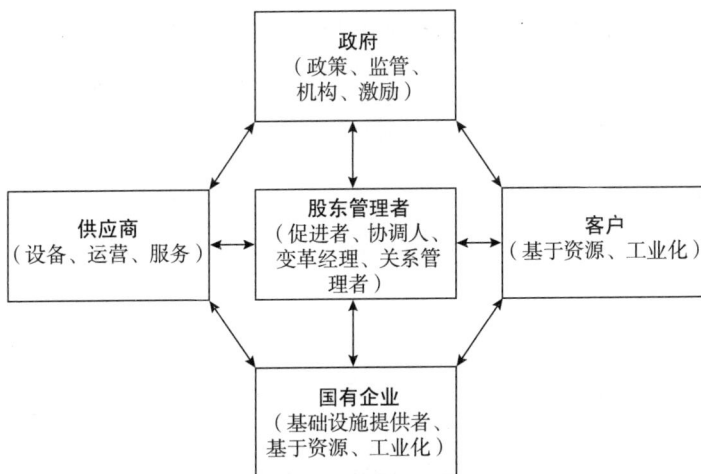

图6.7　股东管理者和国有企业作为发展联盟的召集人

资料来源：作者整理

总之，在雄心勃勃的发展目标驱动下，国家作为所有者的角色涉及以下几个维度：

- 通过所有权模式监督国有企业的财务可持续性。

- 作为一名改革管理者，监督和支持新的发展举措的实施，尤其是那些需要"干中学"的措施。

- 作为一名重要的利益相关者关系的管理者，特别要关注国有企业的供应商、客户和国有企业运营所影响的社区。

对于重点改革治理与利益相关者之间的关系，管理者的作用绝大部分涉及与国有企业董事会和中、高管理层者的持续对话，以实现一致。换言之，实现一系列发展目标是国有企业身份和角色的核心；对于成功实现其管理对发展目标的支持比强加一个必须遵循的系统，更为关键。

新的发展目标的引入需要试验和承担风险，而试图通过一臂之距的影响过程来强加这些目标可能会在股东与企业之间引发委托代理问题。因此，需要专门的团队就新的发展目标与国有企业合作，在核心所有权模式中生活、呼吸和梦想，产生一种不同的文化。将这些目标系统地整合到股东—企业关系中，应该被视为一种循序渐进的谈判过程，因为管理使相关的发展政策、实践和体系内部化了。

三、 政策启示

鉴于南非国有企业支持资源型经济的历史，在促进新兴产业部门与国有企业的企业营利性及随之而来的国有企业的资产回报之间存在一种内在的矛盾。这种矛盾在雄心勃勃的建设计划下有所加剧，因为新的资产产生完整的回报需要时间。此外，股东合同上的财务目标倾向于设置在一个较高的水平，这给国有企业带来了强大压力，使其聚焦于资源行业，它们可以从任何新的投资中获得最低风险的最高回报。在南非运输集团的案例中，对工业客户的响应被集团层面的资本调配体系进一步淡化，因为基于实现合同目标，而不是虽处垄断地位但仍在业务单元的层面上与客户产生共鸣。

如果目标从财务绩效调整至发展影响的再平衡是可持续的，就有必要调整核心的所有权模式，包括制定目标及为新兴产业部门提供专门支持的特定过程。此外，有必要确定实现与新兴产业部门相关的发展目标对于总体收入和利润的影响。一旦理解了这一影响，合同中的高水平财务目标就应该考虑发展性目标的影响而做出调整。如果缺少这样一个过程而为投资和资产回报设定咄咄逼人的目标，股东的影响可能会损害国有企业支持工业化的能力。

第三部分

国际市场中的国有企业

第七章
国有企业的国际投资①

第一节　国有企业的国际投资趋势

本节探讨了国际投资流动的趋势，从全球概览到区域趋势分析，最后以考察国有企业在这些趋势中的角色结束。

一、　全球概览②

自全球金融危机爆发至今已经 6 年了，国际投资仍然处于挣扎之中。全球国际直接投资（FDI）流出量（见图 7.1）在 2013 年仅增加了 3.4%，总计 1.3 万亿美元，比 2007 年曾经达到的水平降低了 40%。③

全球 FDI 流动不振是由于多种因素阻碍了跨国公司投资，包括欧元区持续低迷、中国经济增长放缓以及总体上对于新兴市场金融稳定性的担忧。乌克兰、中东和北非以及亚洲许多地区的地缘政治局势紧张也影

---

① 本章由 OECD 秘书处金融与企业事务部的迈克尔·盖斯特林（Michael Gestrin）和岛田里（Yuri Shima）完成。

② 这一部分的分析是基于 OECD（2014）《数说国际直接投资》（2014 年 4 月）和《OECD 国际直接投资统计 2014》。

③ 全球 FDI 流入量有所改善，2013 年增长了 5.5%。报告的流入量和流出量的差异主要是由于统计误差。

（10亿美元）

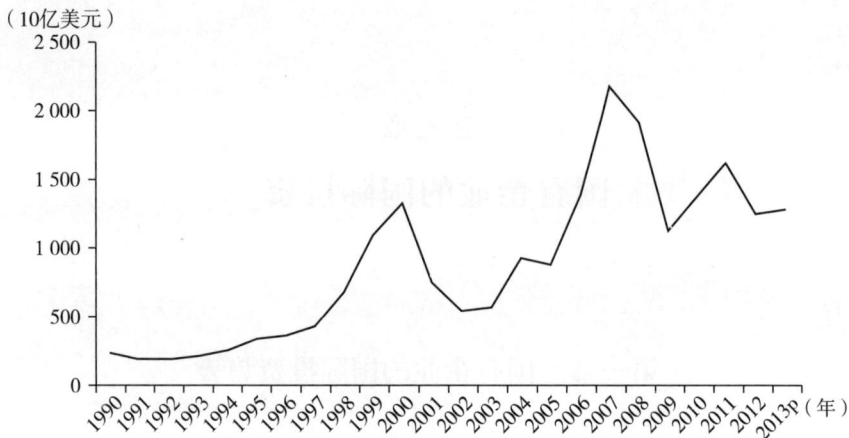

图 7.1　全球 FDI 流出量

资料来源：OECD 国际直接投资统计数据库

响了全球投资气候。

　　此外，尽管全球 FDI 流量在 2013 年是增加的，但这些国家 FDI 流出量中的股权部分下降了 40%①，从 2012 年的 3 470 亿美元下降到了 2013 年的 2 150 亿美元。与此同时，这些国家 FDI 流出量中的债权部分增长了 20 倍，从 2012 年的 45 亿美元增长到 2013 年的 870 亿美元。这表明，2013 年 FDI 整体流量的略微增加可能只产生了有限的新的国际生产能力，而且跨国公司的国际投资目前更多地集中于管理现有的国际业务和财务资源。

　　过去 FDI 繁荣的特点之一是国际兼并和收购在 FDI 中的比例上升。例如，全球 FDI 流量在 2000 年达到创纪录的 1.3 万亿美元，国际兼并收

---

　　①　在写作本书时，28 个国家已经上报了其 FDI 流出量的股权部分的数据。这些国家占了 2013 年全球 FDI 流量的 70%。

购占 FDI 的比例也高达创纪录的 92%。当 FDI 从 2001 年开始暴跌时,国际并购占 FDI 的比例在随后的 4 年下降到平均为 68%,2004 年下降到 48%;2005~2007 年 FDI 又开始快速增长,这 3 年该比例平均在 80% 左右。自全球金融危机爆发,国际并购占 FDI 的比重就下降到了 60% 左右,而且没有出现任何像前些年 FDI 增长那样的上升趋势迹象(见图 7.2)。

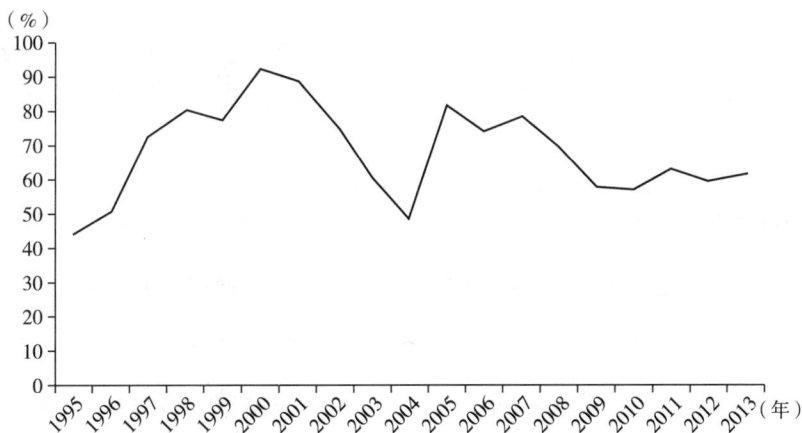

图 7.2 国际兼并和收购占 FDI 的比例

资料来源:OECD 国际直接投资统计数据库

二、 区域趋势[①]

上述的国际投资流量急剧下降伴随着这些流量的地理组成的重大变化。图 7.3 显示了全球 FDI 流入量和流入新兴经济体[②]的数量(左轴),右轴显示的是新兴经济体占全球流量的份额。

[①] 本部分的分析主要是基于文献(Gestrin, 2014)。

[②] 新兴经济体是根据联合国对发展中经济体的分类而定义。

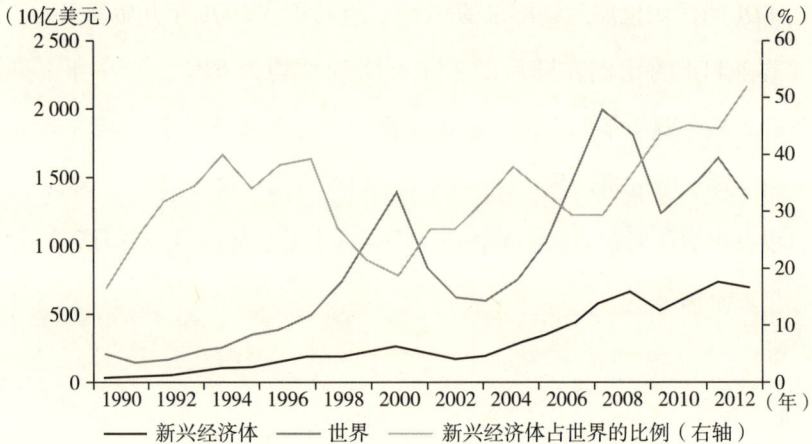

图 7.3　流入新兴经济体的 FDI（1990～2012 年）

资料来源：www.unctadstat.org；作者计算

　　图 7.3 凸显了随着时间的推移，流向新兴经济体的国际 FDI 的一些有趣特点。第一个特点是，它反映了新兴经济体反周期的本质。这些新兴经济体在全球 FDI 流入量中的比重趋向于：在繁荣的年份萎缩，而当 FDI 流量下降时比重反而上升。在 2000 年之前的 3 年里 FDI 达到了高峰，而新兴经济体的份额却减少了一半，从大约 40% 跌到 20%。在随后的 3 年（2000～2003 年）里，全球 FDI 流入量下降了 57%，新兴经济体的份额又再次上升至 40% 左右。同样的变化趋势在 2007 年高峰之前和之后的几年再次重复。

　　事实上，新兴经济体经历了较温和的 FDI 周期，在繁荣期 FDI 增长不那么快，在衰退期 FDI 下降也不那么激烈。这些较为温和的 FDI 周期与国际并购占 FDI 的比例的变化趋势也有关联，国际并购占 FDI 的比例在 FDI 周期中的扩张阶段上升，在 FDI 衰退时下降（见图 7.3）。国际并购更趋于发生在发达经济体，而新兴经济体接收 FDI 更多是以绿地投资的形式。在 2001 年和 2008 年开始的 FDI 衰退期中，国际并购比起整体 FDI

而言下降得更为剧烈,因此对于那些接收了更大比例的国际并购形式 FDI 的国家有着更大的负面影响,即对发达经济体有着更大的负面影响。

图 7.3 中凸显的第二个特点是,在危机时进入新兴经济体的全球 FDI 的份额强劲上升。新兴经济体的份额在 20 世纪 90 年代中期时相当高,主要是因为当时在整体 FDI 中采掘业和石油占了很大份额。最近流向新兴经济体的 FDI 的份额上升,是由投资于制造业和服务业的 FDI 的扩张驱动的。2012 年,进入新兴经济体的全球 FDI 的份额首次超过了 50%,2013 年再次超过了 50%。

新兴经济体在全球金融危机期间 FDI 表现强劲,FDI 流入量在 2007 ~ 2012 年间增加了 1 000 多亿美元,而在这期间,占全球 FDI 来源约 80% 的 OECD 成员国的对外 FDI 下降了近 8 000 亿美元。对这种有些不合常理的组合现象的主要解释是"南—南 FDI"的增加。2013 年,流入非洲的国际兼并与收购中的 75% 来自新兴经济体,其中超过一半来自中国。

近几年,流入和流出新兴经济体的 FDI 的显著增加在很大程度上归因于中国。图 7.4 显示了金砖国家(BRICS)[①] 在 20 国集团(G20)国家 FDI 流入和流出中的份额。与 G20 中的其他新兴经济体相比,中国往往趋于吸引更多的资本流入,其份额在 2009 ~ 2012 年间翻了 1 倍,从 15% 上升至 30%。在对外投资方面,情形也类似。2007 年,中国与印度情况类似,比俄罗斯低。但是到了 2012 年,全球金融危机爆发后 5 年,中国 FDI 的流出量涨了 4 倍,它在 G20 国家 FDI 流出中的份额增加了 7 倍。到 2012 年,中国已经成为世界第五大对外投资国,占全球流量的 5%。

---

① 金砖国家(BRICS)包括巴西、俄罗斯、印度、中国和南非。

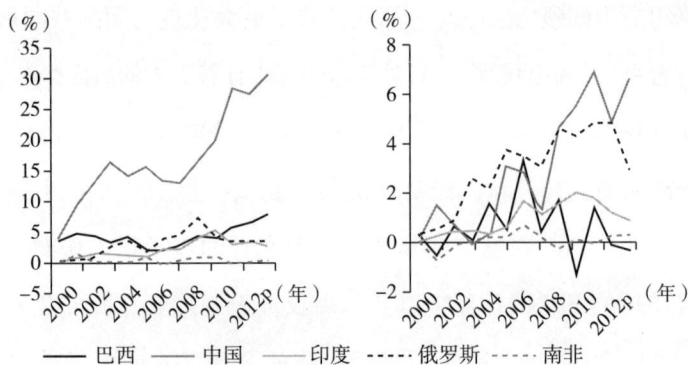

图 7.4　金砖国家占 G20 国家 FDI 流入和流出 FDI 的份额

资料来源：www.unctadstat.org；作者计算

　　尽管中国以一个领先的 FDI 发源地和接受 FDI 的新兴经济体出现，但全球流向新兴经济体的 FDI 的分布正越来越均衡。在区域一级，亚洲收到了 30%（其中中国占 1/3），其次是拉美和加勒比地区，略低于20%，非洲则收到了 5% 左右（见图 7.5）。

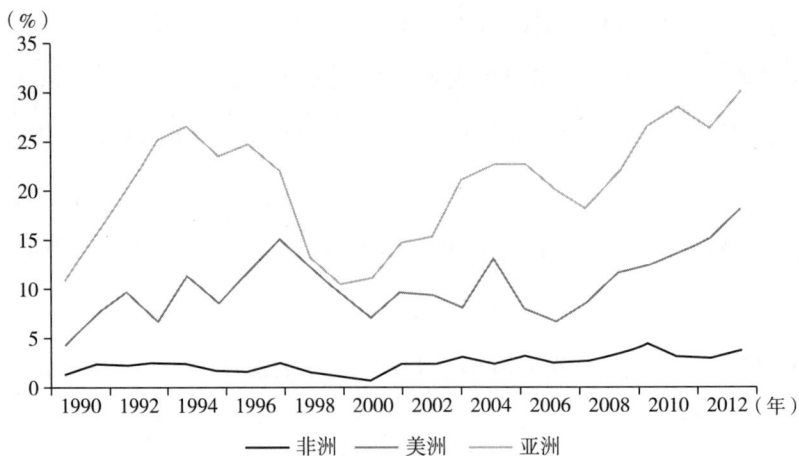

图 7.5　按区域划分的新兴经济体 FDI 流入份额（1990～2012 年）

资料来源：www.unctadstat.org；作者计算

尽管非洲收到的 FDI 份额相对较低，但其 FDI 与 GDP 之比达到了 2.7%，表明其接收的 FDI 水平与区域经济的规模是相称的。2012 年，17 个非洲国家接收了超过 10 亿美元的 FDI。FDI 与 GDP 之比在亚洲略高，为 3.8%，而拉丁美洲的这一比例为 2.5%。

三、 国有跨国公司的崛起①

尽管大多数国有企业是国内企业，与私营部门的同行相比，它们仍处于国际化的早期阶段；但自 2008 年国际金融危机爆发以来，国有企业的国际投资活动迅猛增长。国有企业国际投资的快速扩张是国有企业部门更为普遍的扩张的一种自然延伸。中国一直是世界最大企业中的国有企业数量增加的驱动力，但不是促成这一趋势的唯一国家。图 7.6 显示了随着时间的推移，那些完全由政府所有的国有企业（即国有独资企业）的国际投资的增长状况。与大多数图表展示的中国对外投资表现的各个维度相比，中国的国有独资企业在全部对外国际并购中所占的份额在 8 年中增长了惊人的 40 倍（见图 7.6，右轴）。

根据对 2012 年所有国际并购活动开展的一项分析②，国有企业国际投资与私营企业国际投资的一个明显差异是交易的平均规模。国有企业国际并购的交易平均规模比私营企业大 4 倍。一种可能的解释是，国有企业通常比私营企业规模大，因此一般从事的交易也更大。另一种可能的解释是，我们设想国有企业的国际并购集中于那些交易规模通常更大

---

① 本部分综合了 OECD 投资委员会于 2014 年 10 月举行的投资自由圆桌会议所做的分析，以及 2014 年 4 月和 6 月举行的"全球经济中的国有企业角色"OECD 研讨会上陈述的工作。

② 这项调查涵盖了 4 591 例国际并购交易，合计价值为 7 030 亿美元。

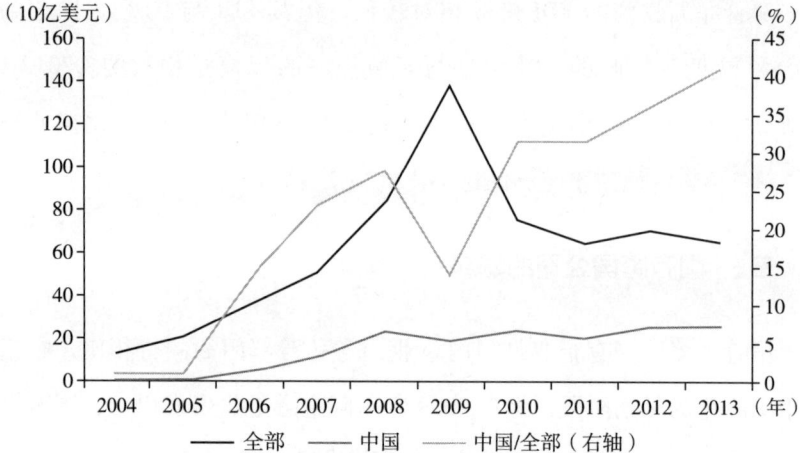

图 7.6　国有独资企业的国际兼并收购状况

资料来源：Dealogic（全球数据处理公司）并购分析数据库；作者计算

的行业；然而，数据显示并不是这样。在各种行业内，国有企业的投资通常比私营企业的投资大几倍。

例如，在采矿业中，国有企业 2012 年国际并购交易的平均值为 8.36 亿美元，而私营企业国际并购交易的平均值只有 9 100 万美元。除了服务业和批发贸易业之外，在其他所有行业中，国有企业的平均投资规模都比私营企业大得多。

国有企业与私营企业在平均投资规模上存在如此大的差异，这就引发了是否会挤出私营投资者的问题。如果国有企业平均交易规模更大是归因于其拥有的诸多优势，使国有企业能够比私营企业针对相同目标支付更多金额，那么这种挤出效应就可能发生。这种挤出效应不仅会影响来自第三国的私营投资，而且会影响国有企业所在母国的对外私人投资。

对于各国对外的国际并购，呈现出一种不拘一格的混合模式。一个有趣的特征是很难确定任何明确的"北—南"地域界限。然而一个一直存在的事实是，新兴经济体通常有更多的国有企业部门，因此在其对外的国际投资中往往有更大的国有企业占比，类似的情况可以在处于不同发展水平的不同国家中出现，这表明对于政策制定者而言，为私营投资者和国有企业投资者营造公平竞争环境的挑战是超越北—南地域界线的。

图 7.7 比较了以下 6 个样本国家对外的国际并购情况：法国、美国、中国、南非、巴西、挪威。从图中可以看出，对于南非和美国，私营上市公司占了对外国际并购的 83%，而这两个国家的国有企业国际并购低于平均水平。另一方面，中国和挪威①有着非常高比例的国有非上市公司的对外国际并购，而法国有着比例最高的国有上市公司的国际并购。

对于国际并购的目标国家，上述 6 个国家的情况能反映出哪些国家是国有企业国际并购的主要接受国（以及哪些国家不是）。图 7.8 展示了 6 个国家接受国际并购的情况。从中我们可以看出，加拿大和澳大利亚接受了超过平均水平的国有企业国际并购。这可以解释为什么这两个国家在制定和发布涉及国有企业投资的政策上更加积极。

从图 7.8 中可以发现挪威和中国的一个有趣对比。国有企业在这两个国家的对外投资中有着同样的重要作用，但是在接受国有企业投资方面显著不同。挪威接受了超过平均水平的国有企业国际投资，而中国在其接受的国际并购中仅有 5% 来自国有企业。美国接受的来自国有企业的国际并购也低于平均水平，只占 8%。

---

① 在挪威的案例中，所有的这些投资是通过挪威中央银行投资管理公司（Norges Bank Investment Management，NBIM）进行的，该公司是挪威银行（Norges Bank，也称挪威中央银行）的一个独立部门，也负责管理政府养老金。挪威中央银行投资管理公司还管理着挪威的外汇储备。

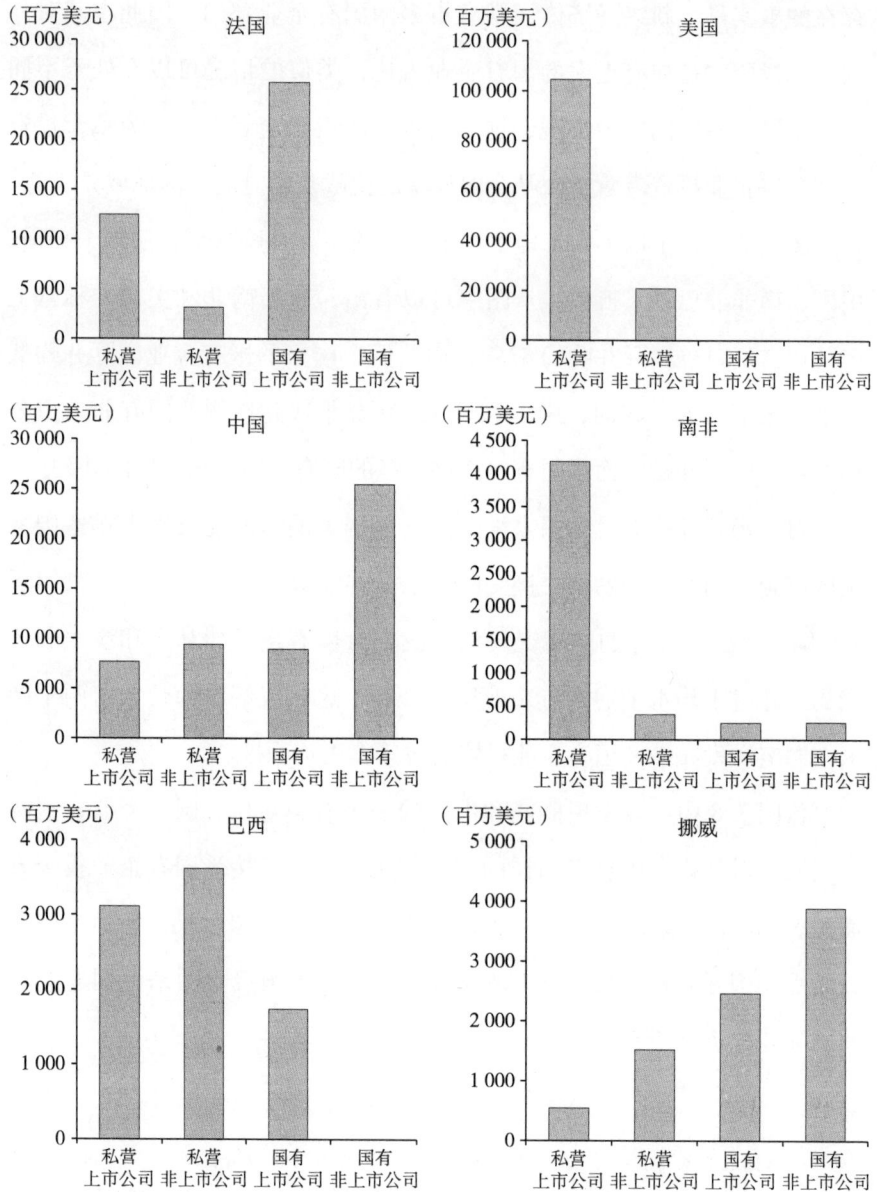

图 7.7　2012 年 6 个样本国家对外国际并购情况

资料来源：Dealogic 并购分析数据库；作者计算

（百万美元） 美国

（百万美元） 加拿大

（百万美元） 中国

（百万美元） 澳大利亚

（百万美元） 挪威

（百万美元） 印度

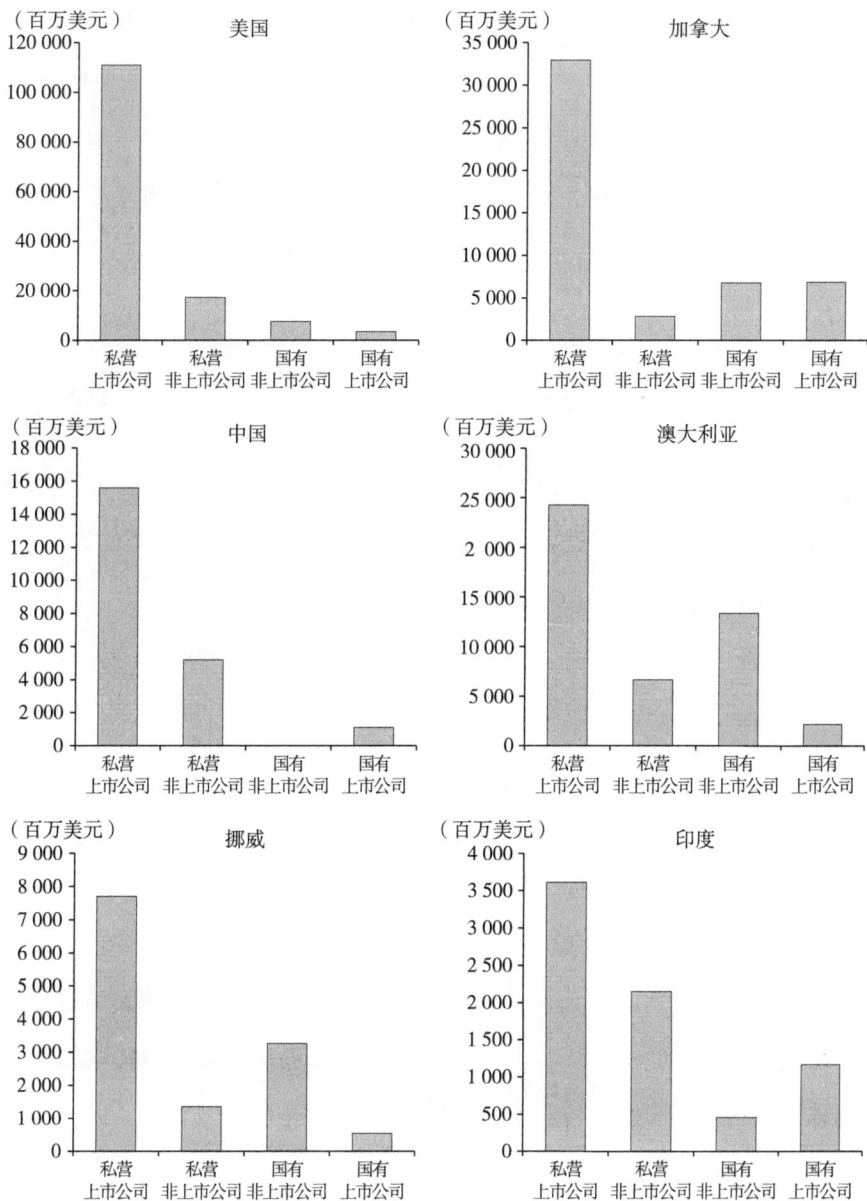

图 7.8　2012 年六个国家接受国际并购的情况

资料来源：Dealogic 并购分析数据库；作者计算

表 7.1 展示了按行业划分的 2012 年国有企业发起的所有国际并购情况，按照 10 类标准行业分类（SIC）划分。制造业是国际并购金额最高的行业，达 2 220 亿美元；其次是金融、保险和房地产业，达 1 910 亿美元；再次是交通运输和公用事业，达 880 亿美元；第四是采矿业，达 870 亿美元。这 4 个行业占了 2012 年全部国际并购总额的 83%。

表7.1　国际并购的行业分布（2012 年）

行业分类	交易件次（件）	交易总值（百万美元）	平均交易值（百万美元）	平均股比（%）
制造业	1 225	222 424	182	56
金融、保险和房地产	1336	191 439	143	51
交通及公用事业	327	88 088	268	63
采矿业	688	86 517	126	58
服务业	531	43 010	81	80
批发业	271	36 077	133	63
零售业	97	21 172	218	33
建筑业	68	9 399	138	31
农业、林业和渔业	37	4 234	114	45
公共管理	11	1 389	126	33
总计	4 591	703 747	153	56

资料来源：Dealogic 并购分析数据库；作者计算

在国有企业的国际并购方面，国有上市公司和国有非上市公司在行业间的差异很大。对于国有上市公司，其超过 70% 的投资流向了交通运输和公用事业以及制造业。对于国有非上市公司，其超过一半的国际并购是在金融、保险和房地产行业。私营非上市公司也表现出同样的特点。尽管非上市公司在全部国际并购中仅占1/4，但它们占了金融行业国际并购的54%；而上市公司（私营企业和国有企业）的国际并购只有不到20%进入金融行业。

一项针对金融行业企业层面和交易层面数据的初步分析表明，该行业的国际并购采取两种形式：一种是实际的兼并与收购活动，一般涉及金融行业企业的整合；另一种是代表金融活动的交易，包括建立控股公司和其他特殊目的实体（Special-Purpose Entities，SPE）。

总的来说，国有企业的国际投资近几年显著增长，而且这种现象的经济重要性似乎日益增加。对这种现象的关注主要集中在这些新的跨国国有企业（MNSOEs）将对市场和竞争产生何种影响。对于发展中国家来说，跨国国有企业代表着喜忧参半。

从积极面来看，当其他投资来源已经萎缩时，这些跨国国有企业代表着一个重要的新的投资来源。对于一些规模较小的发展中国家，单个国有企业的投资就能产生巨大的发展影响。例如，2011年塞拉利昂接受的FDI存量达到了3.13亿美元。而在2011～2013年间，中国的国有企业将25亿美元投入塞拉利昂的通科利利（Tonkolili）铁矿石项目及相关的基础设施升级项目，包括200公里新的重型铁路线和一个新的深水港。换言之，在仅仅3年内，塞拉利昂从国有企业接受的投资就8倍于其外商投资的历史存量，而且在2010～2012年间接受的官方发展援助几乎翻倍（13亿美元）[①]。

---

① 资料来源：www.oecd.org/countries/sierraleone/aid-at-a-glance.htm

从负面来看，大规模外商投资可能给一个国家带来压力。大规模外商投资可能在社会中创造财富和就业的"岛屿"，并由于通货膨胀而迅速扩大收入差距。它们有能使一个国家的基础设施超负荷运转，使政府在满足各种公共服务日益增长的需求时捉襟见肘。同时，它们可能会引发宏观经济的不平衡，包括在主要投资集中于采掘业时出现的"荷兰病"（Dutch Disease）①。虽然在发展中国家突然进行大规模外商投资的这些负面影响并不完全来源于国有企业的国际投资，但是国有企业的投资越来越集中于采掘业，并且在同样行业中比私营企业投资大很多的趋势表明，当国有企业投资于发展中国家时，这些问题可能会更加普遍。

下一节将探讨在国际协议中如何对待国有企业国际投资的最新发展情况。

第二节　对于国有企业投资的国际政策框架

对于国有企业国际投资的政策反应为目前尚处于刚刚起步阶段，各国政府正在寻找对国际投资市场开放的平衡点，同时确保无论何种所有制，国有跨国公司和私营企业都能够公平竞争。在已知的一些主要的国际谈判中，包括《跨太平洋伙伴关系协定》和《跨大西洋贸易与投资伙伴关系协定》，将涉及处理国际投资的条款，并打算解决"竞争中立"

---

① "荷兰病"（Dutch Disease）这个词起源于 20 世纪 60 年代荷兰的一次危机，当时在北海发现了巨大的天然气储量。这一新发现造成荷兰盾升值，使得荷兰所有非石油产品的出口在国际市场上的竞争力下降。www.investopedia.com/terms/d/dutchdisease.asp.

（Competitive Neutrality）问题［文献（OECD，2012）］，但是还不清楚具体将如何解决。

投资条约的法律基础主要是几千个双边国际投资协定（International Investment Agreements，IIAs），这些国际投资协定为外国投资者提供实质性保护，并制定了程序来执行这些保护。国际投资协定对投资者和签署条约的缔约国都有重要影响，近来投资者对基于条约的国家行为的挑战高潮引起了公众对这些条约的关注。伴随着"投资"的定义，是一个关键的条约特征，它划定了由条约提供保护的主要受益者的范围，包括在国际仲裁庭上提出诉讼请求的权利。一个投资协定只适用于投资者和由符合相关条款的投资者所开展的投资［文献（OECD，2008）］。从资本输出国的角度看，投资者的定义确定了投资者的群体，国家通过投资协定为对其对外投资寻求保护；而从资本进口国的角度看，投资者的定义则确定了国家希望吸引的那些投资者［文献（OECD，2008）］。因此，投资者的定义条款在确定保护何种类型的投资者中发挥重要作用，特别是在投资协定中专门涵盖了审查是否是政府控制的投资者（Government-Controlled Investors，GCIs）。

本节介绍了一项条约调查的结果，该调查旨在检查政府控制的投资者是否被明确地包括在国际投资协定提供的保护中，还是排除在外，以及与政府控制的投资者有关的其他条款。

一、 调查结果概要

大多数国际投资协定并不在所有制的基础上区分投资者。在调查的1 813 个投资协定中，1 524 个（84%）没有明确提到政府控制的投资者的任何类型。政府控制的投资者类型有：（1）国有企业；（2）国家所有的投资基金比如主权财富基金（Sovereign Wealth Funds，SWFs）；（3）在投资者的定义中，政府本身作为投资者。①

图 7.9 展示了 1960～2013 年每年的国际投资协定的数量（左轴）。该图还显示了在投资者定义中明确提及一个或多个类别政府控制的投资者的国际投资协定的比例（右轴）。在被保护的投资者中明确包括政府控制的投资者的条约频率在明显上升（见右轴绘制的折线）。直到20 世纪 80 年代初期，很少有条约在投资者定义中提到政府控制的投资者。从 20 世纪 90 年代初期开始，随着国际投资协定数量的增加，提及政府控制的投资者的条约数量也逐渐增加。② 在过去的几年中，国际投资协定已经经常提到政府控制的实体。在调查的 2013 年缔结的 5 个国际投资协定都明确涵盖了政府控制的投资者所开展的国际投资。③ 与此同时，一个总体趋势是国际投资协定有更加精心的设计和更为详细的条款，④ 因此，条约更加频繁地提及政府控制的投资者，这一趋势将是投资条约在实践中更广泛发展的一部分。此外，由于大多数现有的条约起草时，政府控制的投资者在全球市场中并没有引起人们的关注，

---

① 参看 Jo En Low 的文章《在国际投资协定下国家控制的实体作为投资者》，该文研究了851 个国际投资协定中的"投资者"定义和投资者与国家的争端解决条款。

② 1983 年的 11 个国际投资协定中的 6 个涵盖了国有企业投资。其中 3 个涉及与巴拿马的国际投资协定，其中明确将国有企业排除在外。

③ 这些是《加拿大—贝宁双边投资协定》《加拿大—坦桑尼亚双边投资协定》《哥伦比亚—韩国自贸区协定》《日本—莫桑比克双边投资协定》和《日本—沙特阿拉伯双边投资协定》。

④ 参看文献（Joachim Pohl、Kekeletso Mashigo、Alexis Nohen，2012）中的《国际投资协定中的争端解决条款：一项大样本的调查》；OECD 关于国际投资的工作论文，2012 年第 2 号，OECD 投资部（www.oecd.org/daf/investment/workingpapers）。

这些条约相对较少明确提及政府控制的投资者，这也反映了这样一个事实，即在起草条约时并没有太关注政府控制的投资者。

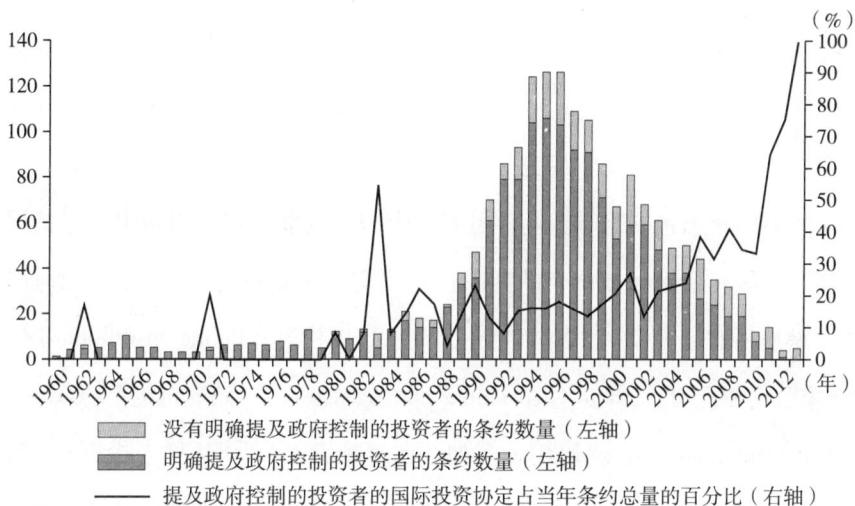

图 7.9　每年签署的国际投资协定的数量与明确提及
政府控制的投资者的国际投资协定数量

资料来源：作者整理

事实上，大多数国际投资协定在投资者定义中没有提及政府控制的投资者，这可能会在涉及这些协定是否涵盖政府控制的投资者方面引起一些不确定性，尽管可以合理地假定，除非明确排除在外，否则政府控制的投资者仍被条约涵盖。然而，由于这一问题在以条约为基础的仲裁案件中并没有被频繁考察或者充分考虑，这样的假定仍然是初步的。此外，最近的趋势是，越来越多的国家已经开始在国际投资协定中明确指出政府控制的投资者的范围，而且这类特殊投资者的普遍增加可能会在未来加强明确分类的必要性。

二、 明确提出国有企业

在大多数情况下，当一个条约提及任一类型的政府控制的投资者，它仅指国有企业，在投资者的定义中明确提及国有投资基金或者政府自身的情况很少。因此，在 3 类政府控制的投资者中，国有企业是在调查的国际投资协定的投资者定义中最为经常提到的类型：287 个国际投资协定（占16%）专门指出包括国有企业，另有 3 个国际投资协定专门指出不包括国有企业。国有企业在被调查的国际投资协定下通常被定义为"政府所有"或"政府所有或控制"。有些表述如"公共机构"（Public Institutions）[①]、"国家公司和机构"（State Corporations and Agencies）、"政府机构"（Governmental Institutions）也被使用。例如，在《墨西哥—印度双边投资协定》（2007）中定义，一个缔约方的投资者是自然人或者是缔约方的企业，并单独定义一个企业是"任何实体……无论私营的还是政府所有的……"。《奥地利—格鲁吉亚双边投资协定》（2001）也同样明确界定投资者包括国有企业，"一个法人或任何实体……无论是私人的还是政府所有或控制的……"。

图 7.10 显示了在 26 个国家的国际投资协定的投资者定义中明确包括了国有企业的国际投资协定的比例。[②] 美国（100%）、澳大利亚

---

① 例如，涉及意大利的一些条约中包含词汇"公共机构"（public institutions，意大利语istituti pubblici）。在意大利，一个公共机构是一个法人根据公法建立的，通过该机构行政管理部门为大众利益执行其功能 [文献（Brown，C.，2013），第 330 页]。

② 图 7.10 不包括以下受调查的 20 个国家，它们没有在国际投资协定或者国际投资协定比例很小（小于 5%）的投资者定义中提到国有企业：瑞典、匈牙利、比利时、卢森堡、德国、瑞士、芬兰、英国、巴西、丹麦、法国、希腊、冰岛、爱尔兰、以色列、荷兰、挪威、葡萄牙、斯洛文尼亚和西班牙。

（92%）和加拿大（81%）是在投资者定义中最为经常明确包括国有企业的国家。日本（72%）和阿联酋（69%）也倾向于在它们的国际投资协定的投资者定义中明确提及国有企业。

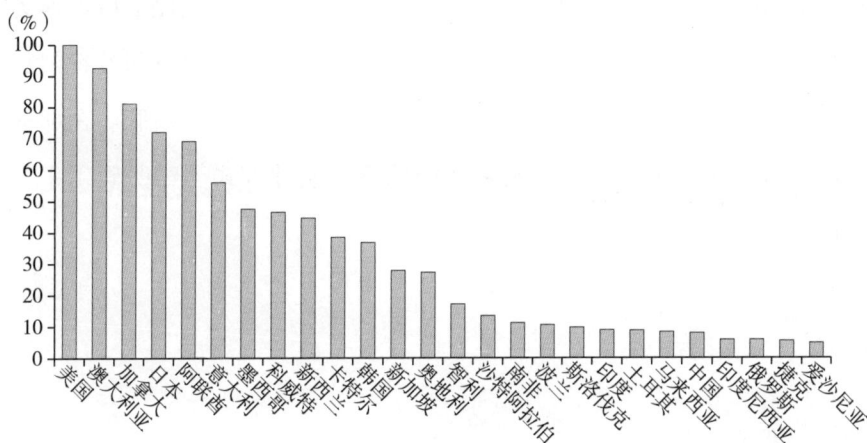

图 7.10　在投资者定义中明确涵盖国有企业的国际投资协定比例
资料来源：作者整理

　　将国有企业从国际投资协定所述的涵盖范围中明确排除是很罕见的。只有 3 个与巴拿马签署的双边投资协定排除了国有企业，其中指出"企业"意味着"所有那些根据在巴拿马生效的法律的法人构成的……其在巴拿马共和国境内有住所的，不包括国有企业"。[①] 有趣的是，这种排除是不对称的，因为在这些协定中它不适用于另一缔约方（英国、德国和瑞士）的国有企业。[②]

---

　　① 《巴拿马—英国双边投资协定》（1983）的条款 1（d）（i）。
　　② 《巴拿马—德国双边投资协定》（1983）《巴拿马—瑞士双边投资协定》（1983）和《巴拿马—英国双边投资协定》（1983）。

三、 在国际投资协定下政府自身作为投资者

一些条约在投资者定义中包括缔约方或者政府自身作为一方（在调查的全部国际投资协定中约占6%）。图7.11显示了明确涵盖政府作为投资者的国际投资协定的比例。① 科威特、卡塔尔、阿联酋和沙特阿拉伯在它们签署的国际投资协定的投资者定义中经常包含政府。在那些政府自身经常直接充当国际投资者的国家，这种方式已经明确用于投资协定。

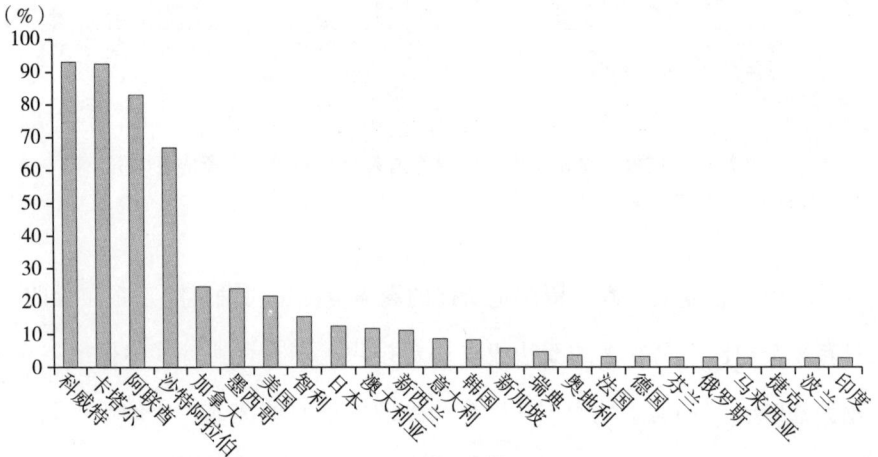

图7.11 在投资者定义中明确涵盖政府的国际投资协定比例

资料来源：作者整理

---

① 图7.11不包括以下22个国家，它们没有在国际投资协定或者很小比例（低于3%）的国际投资协定提到缔约方或缔约方的政府：比利时/卢森堡、南非、丹麦、匈牙利、瑞士、土耳其、英国、荷兰、巴西、中国、爱沙尼亚、希腊、冰岛、爱尔兰、印度尼西亚、以色列、挪威、葡萄牙、斯洛伐克、斯洛文尼亚和西班牙。

例如,《科威特—南非双边投资协定》（2005）在投资者定义中包括了"缔约方本身"和"任何国家实体"。[1]"国家实体"被定义为"由政府完全或部分拥有或者控制的政府部门、公司、机构,并且从事本质上是商业性的活动"。同样,《阿联酋—中国双边投资协定》（1993）在对阿联酋投资者的定义中,明确包括阿联酋的联邦政府和地方政府的机构和金融机构。[2] 由于对中国的投资者定义并没有包括其政府,阿联酋包含政府投资者的意图似乎与众不同。

四、 明确提出国有投资基金

很少有条约提到国有投资基金如主权财富基金——在调查的国际投资协定中,其投资者定义明确提及国有投资基金的比例小于1%。这种特定的提及仅限于那些有着大型主权财富基金的国家所签署的国际投资协定。这些国家包括沙特阿拉伯、科威特和阿联酋,这与前文提到的那些倾向于在其投资者定义中明确将"政府"或缔约国包含于其协定的国家类似。

例如,《沙特阿拉伯—印度双边投资协定》（2006）规定,对于沙特阿拉伯,术语"投资者"是指"沙特阿拉伯王国政府及其金融机构和有关部门,如沙特阿拉伯货币管理局、沙特阿拉伯的公共基金和其他类似

---

① 条款1（定义）（2）规定,关于某缔约方的"投资者"是指:（1）根据其适用的国内法律,持有该缔约方国籍的一个自然人;（2）缔约方本身;（3）任何国家实体或法人或其他实体……

② 条款1（定义）（2）（b）规定,术语"投资者"应指阿联酋:（1）阿联酋联邦政府;（2）地方政府和其地方机构和金融机构;（3）拥有阿联酋国籍的自然人和法人;（4）在阿联酋注册的公司。

的政府机构"。在协定中，对于印度而言投资者的定义没有这样的提法。在《科威特—德国双边投资协定》（1994）中，术语"投资者"，对于科威特而言，定义为包括"科威特国家政府直接或间接地通过科威特投资局（Kuwait Investment Authority，KIA）或其海外办公室，以及发展基金、机构或其他类似的科威特政府机构所开展的行动"；而对德国投资者的定义没有提到政府或主权财富基金。《阿联酋—德国双边投资协定》（1997）在投资者定义中同样涵盖了"阿联酋国家政府直接或间接通过其地方和联邦金融机构以及发展基金、机构或其他类似的政府机构所开展的行动"。

五、 关于国有企业和私有企业之间竞争的条款

一些国际投资协定包含与政府控制的投资者相关的具体条款。例如，某些国际投资协定包括了试图确保国有企业和私有企业之间公平竞争的条款，或者专门提到竞争中立（Competitive Neutrality，CN）的原则。这种情况主要发生在与美国、澳大利亚、新西兰和新加坡谈判的国际投资协定中。这些条款通常能在21世纪以来签署的自由贸易区协定（FTA）的竞争章节或国有企业章节中找到，也能在美国签署的相对较老的双边投资协定中找到。

专栏7.1 美国谈判的国际投资协定的案例

由美国签订的一些国际投资协定（包括一些相对较老的双边投资协定），含有涉及国有企业投资与私人拥有或控制的投资之间竞争的条款。例如，《美国—巴拿马双边投资协定》（1982）就提供了一个在早

期的条约实践中处理私人投资者与政府投资者之间竞争的例子。条款
Ⅱ.3 规定：

"每一缔约方同意提供公平和公正的待遇，特别是，本条款第1
段所规定的对于乙缔约方的国民或公司的私人所有或控制的投资的
待遇，而该投资位于甲缔约方的境内，并与甲缔约方、或与其代理、
或与其机构所拥有或者控制的投资相竞争。这样的待遇绝不能与提
供给甲缔约方的国民或公司的任何私人拥有或控制的投资的待遇有
差异，而它们也与乙缔约方或其代理、或其机构所拥有或者控制的
投资相竞争。"

《美国—塞内加尔双边投资协定》（1983）包含了这样的条款，该
条款意在使一缔约方政府所有或控制的投资与另一缔约方的国民或公
司私人拥有或控制的投资之间保持公平竞争。《美国—刚果双边投资协
定》（1984）和《美国—土耳其双边投资协定》（1985）也有类似的条
款。例如，《美国—塞内加尔双边投资协定》（1983）的条款Ⅱ.7
规定：

"各缔约方意识到，与本条款的第1段和第2段一致，当处于甲缔约
方境内，由甲缔约方或其代理、或其机构所拥有或者控制的投资，与乙
缔约方的国民或公司的私人拥有或控制的投资相竞争时，应该保持平等
竞争。"

《美国—孟加拉双边投资协定》（1986）有类似的规定，并且有额外
的说明旨在确保私人投资者享有类似授予国有企业的经济优势。条款Ⅱ.5
规定：

"各缔约方意识到，与本条款第1段相一致，当处于甲缔约方境内，

由甲缔约方或其代理、或其机构所拥有或者控制的投资，与乙缔约方的国民或公司的私人拥有或者控制的投资相竞争时，应该保持平等竞争。在这样的情况下，私人拥有或控制的投资应该享有给予政府所有或控制的投资同等的优惠条件。"

《新加坡—澳大利亚自贸区协定》（SAFTA，2003）在第12章（竞争政策）的条款4中指出，"各缔约方应该采取合理的措施，以确保各级政府不能仅仅因为其是政府所有就向任何国有企业的经营活动提供任何竞争优势"。它阐明了该条款适用于国有企业的经营性活动，不适用于非经营性、非商业性活动。类似的规定在《新加坡—韩国自贸区协定》（2005）的条款15.4和《澳大利亚—智利自贸区协定》（2008）的条款14.5中也可以找到。

《美国—澳大利亚自贸区协定》（AFAT，2004）（关于国有企业和有关事项的条款14.4）规定，"各缔约方意识到，国有企业不应该以对贸易和投资制造障碍的方式来运作"，并且描述了每一方所做的不同承诺。澳大利亚特别对竞争中立承诺，"澳大利亚将采取合理措施，包括通过其竞争中立政策，来确保其各级政府不仅仅因为其为政府所有而向任何政府企业提供任何竞争优势"。在《新加坡—澳大利亚自贸区协定》中，这一规定将国有企业的非经营性/非商业性排除在外。美国的承诺是，"美国应该确保，联邦国有企业的反竞争活动不能仅仅因为它们是联邦国有企业，就被排除在国家反垄断法的范围之外"。术语"国有企业"被定义为"由某缔约方的中央或地方政府通过所有权利益拥有或者控制的企业"。

新西兰和中国台北之间的自由贸易协定（2013）包括了确保对于政府的和私人的商业活动平等适用竞争政策的规定。其中第 8 章（竞争）的条款 2（b）规定，各缔约方将竞争政策适用于经济活动，包括政府的和私人的商业活动，不得在类似的环境中歧视各经济实体。

在 12 个国家之间谈判的《跨太平洋伙伴关系协定》① 可能含有对国有企业的规定。同样，美国和欧盟之间谈判的《跨大西洋贸易与投资伙伴关系协定》最终也可能包括针对国有企业的规则。美国贸易代表的新闻稿指出，《跨大西洋贸易与投资伙伴关系协定》将致力于"在全球关注的事务上建立规则、原则和合作的新模式，包括知识产权和解决国有企业与歧视性本地贸易壁垒的基于市场的准则"②。

第三节　小结

本章研究了国有企业国际投资的最近趋势和经济特征，以及处理此类投资的政策的最新发展及其影响。本章的主要结论可以归纳为以下几点：

- 自 2008 年全球金融危机爆发以来，国有企业的国际投资大幅增加，虽然这是一个相对较新的现象，但似乎国有企业将继续是国

---

① 参与《跨太平洋伙伴关系协定》的国家有：新加坡、文莱、智利、新西兰、美国、澳大利亚、马来西亚、越南、秘鲁、墨西哥、加拿大、日本。

② 资料来源：www.ustr.gov/about-us/press-office/fact-sheets/2013/june/wh-ttip. 也可参看欧盟委员会 2013 年 7 月 12 日发布的新闻稿

际投资的一个重要来源。

- 国有企业的国际投资对于新兴经济体而言很重要，而且在全球直接投资流量中的份额日益增加，目前超过了50%。

- 中国是国有企业FDI中的重要组成部分。作为前五大FDI来源国之一，中国的FDI目前大约占全球流量的5%，其中约有一半是来自国有企业。

- 各国政府在制定处理国有企业国际投资的政策方面，包括在国际投资协定中，变得越来越积极。

- 大多数举措似乎旨在厘清对于国有企业FDI的待遇，很少有迹象表明这是一种保护主义的反弹——但是有一个事实，即普遍认为，国有企业的投资者与私人投资者相比，表现出特殊的风险与挑战，因此需要更为密切的监测。

- 许多主要的谈判，包括《跨太平洋伙伴关系协定》和《跨大西洋贸易与投资伙伴关系协定》，将包括关于国有企业投资的条款，但在这些谈判完成之前具体将采取何种形式还不清楚。

本报告说明，国有企业在近年来已经成为新兴经济体中更为重要的投资来源。在这方面的一个突出问题是，"它会持续吗？"今天的国有企业部门比起10年前已经大为不同。今天的国有企业已经在经济上具有竞争力，而且是高度创新的企业。然而，在如此短的时间里，国有企业作为重要的国际力量而兴起，与私有跨国公司在其国际化战略中经常面对的种种挑战形成了对比。

企业的国际扩张道路往往是崎岖不平的。在一定程度上，国有企业投资的快速扩张，特别是在发展中国家，已经受到宏观经济形势（例如通过 FDI 循环使用中国的外汇储备）和各国政府日益频繁地采用对外投资推动战略的双重驱动，而不是由于企业层面的真正竞争优势需要去参与国际化竞争，这就存在一种可能性，目前国有企业的 FDI 热潮可能最终会崩溃。

开始于 2008 年的全球 FDI 的崩溃，如果没有国有企业的 FDI 反周期增长，这本来应该坏得多。然而，如果这一相对较新的 FDI 的主要来源是短暂的，那些从国有企业投资中获益最多的国家也将受伤害最深。

第八章
国际贸易中的国有企业①

第一节　国有企业在全球经济中作用凸显

最近的实证研究②表明，国家拥有的、国家控制的或者其他受国家影响的企业在本章中简称为"国有企业"③ 正日益频繁地在全球市场中与私营企业就新自然资源、中间产品、消费者市场、创意和投资机会竞争。这样的企业在大多数经济体中一直是个重要组成部分，尤其是在经济发展的初级阶段。传统上，国有企业面向国内市场，过去经常在经营绩效上较为落后。但是最近的一系列研究显示，近年来国有企业在全球经济中的地位已经显著，而且时至今日，一些国有企业已经位列于世界最大和最有影响力的企业之中。

例如，根据文献（Kowalski Buge、Sztajerowska、Egeland，2013）估

---

① 本章由 OECD 秘书处贸易与农业部的普热米斯拉夫·科瓦尔斯基（Premyslaw Kowalski）所写。这里所表达的观点严格来说是作者的观点，不代表 OECD 秘书处和任何 OECD 成员国的观点。该主题是一个有政策争论的领域。

② 最新的数据收集来自：文献（OECD，2014）；文献（Kowalski、Büge、Sztajerowska、Egeland，2013）；文献（Gestrin、Shima，2013）；文献（Christiansen、Kim，2014）。

③ 所有权对于政府对企业的运营影响并不必要，也不必然带来这样的影响。但它意味着对于一个所有者而言特有的某些利益、权利和义务，而且所有权是可以直接观察到的。

计，2010~2011 财务年度，在福布斯全球排行榜上 2 000 家世界最大企业中约 10% 是国有控股企业。这些企业的销售额接近全世界国民总收入（GNI）的 6%，并且超过一些国家的国内生产总值，如德国、法国或英国。文献（Christiansen、Kim，2014）提供的估计表明，在 2012~2103 财务年度 2 000 家世界最大企业中，国有企业的比例可能已经上升至 14%。文献（Gestrin、Shima，2013）甚至发现，在 2011 年《财富》杂志的世界 500 强企业中，国有企业比例高达 19%。他们还发现，这些企业的重要性在过去的 10 年中显著提高，国有企业的收入在《财富》世界 500 强企业中的比例从 2000 年的 6% 上升至 2011 年的 20%，相应地，国有企业的就业人数在《财富》世界 500 强企业中的份额从 19% 上升至 30%。

这个被一些人称之为"国家资本主义"（State Capitalism）的新趋势，已经引起了媒体、政策制定者和企业界的关注，并且导致了要求在国际市场上"公平竞争"的呼声①。最近对国有企业的敏感与关注，在某种程度上是由各国的经济通过贸易深化和投资链条以及国际供应链延伸导致的相互关联性所推动的。今天，国家政策的影响，甚至是那些主要面向特定的国内企业和产业的政策，都更加容易延伸到整个经济领域并跨越国界。另一个因素是，一些有着重要国有部门的大型新兴市场经济体近年来的强劲增长与贸易扩张，以及通过一些深化的政策来支持它们的国有企业对外扩张［文献（Kowalski 等，2013）］。

实际上，据估计，国家所有制在大型新兴经济体中是最突出的

---

① 例如，2012 年 1 月《经济学人》特刊有着如下的标题："国家资本主义的崛起——一种新的商业模式在新兴世界的蔓延会带来越来越多的问题。"（The rise of state capitalism – the spread of a new sort of business in the emerging world will cause increasing problems.）

（尽管不局限于大型新兴经济体）：文献（Kowalski 等，2013）在 2 000
家世界最大企业中确认了 204 家国有企业，其中 70 家由中国的中央政
府或地方政府所有，其次是印度（30 家）、俄罗斯（9 家）、阿联酋
（9 家）和马来西亚（8 家）。这些国家往往在其最大企业中有着最高
的国家所有权份额（见图 8.1）。在工业化国家，在 20 世纪 80 年代和
20 世纪 90 年代的大规模私有化之后，国有企业的占比明显小于新兴国
家，但在少数工业化经济体中仍然保持重要地位，尤其是在网络型产
业（能源、电信和交通）和银行业中。国家所有权突出的工业化国家
包括挪威、法国、爱尔兰、希腊和芬兰（见图 8.1）。

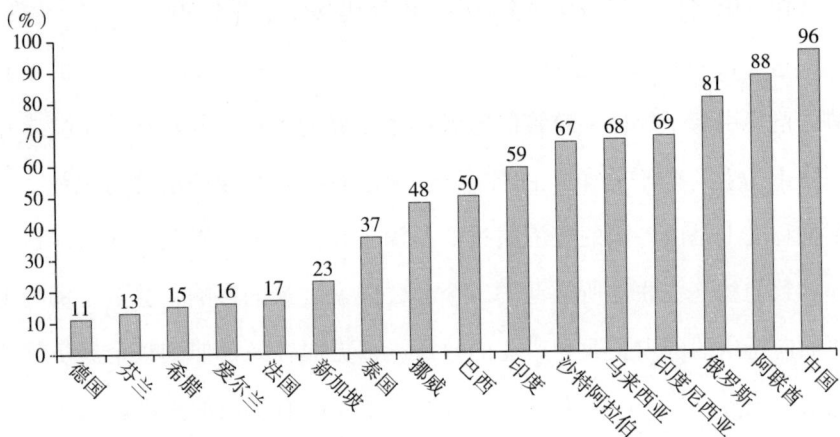

图 8.1　各国最大的 10 家企业中国有企业的重要性

注：图中数字指的是国有企业占该国最大 10 家企业销售额、资产和市值的百分比的等权
重平均值。本图仅显示平均值超过 10% 的国家。

资料来源：文献（Kowalski 等，2013）

　　几个基本上处于国际竞争的行业，包括自然资源、制造业和服务业，
都有着较高的国家所有权。这些行业包括煤炭与褐煤开采及采矿支持活动、
土木工程、陆路运输与管道运输、原油与天然气开采、电信和金融服务等

（详见图8.2）；其中许多在国际供应链中扮演着重要的上下游角色。

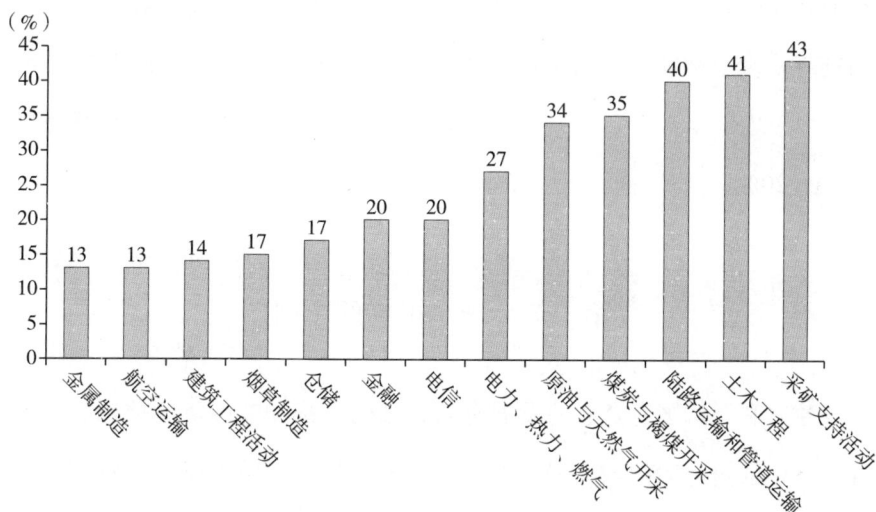

图8.2 各行业的国有企业比例

注：只显示了国有企业占比10%以上的行业。

资料来源：文献（Kowalski等，2013）

　　虽然由于缺乏一致的企业级数据而无法对国有企业在国际贸易与投资中的重要性做一个准确的评估，但许多有着很高国企比例的行业是热衷于贸易的；据估计世界最大国有企业中的大约90%都至少有一个外国子公司［文献（Kowalski等，2013）］。文献（Gestrin、Shima，2013）的计算表明，在全球国际并购中涉及政府全资企业的比例从2005年的5%上升至2014年的约10%。所有这一切表明，国有企业在国际活动中是一个重要且不断增长的组成部分。

　　一些有着最高比例国有企业的国家是重要的贸易国，最值得注意的是中国，它是世界第二大进口国和最大的出口国，占了全球商品贸易总额的大约10%。这在一定程度上解释了为什么讨论国有企业的跨国效应时常常聚焦于中国。然而，在国有部门经济占比中，紧随中国之后的 7 个国家（阿联酋、俄罗斯、印度尼西亚、马来西亚、沙特阿拉伯、印度和巴西）占了全球商品贸易的另外 10%。总体而言，那些前 10 家最大企业中平均至少有 5 家是国有企业的国家，加起来占了全球商品贸易总额的约 20%。

第二节　一个担忧的原因

建立和保持国有企业的发展有其合理的经济和非经济的原因，它们在经济中的角色因国家而异，取决于国家的历史、政治制度、资源禀赋和结构特征。通常情况下，国有企业的影响（以该国国有企业的比例来衡量，简写为 CSS）在经济发展水平较低时反而较高（见图 8.3、8.4）。特别是在发展的较低阶段，正如本报告中讨论的那样，需要通过国有企业纠正国内市场失灵，提供公共产品，促进经济发展，在某些情况下可能需要国家对国有企业进行管控，以及给予其中一些企业隐性或显性的经济政策倾斜。

例如，在具有规模经济和重要外部性的产业中，国家垄断可能是一个合理的经济政策，因为当产品由私人垄断商生产和供应时，不会达到最优的社会效率。这样的"自然垄断"经常在那些需要一个连锁供应网络来提供产品和服务的产业中出现（例如供电、供气、铁路）。①

①　适度规制私人垄断经营者可能在原则上是可行的替代，但有时实现和执行起来很难或太昂贵，尤其是在制度体系较差的国家。

国有企业也可以提供公共产品和有益品（merit goods）的有用工具，而以社会最优水平竞争的市场不会供应这些产品和服务。一个典型的例子是在边远地区提供邮政服务，这通常在商业上是不可行的，因此需要由国家来运营。类似的情况还有有益品，如基本营养或医疗卫生服务。

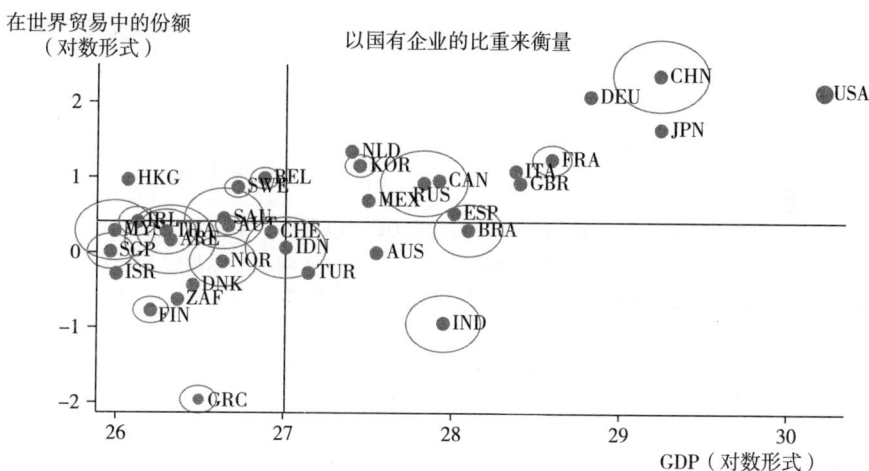

图8.3　各国（或地区）在世界商品贸易中的份额与国家（或地区）所有权的影响程度

注：黑色的线代表各自的中位数，圆圈的大小表示在该国最大企业中国有企业的比例。

CHN：中国，USA：美国，DEU：德国，JPN：日本，NLD：荷兰，FRA：法国，HKG：中国香港，SWE：瑞典，BEL：比利时，KOR：韩国，MEX：墨西哥，CAN：加拿大，RUS：俄罗斯，ITA：意大利，GBR：英国，IRL：爱尔兰，MYS：马来西亚，SGP：新加坡，ISR：以色列，THA：泰国，ARE：阿联酋，SAU：沙特阿拉伯，AUT：奥地利，NOR：挪威，DNK：丹麦，ZAF：南非，FIN：芬兰，CHE：瑞士，IDN：印度尼西亚，TUR：土耳其，AUS：澳大利亚，ESP：西班牙，BRA：巴西，IND：印度，GRC：希腊。

资料来源：文献（Kowalski 等，2013）

国有企业也被用来促进某些产业的发展，这些产业往往在经济上可行但不能通过私人投资来发展［文献（如 OECDb，2012）］。当新生的产业伴随着不能采取定价策略的外部限制时，或者当信息不对称、资本或

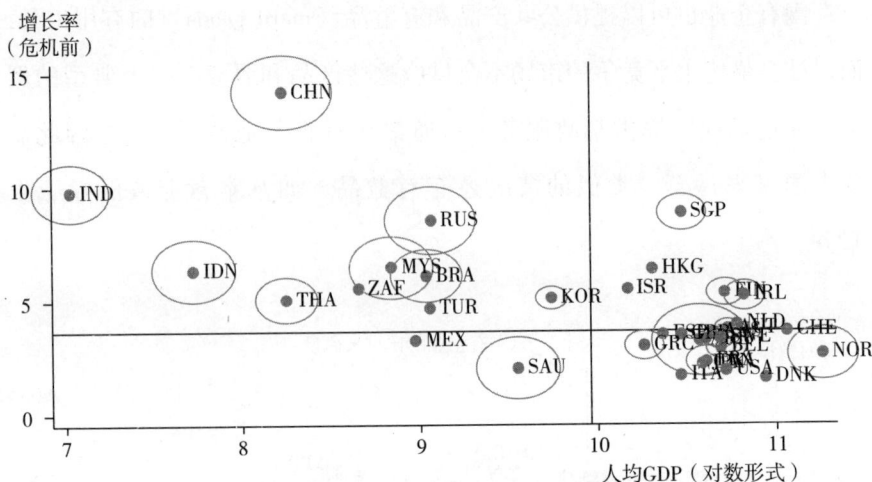

图8.4 增长率（危机前）与人均 GDP（以国有企业比重来衡量）

注：数据来自 2011 年福布斯全球 2000 大企业，2010 年人均 GDP 数据和 2007 年增长率数据来自世界银行发展指数。纵轴和横轴分别显示了年度增长率和人均 GDP 水平，垂直和水平的黑线代表各自的中位数。圆圈的大小表示在该国最大企业中国有企业的比例。

IND：印度，IDN：印度尼西亚，CHN：中国，THA：泰国，ZAF：南非，RUS：俄罗斯，MYS：马来西亚，BRA：巴西，TUR：土耳其，MEX：墨西哥，SAU：沙特阿拉伯，KOR：韩国，SGP：新加坡，HKG：中国香港，ISR：以色列，GRC：希腊，ESP：西班牙，GBR：英国，ITA：意大利，FRA：法国，JPN：日本，CAN：加拿大，NLD：荷兰，AUT：奥地利，AUS：澳大利亚，SWE：瑞典，DEU：德国，ARE：阿联酋，BEL：比利时，USA：美国，DNK：丹麦，CHE：瑞士，NOR：挪威。

资料来源：文献（Kowalski 等，2013）

保险市场不完善时，私人投资者不会愿意投资。而当这些产业有正的溢出效应时，将由国家填补这个投资缺口也许对社会是最优的。事实上，人们常说，发达国家的许多现在发展较好的私营企业的成功，至少应部分归功于国家投资或由于其以前是国有企业。

有一些经典的专门案例能够说明通过国有企业干预会产生比没有管制的或管制较差的竞争性市场更好的结果。然而，还是存在一些原因使得商业性国有企业通常比其私营企业对手也许效率要低一些。例如，在政策和行政当局变换的背景下，国有企业追求的目标往往是模糊和短暂的［文献（Gosh、Whalley，2008；Megginson、Netter，2001）］。相对于私营企业而言，这些国有企业，有着更少的预算约束，享受着政治性激励的国家资助，而且不受破产规则的限制［文献（Bai、Wang，1998；MacCarthaigh，2012；Liu等，2011）］。国有企业也更容易因政治原因而不是根据经营需要或资格录用管理层或员工［文献（Krueger，1990）］。与国有企业由官僚机构进行监督相比，民营企业的股东更倾向于监控内部成本和进行更高效的管理控制［文献（Shleifer、Vishny，1996）］。

总体而言，国有企业对于经济发展能够做出的正面贡献需要与其潜在陷阱一起考虑。只要私营企业的发展成为发展战略的一个重要组成部分——这也是绝大多数国家今天的状况——政府和公众都会因共同的利益而减少国有企业的特殊优势，以便产品和服务能够由那些生产率更高效的企业提供，而不是由那些获得了较多优势的企业提供。若要在一国实现这些，可以将因遏制国有企业产生的一些不利影响的条款纳入该国公司法中，例如竞争和国家援助条例，针对国有部门治理的专门规章，或者专门的竞争中立规定［（例如文献（Kowalski等，2013；OECD，2013）］。

然而，在国际环境中，减少国有企业带来的负面效应更具挑战性。例如，不同国家的公众对于国有企业在经济中的角色可能有着不同的看法，因此，与国有企业治理有关的国内规则在各个国家可能不同。此外，还有一个问题，当国有企业参与国外市场竞争时，这些国内规则，即使它们存在，是否也以与国内类似的方式执行？事实上，一些国家可能会有意支持其国有企业在海外追求商业或非商业目标，以损害其外国竞争对手的利益。在国有企业管理中尤为重要的披露与透明度，在国际环境中也会更加成问题。

国有企业全球市场的影响、各国赋予国有企业参与国际活动的金融或监管政策倾斜①也许是和以 WTO 规则为基础的多边贸易体系不兼容的。这一涵盖 160 个国家，包括了大多数发展中国家和最不发达国家的多边贸易体系，有着双向的市场准入和在非歧视性条件下的其他义务及市场原则。同时，建立和运营国有企业仍然是 WTO 成员的一个主权选择。因此，也有一个强大的利益诉求，来确保国有企业根据市场原则开展的贸易和投资免受不恰当的阻碍或歧视。

第三节　现有的和新制定的国际规则

正是在这样的背景下，国有企业作为全球参与者的出现导致一些对应的诉求，一方面，尽量减少任何潜在的反竞争效应；另一方面，抑制对它们过度的保护主义。然而，尚不清楚这是否能够通过国际的协调和促进国内的改革、制定准则和软法（Soft Laws）②，或是通过附加的有约束力的国际规则而更有效地实现。一方面，国有企业经常追求的公共和经济发展政策目标也许不容易让它们屈从于国际层面更为严格的管制；

① 这些倾斜政策可以通过以下形式实现：直接补贴、优惠融资、国家支持的担保、优惠的监管待遇、豁免反垄断执法或破产规则［文献（Capobianco、Christiansen，2011）］。

② 在这方面的一个重要的倡议是《2005 年 OECD 关于国有企业公司治理的指引》，目前正在修订。

另一方面，一些相关的国际规则已经存在，最值得注意的是 WTO 以及一些区域贸易协定（RTA）和双边投资协定，还有一些新的规则正处于谈判之中。

目前的 WTO 规则束缚了政府，而不是企业，因此，在原则上，对于从事国际贸易的企业类型是中立的。[①] 然而，WTO 规则仍然惩戒一些可能涉及国有企业的贸易扭曲的政府政策。例如，目前的补贴和反补贴措施协议（Subsidies and Countervailing Measures Agreement，SCMA）规则禁止或惩戒各种形式的贸易扭曲的金融偏好，不论它们是给予国家还是独立的公司。另一个例子是《关税及贸易总协定》关于国民待遇的条款 3，该条款禁止偏袒国内生产商，包括国有企业。

此外，所有 WTO 规定的义务（例如，最惠国和国民待遇原则或对进出口限制的禁令），通常是约束政府而不是企业，但如果在一场 WTO 规则下的贸易争端中，投诉人能够证明这些企业是在政府的指导下行事的，就可以应用于国有企业。例如，在补贴和反补贴措施协议规则下，国有企业在某些情况下会被作为接受补贴者而受到惩戒。最后，一些具体的 WTO 条款明确处罚在一些实践中政府使用某些类型的企业作为影响国际贸易的工具。例如，《关税及贸易总协定》第 17 条旨在处罚这样的情况，即国家所有的贸易企业（State Trading Enterprises，STEs）从事的购买或销售活动不是基于经济原则，而是基于政治上的考虑。

---

① 存在一些条款偏离了这一原则，最为明显的是在中国和俄罗斯加入 WTO 的协议中，其中明确提到国家所有权和类似的概念。见文献（Kowalski 等，2013）。

这些规则是在当年国有企业主要面向国内市场或者集中于衰退行业或特定行业时制定的。因此，它们也许不能足够有效地确保今日观察到的全球性活动的大型国有企业的竞争性行为〔例如，文献（Kowalski等，2013）〕。

例如，在WTO中，在决定一个企业是否成为一项补贴的授予人时，国家所有权是一个相对的标准，而不是一个决定性因素。因此，一个可以改善的潜在领域是制定规则，其中投诉人不再需要证明某些企业（如大多数国有企业）与政府之间关系的影响。

类似地，《关税及贸易总协定》关于国家贸易企业的第17条[①]，在对其目前的解释中，仅仅考虑了一个狭窄定义的企业群体，即"排他性授予或特别权利或特权"及参与了对来自不同国家的贸易伙伴的歧视。因此，相关的国有企业，在不能证明其被授予排他性或特别权利或特权，或者从事其他形式的反竞争行为的情况下，哪怕其行为可能是扭曲贸易的，也不能认为是国家贸易企业。

WTO规则的另一个重要空白是缺乏针对服务贸易补贴的一般规则，而在补贴和反补贴措施协议中存在针对货物贸易的规则。考虑到国有企业在服务业中的重要性，以及它在商业部门与服务部门之间的垂直关联，这可以视为一个重大遗漏。

所有这些例子都为WTO规则的最终修订提供了线索，但是国有企业、贸易与竞争或投资的主题目前不在WTO谈判的议程之中。正是在这样的背景下，最近的一些区域贸易协定和双边投资协定包括了关于国有

---

① 参看对WTO规则第17条解释的理解。

企业的具体条款，试图填补现有多边协定的空白。一些协定明确指出其规定同样适用于某些特殊定义的国有企业，弥补一些在 WTO 语境中的定义缺陷，或包括一些额外的有关国有企业的专门规定。例如，在《北美自由贸易协定（NAFTA）》、美国—韩国或者哥伦比亚—美国区域贸易协定中，国有企业与政府负有同样的非歧视义务。美国—新加坡的区域贸易协定就有附加的透明度的规定，禁止政府直接对国有企业、企业合谋和其他反竞争活动施加影响，并预计新加坡国有企业的数量将逐渐减少。《新加坡—澳大利亚自贸区协定》对竞争中立也有广泛的参考。除了包括专门的国有企业定义，一些区域贸易协定还包含了对于知识产权、贸易技术壁垒或投资和竞争的"贸易 +"条款，这也可能扩展到国有企业。鉴于贸易和投资之间的密切联系，双边投资协定（对国有企业）也非常重要（见上一章）。

目前，亚太地区的 12 个国家，包括那些有着重要国有部门的国家如马来西亚、新加坡或越南，正在《跨太平洋伙伴关系协定》谈判中磋商关于国有企业的补充规定。据报道，尽管谈判很困难，而且新规定的最终形态还尚未可知，但它们倾向于在现有 WTO 规则的基础上通过提供更准确的定义和解释来填补一些空白。最重要的补充规定也许是不采用 WTO 对企业类型的中立定义，而是提出一些限制给予特定类型国有企业便利的规定，同时也很有可能将国家所有权和政府有效控制的一些概念纳入考虑范围［文献（Kawase，2014）］。

国有企业的准则也是另一个潜在的重大贸易协定的谈判议题，即美国与欧盟之间的《跨大西洋贸易与投资伙伴关系协定》，它将不可避免地涉及几个有着重要国有部门的西欧和东欧国家。

第四节　小结

本章探讨了近年来国有企业在国际贸易中的发展情况，它表明国有企业正越来越多地与民营企业在全球市场上竞争。国有企业一直是一国经济的一个重要组成部分，它们传统上面向国内市场，并且往往在商业绩效上落后于私营企业。今天，国有企业跻身于世界最大和最有影响力的企业之列，而且是一些国际化竞争和垂直关联经济行业的重要参与者。许多以大型国有企业为特征的国家也是重要的贸易国。

在某些情况下，通过国有企业干预所产生的结果可能优于不受管制的或者监管较差的竞争性市场。尤其是在经济和制度发展的较低阶段，纠正国内市场失灵、提供公共产品和促进经济发展也许需要控制或支持特定的实体。不过，在大多数国家，私营企业的发展仍然是经济发展战略中的一个重要组成部分。因此，各方都希望能减少给予国有企业的不必要的政策便利，以便产品和服务能够由最有效率的企业来提供。

然而，在国际背景下公平竞争更具挑战性。各个国家对这些企业在经济中的角色有着不同认识，一些国家支持其国有企业在海外追求商业或非商业目标。实际上，新发展主义（Neo-developmentalist）模式产生的一个关键挑战是，它意味着受到补贴或保护的产业参与到全球市场中。此外，正如在前面章节中所讨论的，一些比较成功的国家把享有了优先政策支持的国有企业的出口业绩作为成功和值得继续得到支持的一个指标。从该国政府当局的角度看，这可能有积极的经济影响，但在国际环境中，这种做法很可能引发国外的强烈抵制。①

正是在这样的背景下，近年来国有企业作为全球竞争参与者的出现，导致了反思如何尽量减少潜在的反竞争效应的呼声，同时抑制可能直接针对外国国有企业的不适当的保护主义政策。通过国际协调，支持国有企业的国内改革，制定软指引和法律，或者更多结合国际规则等措施是否更为有效，目前还没有定论。

一些相关的国际规则已经存在，最值得注意的是在 WTO 规则以及近年来签订的许多区域贸易协定和双边投资协定中的规则，还有一些新的规则正在《跨太平洋伙伴关系协定》和《跨大西洋贸易与投资伙伴关系协定》框架下谈判。鉴于国有企业在经济发展中可能发挥的重要积极作用和负面作用，在这些谈判中可能达成的任何新条款，不仅对于相关各方，而且对于第三国，以及对未来双边、区域和多边贸易与投资协定的形成，都将有重要的意义。

---

① 只有在某些情况下，这种抵制才可能被放弃（如在一些东盟经济体），即一个国家新进入者所竞争的市场部分，是其他国家已经开始认为是"夕阳产业"并准备在其国内经济中放弃的产业。

参考文献

［1］Ahroni, Y. (1986), "The evolution and management of state owned enterprises", Cambridge: Ballinger Publishing.

［2］Almeida, M. (2009), "Desafios da real política industrial brasileira no século XXI", *Texto para discussão* 1452, IPEA.

［3］Altenburg, T. (2011), "Industrial Policy in Developing Countries: Overview and lessons from seven country cases", German Development Institute, *Discussion Paper* 4/2011.

［4］Amsden, A. H. (1989), Asia's next giant: South Korea and late industrialization, New York: Oxford University Press.

［5］Amsden, A. H. (2001), "The rise of 'the rest': Challenges to the West from lateindustrializing economies", Oxford: Oxford University Press.

［6］Anuatti-Neto, F., M. Barossi-Filho, A. G. d. Carvalho and R. Macedo (2005), "Costs and benefits of privatization: Evidence from Brazil" in A. Chong, and F. Lopez-de-Silanes (Eds.), Privatization in Latin America: myths and reality, Washington, DC: World Bank and Stanford University Press.

［7］Armendiariz de Aghion, B. （1999）, "Development banking", *Journal of Development Economics*, Vol. 58.

［8］Baer, W. （1965）, *Industrialization and economic development in Brazil*, Homewood: Richard D. Irwin.

［9］Baer, W. （2008）, *The Brazilian economy: Growth and development* （6th ed. ）, Boulder, CO: Lynne Rienner Publishers.

［10］Baer, W. , I. Kerstenetzky and A. Villela （1973）, "The changing role of the state in the Brazilian economy", World Development, Vol. 11 （1）.

［11］Bai, C. E. and Y. Wang （1998）, "Bureaucratic Control and the Soft Budget Constraints", *Journal of Comparative Economics*, Vol. 26 （1）, pp. 41-61.

［12］Bai, C. E. and L. C. Xu （2005）, "Incentives for CEOs with multi-tasks: Evidence from Chinese state-owned enterprises", *Journal of Comparative Economics*, Vol. 33.

［13］Balding, C. （2011）, *A brief research note on Temasek Holdings and Singapore: Mr Madoff goes to Singapore*, SSRN = 2001343.

［14］Ban, C. （2012）, "Brazil's Liberal Neo-Developmentalism: New Paradigm or Edited Orthodoxy?", *Review of International Political Economy*, Vol. 20 （2）.

［15］Bandeira-de-Mello, R. and R. Marcon （2012）, "Unpacking firm effects: modelling political alliances in variance decomposition of firm performance in turbulent environments", *Brazilian Administration Review*, Vol. 2 （1）.

［16］Bartel, A. P. and A. E. Harrison （2005）, "Ownership versus environment: disentangling the sources of public-sector inefficiency", *Review of Economics and Statistics*, Vol. 87 (1).

[17] Bernardes, R. (2000), "EMBRAER: elos entre estado e Mercado", São Paulo: Editora Hucitec: FAPESP.

[18] BNDES (1987), *Informações Básicas*, Rio de Janeiro: BNDES.

[19] BNDES (2002), Privatização no Brasil, Ministério do Desenvolvimento, Indústria e Comércio Exterior, Rio de Janeiro.

[20] Boardman, A. E. and A. R. Vining (1989), "Ownership and performance in competitive environments: a comparison of the performance of private, mixed and stateowned enterprise", *Journal of Law and Economics*, 32: 1-33.

[21] Bogart, D. (2009), "Nationalizations and the Development of Transport Systems: Cross Country Evidence from Railroad Networks, 1860-1912", *The Journal of Economic History*, 69 (1): 202-237.

[22] Boycko, M., A. Shleifer and R. Vishny (1996), "A Theory of Privatization", *Economic Journal*, 106 (435): 309-319.

[23] Bresser-Pereira, L. C. (2009), "From Old to New Developmentalism in Latin America" in J. A. Ocampo (ed.) (2009), *Handbook of Latin American Economics*, Oxford.

[24] Bureau of Railway Economics, (1935), *A Brief Survey of Public Ownership and Operation of Railways in Fifteen Foreign Countries*, in B. o. R. Economics (ed.), Washington, DC: Bureau of Railway Economics.

[25] Cameron, R. E. (1961), *France and the economic development of*

Europe, Princeton: Princeton University Press.

［26］Capobianco, A. and H. Christiansen (2011), "Competitive Neutrality and State-Owned Enterprises: Challenges and Policy Options", *OECD Corporate Governance Working Papers*, No. 1, OECD Publishing, *http: //dx. doi. org/ 10. 1787/5kg9xfgjdhg6-en.*

［27］Chan, H. C. (1975), "Politics in anAdministrative State: Where has the Politics Gone?", *Occasional Paper* No. 11, Department of of Political Science, University of Singapore.

［28］Christiansen H. and Y. Kim (2014), "State-Invested Enterprises in the Global Marketplace: Implications for A Level Playing Field", *OECD Corporate Governance Working Papers*, No. 14, OECD Publishing, *http: // dx. doi. org/*10. 1787/5jz0xvfvl6nw-en.

［29］Cimoli, M., G. Dosi and J. E. Stiglitz (2009a), "The Political Economy of Capabilities Accumulation: The Past and Future of Policies for Industrial Development", in Cimoli, M., G. Dosi and J. Stiglitz (eds.) (2009), Industrial Policy and Development-The Political Economy of Capital Accumulation.

［30］Cimoli, M., G. Dosi and J. E. Stiglitz (2009b), "The Future of Industrial Policies in the New Millennium: Toward a Knowledge-Centered Development Agenda", in Cimoli, M., G. Dosi and J. Stiglitz (eds.) (2009), Industrial Policy and Development-The Political Economy of Capital Accumulation.

［31］David, P., T. Yoshikawa, M. D. Chari and A. A. Rasheed

(2006), "Strategic investments in Japanese corporations: do foreign portfolio owners foster underinvestment or appropriate investment", *Strategic Management Journal*, 27, pp. 591-600.

[32] de Ocampo Bantug, J. (2011), "A critiqueof recent government reforms of State-owned enterprises in the Philippines and their proposed improvements", mimeo.

[33] de Paula, G. M. , J. C. Ferraz and M. Iootty (2002), "Economic liberalization and changes in corporate control in Latin America", *The Developing Economies*, Vol. 40 (4), pp. 467-496.

[34] Dean, W. (1969), *The industrialization of Sa? o Paulo*, 1880 – 1945, Austin: Published for the Institute of Latin American Studies by the University of Texas Press.

[35] Dharwadkar, R. , G. George and P. Brandes (2000), "Privatization in emerging economies: An agency theory perspective", *Academy of Management Review*, Vol. 25 (3), pp. 650-669.

[36] Di Maio, M. (2008), "Industrial Policies in Developing Countries: History and Perspectives", Quaderno di Dipartimento, No. 48, Universita degli Sudi di Macerata, Dipatimento di Istituzioni Economiche e Finanziarie.

[37] Di Maio, M. (2009), "Industrial Policies in Developing Countries: History and Perspectives", in Cimoli, M. , G. Dosi and J. Stiglitz (eds.) (2009), Industrial Policy and Development-The Political Economy of Capital Accumulation.

［38］Díaz-Alejandro, C. F. (1984), "Latin American Debt: I Don't Think We are in Kansas Anymore", *Brookings Papers on Economic Activity*, 1984 (2).

［39］Dieguez, C. (2010), "O desenvolvimentista", *Revista PIAUI*, October.

［40］Doamekpor, F. (1998), "Contributions of state-owned to the growth of total output", *International Economic Journal*, Vol. 12 (4).

［41］Economic Review Committee (2002), Report of the Entrepreneurship and Internationalisation Subcommittee. Public Enterprise Survey (various issues), Ministry of Finance, Government of India.

［42］Evans, P. (1995), *Embedded autonomy: States and industrial transformation*, Princeton: Princeton University Press.

［43］FICCI, Ernst and Young Report (2012), *Accelerating public private partnerships in India*.

［44］Fine, B. and R. Zavareh (1996), *The Political Economy of South Africa: From Minerals-Energy Complex to Industrialisation*, Hurst London.

［45］Gaspari, E. (2003), "A ditadura derrotada", São Paulo: Companhia das Letras.

［46］Gerschenkron, A. (1962), *Economic backwardness in historical perspective*, Cambridge: Harvard University Press.

［47］Gestrin, M. and Y. Shima (2013), "A Stock-Taking of International Investment by State-Owned Enterprises and of Relevant Elements of National and International Policy Frameworks", forthcoming as an *OECD Working*

Paper on International Investment.

[48] Goldstein, A. and P. Pananond (2008), "Singapore Inc goes shopping abroad: Profits and pitfalls", *Journal of Contemporary Asia*, Vol. 38 (3).

[49] Goswami, O. (2003), "India: The Tide Rises Gradually", in C. Oman (ed.), Corporate Governance in Development: The Experiences of Brazil, Chile, India and South Africa, OECD Development Centre and Center for International Private Enterprise.

[50] Gómez-Ibañez, J. A. (2007), "Alternatives to Infrastructure Privatization Revisited: Public Enterprise Reform from the 1960s to the 1980s", *Policy Research Working Paper*, Washington, DC: World Bank.

[51] Government ofIndia, Handbook of Industrial Policy and Statistics (Various Issues), Office of Economic Adviser, Ministry of Commerce and Industry, New Delhi.

[52] Gupta, N. (2005), "Partial privatization and firm performance", *Journal of Finance*, Vol. 60, pp. 987-1015.

[53] Heckman, J. J., H. Ichimura and P. E. Todd (1997), "Matching as an econometric evaluation estimator: evidence from evaluating a job training programme", *The Review of Economic Studies*, Vol. 64 (4), pp. 605-654.

[54] Hikino, T. (1997), "Managerial Control, Capital Markets and the Wealth of Nations", in A. D. Chandler Jr, F. Amatori and T. Hikino (eds.), Big Business and the Wealth of Nations, Cambridge University

Press, New York.

[55] Hirschman, A. O. (1958), *The strategy of economic development*, New Haven: Yale Economic Press.

[56] Hopf, G. (2009), *Saving and Investment: The Economic Development of Singapore* 1965-1999, VDM

[57] Huang, P. C. C. (2012), "Profit-Making State Firms andChina's Development Experience: "State Capitalism" or "Socialist Market Economy?", Modern China, XX (X).

[58] Innes, D. (1984), *Anglo American and the Rise of Modern South Africa*, Heinerman, London

[59] Inoue, C. F. K. V., S. G. Lazzarini and A. Musacchio (2013), "Leviathan as a minority shareholder: firm-level performance implications of equity purchases by the government", *Academy of Management Journal*, Vol. 56 (6), pp. 1775-1801.

[60] Kawase, T. (2014), "Trans-Pacific Negotiations and Rulemaking to Regulate State-owned Enterprises", *Policy Update*, No. 053, RIETI.

[61] Kenyon, T. (2006), "Socializing Policy Risk: Capital Markets as Political Insurance", mimeo available at SSRN: *http: //ssrn. com/abstract =* 896562 or *http: //dx. doi. org/*10. 2139/*ssrn.* 896562.

[62] Khan, M. H. and S. Blankenburg (2009), "The Political Economy of Industrial Policy in Asia and Latin America", in Cimoli, M., G. Dosi and J. Stiglitz (eds.) (2009), Industrial Policy and Development-The Political Economy of Capital Accumulation.

［63］Khanna, T. , A. Musacchio and R. R. de Pinho (2010), "Vale: Global Expansion in the Challenging World of Mining", Harvard Business School Case, Boston, MA.

［64］Kowalski, P. (2013), "Strengthening the Rules on State Enterprises" in Evenett S. and A. Jara (eds.) Building onBali: A Work Programme for the WTO, a VoxEU. org e-book, Centre for Economic Policy Research (CEPR), December 2013.

［65］Kowalski, P, M. Büge, M. Sztajerowska and M. Egeland (2013), "State-Owned Enterprises: Trade Effects and Policy Implications", *OECD Trade Policy Paper*, No. 147, OECD Publishing, *http: // dx. doi. org/*10. 1787/*5k4869ckqk7l-en.*

［66］Krueger, A. O. (1990), "Government Failures in Development", *Journal of Economic Perspectives*, Vol. 4 (3), pp. 9-23.

［67］La Porta, R. and F. López-de-Silanes (1999), "The benefits of privatization: Evidence from Mexico", *Quarterly Journal of Economics*, Vol. 114, pp. 1193-1242.

［68］Lazzarini, S. G. (2011), *Capitalismo de laços: os donos do Brasil e suas conexões*, Rio de Janeiro: Campus/Elsevier.

［69］Lazzarini, S. G. and L. J. Bourgeois (2008), "Embraer inChina: competing in a regulated environment", *Case study*, Insper and Darden.

［70］Lazzarini, S. G. , A. Mussacchio, R. Bandeira-de-Mello and R. Marcon (2011), "What Do Development Banks Do? Evidence from Brazil, 2002-2009", *Harvard Business School Working Paper* No. 12-047.

［71］ Lee, J. （2009）, "State owned enterprises inChina: Reviewing the evidence", *OECD Occasional Paper*.

［72］ Leff, N. H. （1968）, *Economic policy-making and development in Brazil*, 1947-1964, New York: John Wiley & Sons.

［73］ Lin. J. （2011）, "From flying Geese to leading Dragons: New opportunities and strategies for structural transformation in developing countries", *Policy Research Working Paper* Series 5702, The World Bank.

［74］ Lin, J. and C. Monga （2010）, "Growth Identification and Facilitation: The Role of the State in the Dynamics of Structural Change", *Policy Research Working Paper* 5312, World Bank.

［75］ Liu, Q., G. Tian and X. Wang （2011）, "The Effect of Ownership Structure on Leverage Decision: New Evidence from Chinese Listed Firms", *Journal of the Asia Pacific Economy*, Vol. 16 （2）, pp. 254-276.

［76］ MacCarthaigh, M. （2012）, "Managing State-Owned Enterprises in an Age of Crisis: An Analysis of Irish Experience", *Policy Studies*, Vol. 32 （3）, pp. 215-230.

［77］ Megginson, W. L. （2005）, *The financial economics of privatization*, New York: Oxford University Press.

［78］ Megginson, W. L. and J. M. Netter （2001）, "From State to Market: A Survey of Empirical Studies on Privatisation", *Journal of Economic Literature*, Vol. 39, pp. 321-389.

［79］ Millward, R. （2005）, *Private and public enterprise in Europe: energy telecommunications and transport*, 1830-1990, Cambridge: Cambridge

University Press.

［80］Mishra, R. K（2007）, "Performance of Public Enterprises in the Era of Economic Liberalisation, Pauperizing Masses", *Alternative Economic Survey*, 2006-07, Daanish Books, New Delhi, Murphy, K. M. , A. Shleifer and R. W. Vishny（1989）, "Industrialization and the Big Push", *Journal of Political Economy*, Vol. 97（5）.

［81］Musacchio, A.（2009）, *Experiments in financial democracy : Corporate governance and financial development in Brazil*, 1882-1950, Cambridge : Cambridge University Press.

［82］Musacchio, A. and S. G. Lazzarini（2014）, *Reinventing State Capitalism : Leviathan in Business, Brazil and Beyond*, Cambridge : Harvard University Press.

［83］Musacchio, A. , L. G. Goldberg and R. R. De Pinho（2009）, "Petrobras inEcuador", *Harvard Business School Case Study* 309-107.

［84］Najberg, S.（1989）, "Privatização de Recursos Públicos : Os Empré-stimos do Sistema BNDES ao Setor Privado Nacional com Correção Monetária Parcial", PUC-RIO, Rio de Janeiro.

［85］OECD（2002）, *Foreign Direct Investment for Development : Maximising benefits, minimizing costs*, OECD Publishing, *http : //dx. doi. org/* 10. 1787/9789264199286-*en.*

［86］OECD（2012）, *Competitive Neutrality : Maintaining a Level Playing Field between Public and Private Business*, OECD Publishing, *http : // dx. doi. org/*10. 1787/9789264178953-*en.*

［87］ OECD （2013）, *OECD Economic Surveys*: *Brazil*, October 2013, OECD Publishing , Paris, *http*: *//dx. doi. org/10. 1787/eco _ surveys-bra*-2013-*en.*

［88］ OECD （2014）, *The Size and Sectoral Distribution of SOEs in OECD and Partner Countries*, OECD publishing, *http*:*//dx. doi. org/* 10. 1787/9789264215610-*en.*

［89］ Pack, H. and K. Saggi （2006）, "Is there a Case for Industrial Policy? A Critical Survey", *The World Bank Research Observer*, Vol. 21 （2）.

［90］ Pargendler, M. （2012a）, "State ownership and corporate governance", *Fordham Law Review*, 80 （6）: pp. 2917-2973.

［91］ Pargendler, M. （2012b）, "The unintended consequences of state ownership: The Brazilian experience", *Theoretical Inquiries in Law*, Vol. 13, pp. 503-523.

［92］ Pargendler, M. , A. Musacchio and S. G. Lazzarini （2013）, "In Strange Company: The Puzzle of Private Investment in State-Controlled Firms", *Cornell International Law Journal*, Vol. 46 （3）, pp. 569-610.

［93］ Pinheiro, A. C. and F. Giambiagi （1994）, "Lucratividade, dividendos e investimentos das empresas estatais: uma contribuição para o debate sobre a privatização no Brasil", *Revista Brasileira de Economia*, Vol. 51, pp. 93-131.

［94］ Porter, M. （1990）, *The Competitive Advantage of Nations*, New York: Free Press Macmillan.

［95］ Ramirez, C. D. and L. H. Tan （2004）, "Singapore Inc. Versus the

Private Sector: Are Government-Linked Companies Different?", *IMF Staff Papers*, *Vol.* 51 (3).

[96] Reinert (2009), "Emulation versus Comparative Advantage: Competing and Complementary Principles in the History of Economic Policy" in Cimoli, M., G. Dosi and J. Stiglitz (eds.) (2009), Industrial Policy and Development-The Political Economy of Capital Accumulation.

[97] Rodrik, D. (2004), "Industrial policy for the twenty-first century", *CEPR Discussion Paper* 4767, London.

[98] Rodrik, D. (2006), "Industrial Development: Stylised Facts and Policies", in D. O' Connor (ed.), Industrial Development for the 21st Century: Sustainable Development Perspective, New York: UN-DESA, 7-28.

[99] Rodrik, D. (2007), *One economics, many recipes: Globalization, institutions and economic growth*, Princeton: Princeton University Press.

[100] Rodrik, D. (2008), "Normalising Industrial Policy", *Working Paper* No. 3, Commission on Growth and Development, World Bank.

[101] Schmit, M., L. Gheeraert, T. Denuit and C. Warny (2011), *Public Financial Institutions in Europe*, EAPB, Brussels.

[102] Schneider, B. R. (1991), *Politics within the state: Elite bureaucrats and industrial policy in authoritarian Brazil*, Pittsburgh: University of Pittsburgh Press.

[103] Shapiro, C. and R. D. Willig (1990), "Economic rationales for the scope of privatization" in E. N. Suleiman, and J. Waterbury (eds.), The political economy of public sector reform and privatization: 55-87, London:

Westview Press.

[104] Shirley, M. M. (1999), "Bureaucrats in business: The roles of privatization versus corporatization in state-owned enterprise reform", *World Development*, 27 (1), pp. 115-136.

[105] Shirley, M. and J. Nellis (1991), *Public enterprise reform: The lessons of experience*, Washington, DC: Economic Development Institute of the World Bank.

[106] Shleifer, A. and R. W. Vishny (1996), "Large Shareholders and Corporate Control", *Journal of Political Economy*, Vol. 94, pp. 461-488.

[107] Shleifer, A. and R. W. Vishny (1998), *The grabbing hand: Government pathologies and their cures*, Cambridge: Harvard University Press.

[108] Spers, E. E. (1997), "Aracruz Celulose S. A. : uma estratégia financeira de emissão de ADRs", *PENSA case study*, University of São Paulo.

[109] Studwell, J. (2013), *How Asia Works: Success and Failure in the World's Most Dynamic Region*, Profile Books

[110] Tendler, J. (1968), *Electric Power in Brazil*, Cambridge, MA. : Harvard University Press.

[111] Toninelli, P. A. (2000), "The rise and fall of public enterprise: the framework", in P. A. Toninelli (ed.), The rise and fall of public enterprise in the Western World: 3-24, Cambridge: Cambridge University Press.

[112] Trebat, T. J. (1983), *Brazil's state-owned enterprises: A case study of the state as entrepreneur*, Cambridge: Cambridge University Press.

[113] Triner, G. D. (2000), *Banking and economic development: Brazil*, 1889-1930, New York, Basingstoke: Palgrave.

[114] Triner, G. D. (2011), *Mining and the state in Brazilian development*, London, Brookfield, Vt. : Pickering and Chatto.

[115] Trubek, D. M. (2010), "Developmental States and the Legal Order: Towards a New Political Economy of Development and Law", University of Wisconsin, *Legal Studies Research Paper* No. 1075.

[116] Tsui-Auch, L. S. (2011), *Converging Divergence in Corporate Governance in Singapore*.

[117] Tsui-Auch, L. S. and Y. J. Lee (2003), "The State Matters: Management Models of Singaporean Chinese and Korean Business Groups", *Organization Studies*, Vol. 24 (4).

[118] Tsui-Auch, L. S. and T. Yoshikawa (2010), "Business Groups inSingapore", in Colpan et al. , *The Oxford Handbook of Business Groups*.

[119] UNCTAD (2006), *A Case Study of the Salmon Industry in Chile*, Geneva and New York.

[120] US Department of State (2012), "Investment Climate: Investment climate statement", Thailand.

[121] Vianna, M. P. (1976), "Estatização da Economia Brasileira, Nota confidencial para o Min, Reis Veloso" in P. d. R. S. N. d. Informações (Ed.), Brasilia.

[122] Vickers, J. and G. Yarrow (1988), *Privatization: An economic analysis*, Cambridge: MIT Press.

[123] Warwick, K. (2013), "Beyond Industrial Policy: Emerging Issues and New Trends", *OECD Science*, *Technology and Industry Policy Papers*, No. 2, OECD Publishing, *http: //dx. doi. org/10. 1787/5k4869cluOxp-en.*

[124] Werneck, R. (1987), *Empresas estatais e política macroeconômica*, Rio de Janeiro: Editora Campus.

[125] Wicaksono, A. (2007), "The holding Company as Corporate governance structure of Government linked companies in Singapore and Malaysia: Applicability for Indonesian State Owned enterprises", Univeristy of St Gallan, Doctorate Studies.

[126] Williamson, J. (1990), "What Washington Means by Policy Reform", in J. Williamson (ed.), Latin American Adjustment: How Much has Happened?, Peterson Institute for International Economics.

[127] Williamson, O. E. (1988), "Corporate finance and corporate governance", *Journal of Finance*, 43: 567-591.

[128] Wirth, J. D. (1970), *The politics of Brazilian development 1930-1954*, Stanford, Calif. : Stanford University Press.

[129] World Bank (1993), *The East Asian Miracle: Economic Growth and Public Policy*, Oxford

[130] World Bank (2013), "Report on the Observance of Standards and Codes, Corporate Governance Country Assessment: Thailand", mimeo.

[131] Yap, S. , R Lim and L. W. Kam (2009), *Men in white: The untold story of Singapores Ruling Political Party*, Singapore Press Holding.

[132] Yew, L-K, (2000), *From Third World to First: 1965-2000*,

Harper Collins.

[133] Yeyati, E. L., A. Micco and U. Panizza (2004), "Should the Government be in the BankingBusiness? The Role of State-Owned and Development Banks", *Inter-American Development Bank Working Paper* No. 517.